“十二五”上海重点图书
社会工作理论与实务丛书

XIAOZU SHEHUI GONGZUO

小组社会工作：理论与技术

赵　芳◎著

華東理工大學出版社
EAST CHINA UNIVERSITY OF SCIENCE AND TECHNOLOGY PRESS
·上海·

图书在版编目(CIP)数据

小组社会工作:理论与技术/赵芳著. —上海:华东理工大学出版社,2015.4(2025.2重印)
(社会工作理论与实务丛书)
ISBN 978-7-5628-4159-3

Ⅰ.①小… Ⅱ.①赵… Ⅲ.①社会工作 Ⅳ.①C916

中国版本图书馆CIP数据核字(2015)第024807号

"十二五"上海重点图书
社会工作理论与实务丛书
本书由上海文化发展基金会图书出版专项基金资助出版

小组社会工作:理论与技术

著　　者 / 赵　芳
项目统筹 / 刘　军
责任编辑 / 刘　军
责任校对 / 金慧娟
封面设计 / 戚亮轩
出版发行 / 华东理工大学出版社有限公司
地　址:上海市梅陇路130号,200237
电　话:(021)64250306(营销部)
(021)64253797(社科事业部)
传　真:(021)64252707
网　址:press.ecust.edu.cn
印　　刷 / 江苏凤凰数码印务有限公司
开　　本 / 787 mm×1092 mm　1/16
印　　张 / 14.25
字　　数 / 356千字
版　　次 / 2015年4月第1版
印　　次 / 2025年2月第8次
书　　号 / ISBN 978-7-5628-4159-3
定　　价 / 39.00元

联系我们:电子邮箱 press@ecust.edu.cn
官方微博 e.weibo.com/ecustpress
天猫旗舰店 http://hdlgdxcbs.tmall.com

华东理工大学出版社
客户端扫码进入天猫旗舰店

目录

绪　言

无论什么样的人，只要能慢慢地融入小组的情境中，自然能和他人发生相互作用，也就能在其中慢慢地改变自己。

——克那普卡(Konopka,1972)

社会工作的基本宗旨在于促进人类的幸福，它通过相关社会政策的制定与推行、社会服务的达成、环境压力的预防和减低以及相关资源的整合与使用，满足人类的基本需要，支持个人能力的恢复与发展，增进和维护家庭、组织、社区的社会功能，促进经济和社会的公平与正义。小组社会工作作为社会工作系统的一部分，秉承社会工作的价值与伦理，遵循社会工作的工作原则，运用自己独特的专业知识与技巧，实现着社会工作的专业使命。

第一节　当代社会工作发展的新趋势

自19世纪末20世纪初创立以来，经过百余年的发展，社会工作现已发展成为一门成熟的专业——有一个成熟但仍在不断发展的理论与实践体系，开始不仅服务于贫穷和边缘人群，而且还包括更广泛的服务对象，并推动社会环境的不断完善。社会工作的发展，与特定时代的历史、社会环境以及人类行为的知识密切相关，从个案社会工作，到临床社会工作，再到生态系统取向的整合的社会工作，社会工作的发展回应了人类社会不断发展的需要。尤其在20世纪70年代以后，顺应社会发展以及专业发展的新需要，社会工作出现了新的发展趋势。

一、理论取向的发展

在19世纪末和20世纪早期，社会工作一经产生就强调"人—环境"之间的关系，认为人类的行为受环境的影响。但当时，它主要强调人的内在因素和环境因素对人的限制作用。到20世纪20年代后期，由于过度受到个人功能理论的影响，尤其是弗洛伊德心理分析的影响，社会工作主要以临床模式为主，环境因素退居成社会工作理论的背景——虽然没有被完全排除，却被视为次要的影响因素。直到20世纪70年代以后，自我心理学、系统理论、家庭治疗理论、生态理论、跨文化研究的发展增加了人们对"人在情境中"人与环境互动过程重要性的觉察，并强调人的改变与环境改变之间是一种相互作用、循环往复的关系。其中，尤其是社会生态系统理论的发展，给社会工作的发展提供了新的方法论基础，成为当代社会工作领域的主导理论取向，对社会工作理论与实务发展产生了重要影响。

社会生态系统理论认为：一方面人本身就是一个系统，是由生物体、情绪、认知、行为这些要素组成的一个整体，以此为基础，家庭、组织、社区是促成个体成长与发展的环境；但从另外一方面来看，个体又是其他更大系统的组成部分，与其他要素相互作用，促成更大系统以更复杂的方式相互影响。人与环境中的其他人或系统维持着一种持续性的互动，通过这种互动，系统和个人也不断地彼此影响。人面对环境的刺激时，不仅是一个反应者和被动影响者，他也会主动地影响环境，并且通过这个影响过程塑造环境中的其他个体、组织、社区甚至物理环境。①

社会生态系统理论认为，每个人的发展都是在他个体生活空间内的发展。生活空间是指人在社会中所扮演的角色以及所处的地位。个人需求的满足、自我的发展都与个体的生活空间有关。个人必须获得必要的资源以建立和拓展自己的生活空间，并在这个生活空间中持续地维持个体与环境间的适应性平衡。

社会生态系统理论强调，人们相互依赖并与环境相互依存。只有环境提供给个人适当的资源，并发展出正向的人与环境互动关系时，人类的需求才可能得到满足；当个体感到压力时，通常是人与环境之间的关系出现了问题，不是个体缺乏适应环境的能力，就是环境无法提供适当的资源，需要对个体的行为做出适当的调整以适应环境，或改变环境以满足人类的需要，使人和环境重新达成一种适应性的平衡。②

社会生态系统理论取向的社会工作实务不是“谁才是引起问题的主因”的直线因果关系的思维模式，而是将焦点放在整个系统上，认为问题产生于系统的失功能，包括系统输入被剥夺造成需求未被满足；回馈不畅或扭曲造成系统发展延缓或停滞；系统界限僵化或系统间联结不足使得相关的合作无法达成等。

社会生态系统理论取向的社会工作者假设，需要服务的个人或小组本身就具有解决问题的能力。任何个人或小组如果因为长期的输入不足或回馈扭曲而成为受害者的话，他们就可能成为案主。既然案主的需求是由系统不平衡或系统遭破坏所引起的，那么系统一旦修复，案主就可能依靠自己的力量恢复正常。

社会生态系统理论取向的社会工作者相信，任何一个系统都是一个有机体，各组成部分间相互作用，系统中任何部分的改变都将引起系统内其他部分的改变；同时，系统的边界也是开放且富有弹性的，系统与周围的环境也在不断地进行物质和能量交换，系统外物质和能量的输入可以促成系统的改变，而一个系统的改变也会影响与之相关的其他系统的改变，从而促成更大的社会系统的变迁。

社会生态系统理论取向的社会工作者强调，系统具有等效性（不同的输入获得同样的结果）或多结果性（相似输入可能导致不同的结果）。因此，为了达到最好的介入效果，社会工作者应广泛了解相关的理论和技术，如果需要，应对系统中的所有次系统提出适当的介入方式。它要求工作者有丰富的理论与技术知识，但又不拘泥于任何单一的理论，而是根据现实情况，

---

① Dean H. Hepworth, Ronald H. Roonep, Jo Ann Larsen 著，许临高译. 社会工作直接服务. 台湾洪叶文化事业有限公司，1999.

② Helen Northen, Roselle Kurland. Social Work with Group(3th). Columbia University Press, New Nork，2001.

选择与问题情境最一致的理论，并且依据实证经验的结果，选择其中最有效和快速的介入技术。①

社会生态系统取向给社会工作带来了一个关键性的转变，它扩展了临床社会工作介入的关注点，使其超越了个人而深入到他们的家庭、人际网络和社会系统，有助于了解人类行为的复杂性，从而将“人—环境”的社会工作理论取向提高到了一个新的高度，形成了一种与强调个体化和心理学因素的传统社会工作实务迥然不同的理论模式。②

二、社会角色的发展

20 世纪 60 年代至 70 年代中期，美国的社会问题层出不穷，许多少数民族族群、低收入者以及受压迫的弱势群体都对当时的社会工作专业提出了严厉的批评，认为社会工作未能满足他们的需要。社会工作界也反思了自己的工作，发觉其自身确实出现了过于强调治疗性服务的提供和个人问题的解决，而忽视了对于引起这些问题背后的社会结构的关注，未能满足人们因结构性问题所衍生出的需要。因此，当代社会工作的社会角色出现了新的发展趋势，主要表现在两个方面：一方面是除了治疗性的临床工作，还注意尝试了解形成问题的环境因素，并且促进人类与环境的积极互动；另一方面是促进经济社会正义的目标已发展成为社会工作一个新的使命。1991 年，沃尔滋和柯瑞滋（Walz & Croze）指出，这个新的趋势使社会工作专业的重心，由过去关心贫穷和弱势者的需要，转移至关心社会和经济正义的议题上。③ 2009 年，乌拉尼亚（Urania Glassman）也认为，社会工作应致力于对处于不利条件和低社会地位人士的增能，以提升他们的经济、社会和政治地位。④

随着这两个角色的发展，社会工作者在协助个体自身成长和行为改变的同时，也促进了案主所处环境的改善。对那部分只是因为不熟悉已存在的资源系统，而无法利用这些资源满足需求的案主，社会工作者不仅提供直接的服务，还协助案主与相关的服务和资源联结，使案主及时取得所需的服务和资源；对那些环境中不具备这些资源，无法获得生存所需的基本资源或无法公正地获得所需资源的案主，社会工作者可以通过增能（empowerment）来支持这些被剥夺资源的案主从环境中争取资源，包括有责任地参与社会政策的制定与推动法律的发展，这样可使案主在获得更好的生存和发展的同时，推动社会的公平与正义。

这些社会角色的发展要求当代社会工作者在处理案主系统问题时不再局限于过去的认知或行为模式的改变，而开始注重社会的结构性改变，强调具体任务的完成、领导力的培养、社会政策的推进以及社区的治理与发展等。新角色的变化拓展了社会工作的视野，延伸了社会工作的功能，也带来了新的挑战。

---

① Dean H Hepworth, Ronald H Roonep, Jo Ann Larsen 著，许临高译. 社会工作直接服务. 台湾洪叶文化事业有限公司，1999.

② Malcolm Payne 著，冯亚丽、叶鹏飞译. 现代社会工作理论（第三版）. 中国人民大学出版社，2008.

③ Dean H Hepworth, Ronald H Roonep, Jo Ann Larsen 著，许临高译. 社会工作直接服务. 台湾洪叶文化事业有限公司，1999.

④ Urania Glassman, Group work: A Humanistic and Skills Building Approach (2th), SAGE, Los Angeles, 2009.

三、专业伦理的发展

社会工作伦理贯穿于社会工作实务的始终。社会工作的专业伦理要求所有的社会工作者在工作中维持、提升自身的专业能力，并在实务中充分且适当地运用这些能力，并在专业能力范围内提供有效服务。近年来，人们对社会工作的服务品质提出了许多的质疑。这些质疑的一个主要方面在于，人们认为社会工作者训练和服务领域的割裂影响了社会工作者的专业能力。有些社会工作者具有提供某一类型服务的专业能力，却不具备提供其他类型服务的专业能力。有些社会工作者对一种基本工作方法很熟悉，其他方法却接触很少，如有的社会工作者虽然在青少年领域提供服务，但对本应与之相关的婚姻家庭工作领域的知识却知之甚少；有的社会工作者擅长于个案工作方法，对社区工作方法和社会政策运用却不熟悉，运用起来也困难。但是，现代社会问题的复杂性和多样性以及社会工作者社会角色的发展，使得处理一个问题常常要涉及不同的服务领域和运用不同的服务方法，所以，近年来这些质疑的声音越来越大。从案主自身的利益出发，质疑者有权利要求社会工作者了解社会工作各个领域的工作，运用方法时可以根据问题选择最合适的方法，以便以更好的专业素养来服务，而这与社会工作本身的专业伦理是相适应的。

20 世纪 70 年代以后，社会工作界开展了很多实证研究。这些研究在证明了社会工作专业助人效果的同时，也指出社会工作者要有更具弹性且更多样性的服务方法，以增进社会工作者协助不同案主解决不同问题的有效性。因此，在 20 世纪 20 年代就出现的社会工作专才和通才的争论被再次提上日程。持专才观点的人认为，社会工作者需经过相当的培训和实践，掌握一种独特的知识和专业技巧，并把它运用到专门的社会服务领域之中；而持通才观点的人认为，社会工作者应持有各相关专业的知识，并能将自己的知识和技巧运用于多种情形，发展整合型的社会服务。① 与 20 世纪 20 年代那次没有结果的争论不同，在目前的争论中，更多的理论和实务工作者倾向于认为社会工作是一门具有综合性知识和技巧的专业。近年来，专业理论和技术的迅速发展，为社会工作的服务注入了相当的活力。它要求社会工作者以全方位的观点看待问题，具备案主问题所包含的所有社会系统的知识，并依此制订相应的介入计划。

专业伦理的发展要求社会工作服务是被案主的需求引发的，案主不是被动地配合已有的服务，服务也不只是社会工作机构或社会工作者自己的设计，而是一个案主也参与其中的过程，社会工作者提供的服务只是在回应案主的需求。在整个服务过程中，需求发生变化，服务也随之发生变化。因此，当代社会工作发展只能在培养具有一般性社会工作能力的基础上，着重于某一专门领域的特殊专长训练，以回应社会对社会工作专业的新期待。

四、工作方法的发展

人们生活的世界纷繁复杂，人在日常生活中遭遇的问题也非常广泛，而所有的问题之间并不是单一的因果关系，因此，没有一个理论或方法可以单独存在且有效地解决所有的问题。拥有不同理论背景和技术的社会工作者在处理同一个问题时，可能会得到相同的结果。在大部

---

① Robert Barker, The Social Work Dictionaryl 4th ed. Washington D.C.: National Association of Social Workers(NASW) Press,1999.

分的情况下，没有实验证明在处理某一类问题时，某一个的理论模型比其他的理论模型更有效果。① 整个20世纪60年代到70年代，在美国开展的对贫穷作战和民权运动都要求社会工作者以更新的观点看待问题，在推行这些政府资助的旨在解决青少年犯罪、贫穷及精神疾病的计划时，社会工作者受到民权法案的影响，运用了一些全面性的介入方法。评估的结果显示整合方法的运用比单一方法更有效。对于实务社会工作者来说，每一种理论和方法都可以作为探究事实真相的工具，社会工作因此出现了朝向整合取向的工作方法发展的趋势。

整合取向社会工作，需要具备个人和环境互动时所包含的所有不同系统的知识，如图1所示，这些系统包括由生理、认知、情绪、行为、动机组成的个人次系统；包含夫妻、父母、兄弟姐妹的家庭次系统；由亲属、朋友、同学、同事、合作伙伴、邻里组成人际次系统；包含社会组织、社区的社会次系统，以及社会文化、物理环境组成的社会系统。介入时将这些系统分成三个层次，从不同层次介入：(1)微观层次：包括个人、夫妻和家庭，提供的是面对面的直接服务，主要工作方法包括个案工作、夫妻与家庭治疗等；(2)中观层次：包括各种小组、社会组织，改变的是直接影响个体的人际和社会次系统，主要工作方法有小组社会工作、学校社会工作等；(3)宏观层次：包括社区、社会政策和更广大的社会文化环境，改变的是间接影响个体的社会系统，主要方法包括社区发展、社会计划实施、社会行动推广、社会政策倡导等。

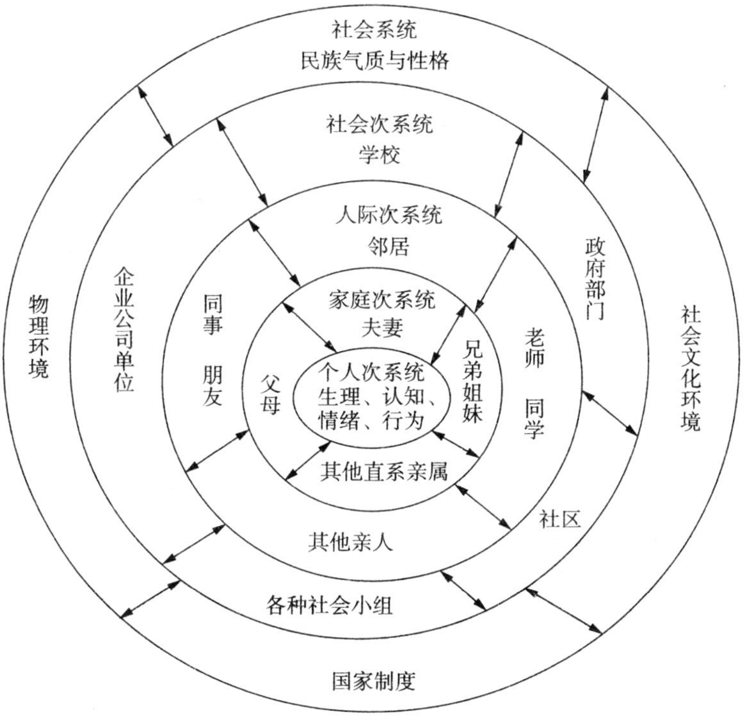

图1　案主系统示意图

整合取向的社会工作强调不是依据方法设置介入的目标，而是依据案主的需要和所需达

① Dean H. Hepworth, Ronald H. Roonep, Jo Ann Larsen，许临高译. 社会工作直接服务. 台湾洪叶文化事业有限公司，1999.

到的目标设计介入方法。据此，社会工作不再将个案工作、小组社会工作、社区工作割裂开来分别使用，而是将其全部整合进案主服务系统，采取直接服务和间接服务的模式，强调在不同系统层次间建立与个体行为之间的关系，从各个层次分别介入，以提供案主需要的各个层次的服务，既促进个人社会功能的恢复和发展，也注重社会环境的改善，最终维护经济与社会的公平与正义。

当代社会工作的最新发展是小组社会工作发展的基本背景。小组社会工作的发展离不开社会工作的发展，是在社会工作基本背景下的发展。

第二节　小组社会工作和社会工作

社会工作是一门助人专业，它的所有魅力就在于其所服务的人群中。在整合社会工作框架内，整个社会工作是一个系统，它在微观、中观和宏观三个层面展开，其中中观层面包含小组社会工作。小组社会工作是整个社会工作系统中的一个子系统，它们之间的关系是系统与子系统之间的关系。

一、一个基本的子系统

小组社会工作，与个案社会工作、社区社会工作一样是社会工作系统的一个基本子系统。

社会工作是一门以价值为先导的专业，作为社会工作系统的一个基本子系统，小组社会工作实践着社会工作的价值理念。这些基本的价值理念包括：(1)每个生命，不分种族、性别，不管贫穷还是富有、残障还是健康，都有着与生俱来的、不可剥夺的生命尊严和价值；(2)每个个体终其一生都有发展的潜能；(3)每个人都有从环境获得必要资源以维持基本生存和必要发展的权利；(4)每个人的独特性和个别性都应获得尊重；(5)致力于推动与维护社会的公平与正义等等。正是这些价值理念决定了小组社会工作者的心理态度以及所建立的专业关系的性质，所有的小组社会工作者都必须以这些基本价值理念为基础开展服务。

社会工作也是一门以实务操作为主的专业，作为社会工作系统的一个基本子系统，小组社会工作实务的开展一定要遵循社会工作的专业伦理。这些专业伦理包括：(1)案主利益优先，社会工作者应在自己的专业能力范围内提供服务；(2)人类有依照原来的样子被接纳的权利，尊重和接纳是社会工作者的基本工作原则；(3)尽可能尊重案主的自主和自决权；(4)对案主的个人隐私严格保密；(5)在专业关系中维持适当的专业界限，避免双重和多重关系等。这些专业伦理是小组社会工作开展的基础，规范了小组社会工作者的行为和实践，并贯彻于小组社会工作始终。

社会工作还是一门强调工作历程的专业，作为社会工作系统的一个基本子系统，小组社会工作与社会工作服务体系中其他基本方法的工作历程基本一致，都要经历(1)需求评估、订立契约、预估、计划；(2)介入、达成目标；(3)结案、评估和拟定持续的行动策略这三个阶段。不但阶段相同，甚至一些基本的技术，如积极倾听、同理、具体化、自我表露、与案主有关的不同次系统沟通等的运用也是相同的。这些工作历程也是小组社会工作的必要环节，指引着小组社会工作专业发展的方向。

就社会工作系统来说，小组社会工作与社会工作是部分与整体的关系，社会工作的发展影响着小组社会工作的发展，同样地，小组社会工作的发展也推动着整个社会工作的发展。

二、一个独特的子系统

除了是一个基本的子系统，小组社会工作还是社会工作系统中的一个独特的子系统。

尽管小组社会工作与个案社会工作、社区社会工作所需的知识、技术有许多重合之处，但小组社会工作特殊的服务过程与个案工作和社区工作相比，有其独特性。

1. 提供归属感

小组社会工作提供一种仅存在于团体内的归属感。在小组社会工作中，将一群有相同需求或问题的人组织在一起，通过互动，形成某种依赖的关系，产生群体性的经验，进而培养出小组组员对于小组的忠诚，使每个个体都感到自己是这个群体的一分子，渴望为这个群体做些什么，并从贡献的过程中体验到自身的价值。当个体感到被认同和接纳时，个体的自我价值感得到提升，就会产生一种归属感，并进而发展成为一种生命的力量，成为个体发挥潜能，自我成长的动力和源泉。

2. 提供验证事实的机会

小组社会工作提供一种来自人际间的验证事实的机会。个体的不同角色是在不同的小组中形成的，不同小组提供给了个体不同的人生经验，但不能确定小组提供给个体的经验是否都是适合个体成长的。当人们的小组经验发生错位时，当人们无法形成某种合适的小组经验时，小组社会工作可以帮他们营造一个小组环境，提供给组员一个与真实生活类似的情境，以帮助组员学习面对、处理自己的困难与问题。小组组员通过组员间的互动，尝试他们在日常生活中未能实现的行为，体会他们在日常生活中未曾体验的情感，并且寻找机会通过其他组员的回馈，了解其他人对自己行为的真实反应，进而有机会对自己的认知和行为进行反思。

3. 提供成长所需的资源

小组社会工作提供一种通过分享和互助而获得的资源。个体常常因信息与经验的有限与单一而陷入困境，无从比较，也没有新的力量的注入，导致其无法成长和改变。而小组组员各自有不同的背景与经验，对于问题的了解、认知与解决方式都不同。互惠、互助是小组社会工作的本质，所有小组组员在小组中相互分享和学习，既得到他人的帮助，也帮助他人，所有人都感到自己不再是孤单的，而是进入到一个支持体系中，并从这个支持体系中获得成长所需的资源。

不论是个案社会工作、社区社会工作，还是小组社会工作都是有价值的社会工作方法，都有其特质，也都能产生某种积极的工作效果。小组是直接影响案主的社会系统，小组社会工作通过一对多的方法，既帮助个人成长和改变，也以整个小组作为改变的单位或将小组作为影响环境的一个机制，为社会工作提供了一个重要的工作领域和工作模式。

第三节　小组社会工作的概念和功能

一、人活在小组中

人在生存上是互依的，在情感上是互赖的。人的根本生活形态是团体性的，与他人没有任何联系的个人是无法生存的。从出生后即进入的家庭到学习生涯中的幼儿园、学校、朋辈小组、校园社团，再到工作后的公司、机构、企业、同事小组，以至生活中的社区、休闲娱乐小组、互助小组等，人一直都生活在小组中。个人通过加入各种小组才能参与社会生活，社会也只有通过各种小组才能对个人的社会化及其社会生活施加影响。

所以，小组既是人们生活的基本单位，又是社会结构的重要组成部分。人是在关系中成长的，终其一生，人们的生命历程就是从一个小组进入另一个小组，在小组中生存，在小组中完成社会化，在小组中形成自己独特的人格特质，也在小组中获得各种情感的满足。纯粹的个体行为，不与其他人发生相互的联结，并不是真正意义上的社会行为。

尤其是，随着城市化和工业化的发展，人类的物质生活水平得到了极大的提高，但人类在工业化的过程中，过于精细的社会分工和过于激烈的生活竞争却使人们之间越来越疏离。孤独、无助、缺乏支持以及对爱与关怀的渴望，使得人类比任何时候都更希望与其他人联结，而社会问题的复杂与层出不穷，也使人类越来越急于寻求相互间的合作。因此，小组的组成和通过小组的分享与合作，已经是当代社会一个重要的主题。

根据莱特(D. Light)和凯乐(S. Keller)的观点，可以将小组对人的影响概括为四点：(1)通过小组获得社会化；(2)通过组员间的互动获得社会认同；(3)小组提供给个人改变社会的力量与影响力；(4)小组将社会经验传授给个人，又将个人的经验转换成社会经验。

根据台湾学者宋镇照的观点，从小组的形成和维系来看，小组发挥了工具性、心理性和功利性的功能：(1)在工具性功能方面，小组促成组员同心协力，小组达成的目标远大于个体目标之和，小组可以整合出新的意见或创造性的解决方案，特别是在信息不完整时；(2)在心理性功能方面，小组可以满足人们亲密的需求、爱与被爱的需求，可以发展和确定组员的身份感，维持个人的自尊，帮助组员消除不安全感、焦虑和无力感；(3)在功利性功能方面，小组能维持一个非正式的共同网络，使组员更迅速地交换其共同的兴趣与信息，并且通过互惠互利的帮助，解决组员个人性的问题。

二、小组社会工作中的小组

提及小组这个概念，我们不得不涉及另一个概念：团体。在英文中，它们对应的是同一个单词“group”，而在社会学家那里，它们显然更愿意用“团体”这个概念。按照社会学家的观点，社会团体是指通过一定的社会关系结合起来进行共同生活的集体。它必须包括以下的特征：(1) 团体成员是由某种纽带联系在一起的，这种纽带是人们在社会交往过程中形成的各种社会关系，是人们相互交往，相互影响的结果；(2) 团体成员之间有着共同的目标和持续的交互活动；(3) 团体成员有共同的群体意识和规范。

符合这些特征的社会团体有很多，并且可以分成不同的类型。按照维系团体成员的纽带的性质可分为血缘团体、地缘团体和业缘团体；按照群体中社会关系的规范化程度来划分，可以分为正式团体和非正式团体；按照团体成员关系的密切程度，可以分为首属团体和次级团体。有些团体的规模很小，只有三四个人；有的团体的规模很大，可以有成百上千人；有的团体是自然形成的，有些团体是依特定的目标而形成的；有些团体是依情感联结的，有些团体则是依制度和规范联结而成的；有些团体某个团体组员的退出会对团体的形成造成影响，有些则不会。

在社会工作者那里，人们熟知的概念是小组。虽然“小组”与“团体”两个概念有重合，但小组社会工作并不是关于社会团体的工作。在众多的社会团体中，也不是所有的团体都符合小组社会工作对小组的界定，有许多的社会团体是非社会工作取向的团体。如行政事业中按社会管理运作的团体，市场上纯粹为商业目的运作的团体，精神科医生为病人组成的心理治疗团体等。小组社会工作中的小组除了有一般社会团体的特征外，还有其独特的特征：(1) 由小组社会工作者协助组成，或组员的互动依靠小组社会工作者的协助引导；(2) 以个人能力和需求为基础，形成一定的规范，表现出特有的形态；(3) 是一个关系体系，组员间相互互动，并因此产生认识、情感与社会交流；(4) 包含一个连续不断的发展过程，随着时间的推进不断向前发展。所以，小组社会工作中的小组是社会工作者，本着社会工作的理念，依据社会工作的原则、技术，为达到社会工作的目标而设立。在一般的意义上，它主要指的是小团体，组员之间必须可以进行面对面的互动。

社会工作中的小组有自己的区分方法，按照小组的导向来说，可分为成长导向小组和任务导向小组，前者协助个体社会功能的恢复与发展，后者强调社会行动过程中社会任务的完成；按照小组组员进出的自由程度来分，可以分为封闭性小组和开放性小组，前者小组组员进入小组较自由，小组的变动性较大，后者小组组员进入或退出的自由度较小，尤其是新组员的进入需要严格的审查；按照小组的组成来分，可分为人为组成的小组和自然形成的小组，前者由社会工作者依据一定的目标组成，后者是依靠组员自身的力量组成；按照小组社会工作的目标来分，又可分成支持小组、教育小组、成长小组、治疗小组、社会目标小组等。社会工作者选择有效的小组形式，通过小组的分享与合作，提供各种类型的服务，以回应社会上各类人群的需要。

三、小组社会工作概念的界定

关于小组社会工作的概念，崔克尔(Trecker)曾经用图表的方式将小组社会工作的定义形象地表达出来，如图 2。① 这个定义将小组看成是一个由组员、工作者、机构、环境各要素所组成的开放系统。在系统中，个人因与其他人互动而获得组员的身份，再通过工作者的带领，组员间持续的互动，与周围环境不断地进行资源交换，进而达成个人和整体的目标。

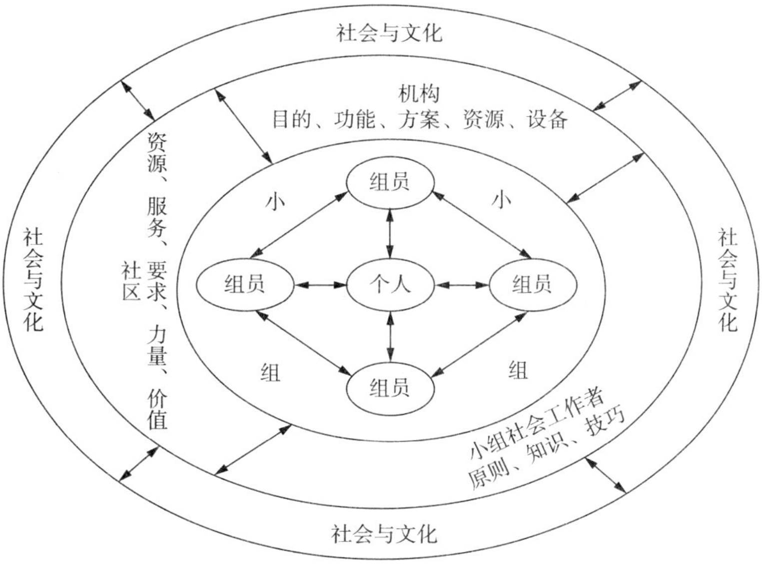

图 2 小组社会工作定义图(要素图)

① 林万亿. 团体工作. 台湾三民书局，1996.

米德曼和哥登伯格(Middleman & Goldberg)从另一个角度，把小组社会工作看成了一个过程，从小组历程的角度揭示了小组社会工作概念中的核心要素，[①]如图3。(1)协助组员形成一个互助体系。对每位小组组员而言，主要的助力来自小组内的其他组员，工作者的主要任务是协助组员了解这一点，在小组组员间形成持续的互助、互惠；(2)协助组员了解并发展小组过程。小组的过程是组员发展相互关系、相互影响、共同解决问题的过程，工作者需要协助组员了解并发展这个过程；(3)协助组员产生小组动力。协助组员在小组中产生自主性，小组持续以自助和互助为基础，产生小组动力，推动小组向前发展，发挥小组的功能；(4)协助组员评估小组。任何一个小组都有准备、开始、中间和最后的结束阶段，每个阶段都有每个阶段的任务和期待，协助组员评估各个阶段的发展过程与任务，帮助他们应对此中困难，并在结束时适时总结、巩固组员在小组的学习成果。这种界定方法强调了过程中蕴含的小组目标、工作者的任务以及小组发展的实质，也是一个了解小组社会工作概念的很好途径。

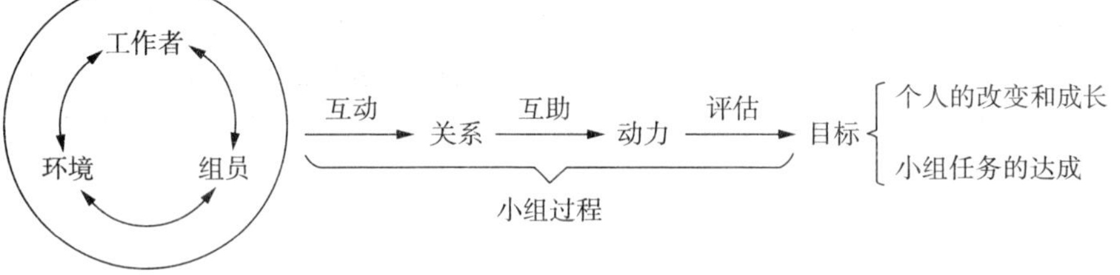

图3　小组社会工作定义图(过程图)

根据上述两种概念界定方法，小组社会工作中包含五个关键性的子概念：社会工作者、需求、互动、动力、目标。这样，我们将小组社会工作定义为在小组社会工作者的带领下，通过一群具有共同需求或问题的人的持续性互动，形成小组的动力和意图性的小组经验，从而达成个人、小组和社区发展的目标。

四、小组社会工作的功能

一些著名的小组社会工作者，如霍特福德和克列恩(Hartford，1971；Klein，1972)，关注小组作为一个整体，很少强调小组中的组员；另一些小组社会工作者，如罗斯(Rose，1998等)则把其重点放在改变单个个体组员上。其实两种视角都是有用的。领导任何小组，工作者都应当把他们的注意力既放在个体身上，又放在小组整体上，甚至小组所在社区也是他关注的对象。工作者一方面要关注个体组员，帮助他们实现个人的目标；另一方面，工作者也要关注小组整体，确保小组尽可能较完善地发挥它的功能，实现它的目标；同时，工作者还要评估小组的环境，并决定是否帮助个人或小组适应这个环境或改变它。

具体来讲，从个人到社会，从行为改变到社会任务的达成，小组社会工作的功能涉及不同的层面。

1. 增强个体的社会功能

这个过程被视为是正常的社会化过程。人的本质是其社会性，个人在小组中，通过与他人建立关系，学习小组文化，承担社会角色，来发展自己的社会性。目标是帮助个体发展潜能，获

① Charles D. Garvin 著，曾华源译. 社会团体工作. 台湾洪叶文化事业有限公司，2000.

取情感的支持，学习新的知识与技能，学会承担一定的社会角色，成长为一个与环境适应良好的人。如协助组员认识自我、接纳自我、发展人际关系、培养生活兴趣、掌握良好的学习习惯、学习亲子沟通技巧、适应退休生活等。

2. 协助个体社会功能的恢复

当个体在情绪、认识和行为上出现困扰时，通过小组社会工作协助其恢复原有的社会功能。如协助后天残障者康复，协助单亲母亲重拾自信，协助有心理困扰者面对自己的心理问题，协助组员在遭遇生活重大危机事件后的恢复等。

3. 对个体的失范行为进行矫正

通过小组协助那些违反社会规范、社会秩序、社会道德者心理行为改变的过程，实际上是一个再社会化的过程。如协助网络成瘾、酒瘾和药瘾者回归正常的生活，对越轨的青少年、家庭暴力者、犯罪分子的心理行为进行矫正等。

4. 社会任务的达成

提供必要的社会性资源，通过小组组员的合作解决一定的社会问题，并完成一定的社会任务。如协助青少年活动中心推行一项服务青少年的计划，协助农民工子女适应城市生活，协助社区独居老人获得必要的社区照顾，协助城市贫困家庭获得必要的经济支持，协助残疾人获得必要的社会福利服务，协助社区推广社区文化等。

5. 社会环境的改善

与小组组员一起改善小组外部环境的过程，包括推进社区发展，推动社区行动计划，进行社会政策的倡导等，以促进经济和社会的公平与正义。如协助弱势群体的赋权运动，协助社区环境的改善，协助社会政策的制定与推行等。

当代小组社会工作的理论取向深受社会工作生态系统理论取向的影响，认为社会环境是个人行为形态的来源并对维持这种形态产生影响，同时也是改变这种形态的有力工具，所以小组社会工作的功能重点在于协调人与环境的互动，寻找最佳的社会功能的达成。

五、小组社会工作与团体心理治疗

小组社会工作在其发展过程中，一度受到了心理学的影响，也借鉴了许多心理学方面的知识，因而临床取向的小组社会工作占据了主导地位。目前，以小组作为媒介从事助人活动的不仅仅是社会工作者，心理治疗师与精神科医师也在做小组，他们的小组工作称为团体心理治疗（对于心理学家和精神科医生来说，他们更喜欢用“团体”，而不是“小组”的概念）。一些认为团体治疗属于心理学和精神医学范畴，并支持心理治疗是排他性行业的人，对临床社会工作者提供或参与小组治疗的能力，采取了保留的态度。这些人指出，心理学工作者是唯一受过潜意识训练，可以合法提供心理分析相关服务的人，因此，应限制小组社会工作者在小组治疗领域的工作；而另一些社会工作背景的人也认为，社会工作是以推行社会福利服务、维护经济和社会正义为目的的，同样质疑在社会工作领域开展小组治疗的合适性。为了回应这些质疑，首先必须弄明白小组社会工作的治疗与团体心理治疗到底有什么区别？

首先，小组社会工作的目标不一定是治疗取向的，除了心理治疗的目标外，小组社会工作很大一部分是面对心理正常人群的成长及其与环境适应问题。从预防到建设，社会工作包含更广泛的目标，从更积极的层面去回应人类的需求。

其次，即使是小组社会工作中治疗取向的小组治疗，与团体心理治疗也有区别。小组社会工作是从个人的成长历程、个人与环境之间互动的关系角度开展实务的，理解环境的压力和环境对个体的意义，分析小组过程的知识、处理小组过程及处理人类相互关系的技巧属于小组社会工作的专业范围，与心理分析强调的潜意识治疗没有多大的关联。而团体心理治疗是从生理心理学的角度看问题的，它通常处理个体深层的人格冲突与问题，强调人类潜意识的作用，注重移情和反移情治疗关系的建立，两者在理念、方法和实施原则上都有区别：

（1）小组社会工作者不像团体心理治疗师把小组组员看成是病人，而是认为小组组员是正常人，只是与环境的适应上出现了问题。

（2）小组社会工作者在小组中和组员一起工作，其角色是使能者和促进者，他们相信小组组员自身有潜能，能依靠自身的力量获得成长；而团体心理治疗中把组员看成情绪和行为的严重困扰者，需要治疗师作为专业权威以控制治疗的进程。

（3）小组社会工作强调小组本身的自主性，相信小组存在自我发展的能力，而非只是关注个别案主的行为；而团体心理治疗特别强调治疗师在小组中的主导引领、干预作用。

（4）小组社会工作强调个人与环境的互动作用，强调环境层面的介入；而团体心理治疗认为个体的问题是个人身心问题，来自于个体的内在困扰，应从人格结构和潜意识的层面去处理。

当然，除了不同，小组社会工作与团体心理治疗也有很多重合的地方，尤其是近年来，随着多学科之间的相互渗透，小组社会工作与团体心理治疗间相通的可能性越来越大，团体心理治疗越来越看重被治疗者的力量，越来越强调治疗者与周围环境间的互动，而小组社会工作也越来越多地借鉴小组心理治疗领域的相关心理学知识。需要注意的是，事实上，在今天西方发达国家的心理卫生或精神健康相关机构中，社会工作者是为数最多的从业人员。

第一章 小组社会工作的历史演进

在社会工作专业中，小组社会工作的历史是深远的，如果我们想了解现在，掌握未来的话，我们更应该了解过去。

——肯尼斯（Kenneth，1997）

追溯与了解小组社会工作的发展历史是一件令人兴奋的事情，因为它不仅是小组社会工作者为发展小组社会工作，不断地与困难作斗争的历史，也是小组社会工作不断发展自己，满足社会需要的历史。一幅历史画卷的铺陈，给了我们细细品味历史余香的机会。而对短暂的中国小组社会工作发展历史的了解，因为有了比较，让我们更加意识到肩上担子的沉重，但值得欣慰的是我们已经踏上征程，勤勉而努力，并有着太多对未来的憧憬。

第一节 小组社会工作的发展

在小组社会工作发展的历史脉络中，我们将了解小组社会工作是如何顺应人类发展的需要而产生、发展和成熟起来的。这个过程包含了小组社会工作产生前的历史，机构的发展对小组社会工作产生的影响，“小组社会工作”概念的出现，小组社会工作和社会工作之间拒绝与接受的关系，小组社会工作的范畴和多样性的形成，不同小组模式的产生以及它们之间的相互斗争与融合等，独特的事件构成了独特的历史进程。

一、小组社会工作的酝酿时期

小组社会工作起源于 19 世纪末 20 世纪初的英国，并以极快的速度传到了美国。但是，现在看来，小组社会工作的出现并没有明确的时代标记，它是历史长期选择的结果，也是社会需要的产物。

(一) 小组社会工作的发展是与近代社会变迁中机构的发展紧密联系在一起的

19 世纪末的欧洲和北美，随着工业化的发展，流水线上需要大量的廉价劳动力，这吸引着越来越多的农民进入城市。这些突然涌入城市的大量移民，为社会创造财富、为城市带来活力的同时，也产生了许多严重的社会问题，如居住、公共卫生、贫困、失业、疾病、犯罪等，但是当时的社会政策与社会服务面对这些问题时却常常束手无策，大量的社会问题直接威胁着数百万家庭的生存和发展。在急速发展的社会中，不确定的因素越来越多，人们在资源有限的情况下，一旦陷入困境常常无力自拔，这种强烈的无力感的产生，使得越来越多的人相信人类需要相互扶持。这种信念首先得到了宗教人士的热烈回应。

与资本主义精神紧密相连的新教伦理告诉人们，在信仰上的表现是决定他们未来荣耀或罪恶的关键。当时大部分参与社会福利工作的人都是虔诚的宗教徒，受过良好的教育，来自富裕家庭。他们相信，坚持不懈的行善是拯救世界的一种方式，献身公益慈善事业是对上帝最大的义务。源自这样的宗教情怀，他们成立了许多社团和机构，回应人类相互支持的需要。

最先是睦邻组织的成立。1844 年，巴雷特(Samuel Barnett)在英国伦敦东区建立了汤恩比馆，这是世界上第一个睦邻组织。当时的伦敦东区是一个贫民区，汤恩比馆号召青年们了解贫民社会状况，义务为社区服务，改善社区环境。当时的工作方法是尽量协助当地人民自发行动起来，互助合作。1886 年，美国人史泰森和查尔斯(Station Goir & Charles, B. Stover)在纽约建立了邻舍委员会，开始发展那里的睦邻组织运动。1889 年，亚当斯(Jane Addams)仿效汤恩比馆，在芝加哥建立了著名的赫尔馆，此后这种形式的服务推广到全国。早期的许多睦邻组织运动的工作员想方设法与当地居民合作，改善住房、健康和生活条件，为工人找工作，并且用传教的方法教穷人语言、卫生和职业技能，还教他们如何提高生活质量，并传播中产阶级的种种价值观。

除了睦邻组织运动，还有男女青年会的建立。1844 年，威廉(Sir George Williams)成立了世界上第一个青年会，并很快在英国的大城市普及开来。1851 年，美国第一个青年会在波士顿成立，1954 年，美国基督教青年会全国协会成立。1906 年，基督教女青年会也分别在英国和美国成立。男女青年会的成立，为年轻人提供智力、品行、身体、社会和精神的福利，在协助青少年利用闲暇时间从事各种小组活动，促进青少年发展方面发挥了重要作用。

与此同时，犹太社区中心、儿童假日营、男女童子军、老人会、少女会、成人教育班、全国康乐协会等，一大批社会机构如雨后春笋般地发展起来，回应了人们相互联结的需要，使得小组社会工作的开展有了机构的背景。这些机构部分以小组为工作方式，对小组社会工作的发展起到了积极的推动作用。以至于克那普卡曾指出：近代小组社会工作的发展历史属于社会变迁中社会机构发展历史的一部分。①

（二）教育、娱乐休闲活动的开展是小组社会工作发展历史上最重要的因素之一

资本主义制度极大地解放了生产力，创造了巨大的社会财富。在社会物质财富富足，一部分人的温饱问题基本解决的情况下，很自然地涉及基本物质生存之外人的其他方面的需求与发展。十九世纪的劳工运动，除了与薪资的调整有关外，在文化层面的需求也很强烈，除了关注自身的娱乐、学习活动，劳工们还开始出资筹划儿童休闲服务。八小时工作制的规定，减少了劳工们的劳动时间，从而获得了一定的闲暇时间，长期处在机械活动中的劳工们开始争取创造性的生活权。此时，男女青年会、男女童子军、犹太人中心、野外活动小组等机构和团体顺应了时代的需求，把劳工的教育、孩子的社会化、人们休闲娱乐活动的开展作为目标之一。他们替贫民窟中的孩子争取娱乐场所；为因生产方式机械化减少了劳作时间的工人提供闲暇的娱乐和适当的成人教育；为因闲暇时间较多而在社会上滋事犯罪的青少年组织各种有意义的户外活动；为从乡村来到城市，缺乏良好教育和休闲的妇女提供烹饪和缝纫课。他们相信这些活动不只是为了休闲，而且对于孩子和青年们的身心成长也十分重要，还为当时缺乏文化性、教育性的人们提供了新的生活机会。当时，大多数的娱乐活动是以小组的方式进行的，因此，一

---

① 克那普卡，廖清碧，黄伦芬译. 社会团体工作. 桂冠图书出版公司，1974 年.

度在某段时期，小组工作被误认为是娱乐与社会服务的同义词。

此后，虽然小组社会工作的概念一直在发展，但即使到现在，小组社会工作通过休闲娱乐提供给人们更好、更新生活的理念并没有改变。

（三）小组社会工作的产生深受近代民主社会理念的影响

20世纪初，随着童子军团、男女基督教青年会、社会救济院在欧美各大城市逐渐繁衍开来，小组社会工作逐渐成为一种正式的服务方式。但除了个人社会化的目标外，当时欧洲帝国开始动摇，人们对民主社会有着一种强烈的诉求，几乎所有的社会活动都以民主性生活和民主性过程为依据，小组社会工作被当成培育民主社会的有效方法。方兴未艾的劳工运动就是一例。伍德斯就认为："劳工教育的主要目的是刺激劳工对社会产生奉献心，并愿意积极参与劳工运动，而不是为了个人目的所举办的成人教育"。在美国的经济萧条时期，失业劳工成立了许多互助小组，透过参与社区委员会和相关的团体，失业的劳工开始创立方案，并尝试与立法委员们直接接触，试图重新掌握自己的生活。还有以小组方式产生的"市民行动"，目的是改善自己和他人的居住环境，通过小组活动和邻里社区的决策过程，维持民主社会的主旨，使组员成为一个更成熟的城市居民。整个小组社会工作领域出现了一种以社会行动解决社会问题的取向。不论是英国或美国，甚至像救济院这样的机构，都将民主社会的维持作为机构的目标，尤为强调服务于身处贫穷和社会劣势的人必要性。如考门斯（Commons）救济院就组织了一次芝加哥市政厅的抗议游行，通过这样的游行活动，让市政府了解他们所遭遇的问题，以争取到更多属于自己的权利。

机构的产生为小组社会工作的开展创造了条件，休闲娱乐活动的发展和对民主社会的诉求将小组社会工作迅速推广开来。在实践的同时，一些机构根据自己的研究成果和多年经验的累积，编印了许多有关小组社会工作理论与方法的书籍，开办了一些培养小组社会工作人才的学校，为小组社会工作的专业化起到了很好的促进作用。

二、小组社会工作作为社会工作的一门课程被接受

在小组社会工作成为社会工作学院正式课程之前，人们习惯于从所属机构的性质来看待小组社会工作，那时，小组社会工作只是一种以小组为单位的工作方式，与社会工作没有什么联系。其实，早在1906年，纽约慈善学校就提供了相关的小组研读课程，目的是训练学生，使其胜任救济院的工作。到了1913年，学习这些课程的学生开始正式在学校注册，成为研读休闲领导者专业课程的学生。1923年，小组社会工作的创始人之一，柯瑞尔（Grace Coyle），开始在西部储才大学（Western Reserve University）讲授小组工作的课程。最初这个课程只是为了训练游戏指导员而设立的，后来才逐渐演化成通过课程的带领，训练领导者运用小组的方法和原则，带领小组组员寻找其生活的方向。

社会工作学院开设小组社会工作课程之初，课程内容主要引用的是心理学家约翰·大卫（John Dewey）、威廉·詹姆斯（William James），社会学符号互动理论大师查尔斯·库利（Charles Horton Cooley）和乔治·米德（George Herbert Mead）的理论，小组不再被视为仅仅是一群人的集合，而是动态且活生生的有机体，能够被研究和被影响。柯瑞尔曾在青年会组织女工和儿童小组以及成人教育小组，并以其实际经验写成了《年轻女性小组工作》（Group Work with American Youth）、《组织化小组内的社会过程》（Social Process in Organized Groups）两本书；紧随其后，崔艾珂尔（Harleight Trecher）出版了《社会小组工作：原则和实践》

(Social Group Work: Principle and Practice)一书；①接着，纽斯泰特(Wilber Newstetter)进行了长达十二年的连续实验研究，在1938年完成了《小组调适》一书。这几本书成为社会小组社会工作早期的奠基性著作。

尽管小组工作已经被列入社会工作课程里，但是专业社会工作却一直不接纳它。专业社会工作是从慈善组织机构中发展出来的，它对于接近案主、个别化、通过一对一的援助方法影响个人行为的取向有很大的自信。个案社会工作是当时社会工作领域的主流，许多个案社会工作者认为，不重视个体内在动力的小组工作不符合社会工作的实质，他们不相信游戏、露营、舞蹈等活动对个人的社会功能建立有好处，也不相信它能帮助人类解决所面临的问题。而对于小组工作者来说，个案工作的方法过于狭窄了。他们认为，个案社会工作者过度关注个体的问题，忽略了人类行为相互联结的实质，对造成贫穷、失业等问题背后根本的社会原因视而不见，也失去了社会工作者改造社会、影响社会变迁的责任。个案社会工作者和小组工作者之间的分歧很大，以个案社会工作为主流的社会工作接纳小组工作的可能性也就不大。

1936年，美国小组工作协会(American Association for the Study of Group Work)成立，目的是确定小组工作的理念及临床工作方法，并促进小组工作的发展。但是到了1939年，在全美社会工作会议上，小组工作仍没被纳入社会工作专业主题中。对于社会工作界来讲，小组工作并没有明显的重要性。当时的小组工作者也将自己视为独立的专业，并没有想到要与其他专业性工作结合。教育家威廉·吉尔派崔特(Willian Heard Kilpatrick)就曾认为小组工作应归入教育专业中，以至于林德曼(Linderman)无奈地指出："小组是人类相互关系的特别形态之一，也是一群人的集合体。在小组中，透过大家共同合作的方法，应比经由个别努力更有可能满足个人的需要。如此说来，我实在不明白，为什么小组和小组经验不能被视为社会工作关心的焦点。"②

第二次世界大战时期，纳粹德国的出现促使人们体验到了小组经验"质"的重要性。人们认识到：小组能产生破坏性力量，对民主政治和民主生活的维持有重要的积极作用，应利用小组的经验鼓励社区居民积极参与社区生活，激发社会各阶层和各优秀人士参与到民主社会中来。同时，在战争中，小组工作在军队和战地医院的开展，也促使小组工作者更深一步地去考虑人类生活中个人独特的力量，而且领悟到仅仅依赖活动及小组过程是远远不够的，小组工作开始对社会工作产生较大的归属感。而大量的个案社会工作者，通过一些工作的机会，也认识到小组力量对个体的影响，令他们接受了利用小组作为服务取向的想法，对小组工作有了更多的认同。这样，在社会工作的框架内，个案社会工作者与小组工作者开始建立起密切的联系。

1946年，在纽约水牛城召开全美社会工作会议时，柯瑞尔发表了"迈向专业化"(On Becoming Professional)的演讲，她以"专业性工作所要求的责任"和"专业性工作的必要条件"为主题，叙述了一些专业性职业特质，并非常公正地依每个特质来检讨"小组工作是否达到专业性职业的水准"。在谈到有关小组归属感的问题时，柯瑞尔认为："小组工作归属的问题对于小组工作者专业性意识的成长是一个很大的障碍"，而"无论是个案社会工作，还是小组工作及社区组织都具有共同的要素，即每一种工作方法都是以对人类关系的理解为主。虽然每一种

---

① Helen Northen, Roselle Kurland. Social Work with Group(3th). Columbia University Press, New Nork, 2001.

② 克那普卡，廖清碧，黄伦芬译. 社会团体工作. 桂冠图书出版公司，1974.

关系所采用的人际关系性质不同，但是其基础原理是相通的，也就是：对人格的尊重及对民主主义的信念。这些是小组工作者和社区组织专家共同分享的。基于这个理由，我相信，小组工作……是广义的社会工作的方法之一。"柯瑞尔的演讲为小组工作迎来了一片新天地，全美社会工作协会在决定小组工作是一门专业的同时，小组工作也正式被社会工作接纳了。"小组工作"演变成了"小组社会工作"。

1955年，美国小组社会工作协会加入了新创立的全美社会工作者协会，社会工作统合小组工作的过程最终完成。这一次统合完成的最大成果就是小组社会工作确立了自己的专业特性和地位，促成了小组社会工作与个案社会工作的整合，小组社会工作发展成为社会工作系统内一种专业方法，"它的目的是通过一种有意图的团体经验，提升人们的社会功能。"①

与此相适应，这一时期小组社会工作的著作不断涌现。如柯瑞尔把小组过程理论和结构因素引进社会工作领域，完成了《小组社会工作对美国青年的服务》一书。十年后，她又与学生哈弗德合作了《社区与小组的社会过程》一书。此外，还有威尔森的《小组社会工作实务》、崔克尔的《小组社会工作》、克那普卡的《以儿童为对象的治疗性小组社会工作》等著作，这些著作对小组社会工作的实践进行了系统的总结，也为小组社会工作的理论探讨做出了重要的贡献。

三、治疗取向进入小组社会工作

治疗取向的进入是小组社会工作发展进程中的一个重要事件，对后来小组社会工作的发展产生了重要影响。

二次大战前，几乎所有的小组工作机构提供的小组工作模式都与个体休闲、娱乐、教育有关，十分强调小组经验的获得和对民主社会模式的维持。当时，也有小组工作者在尝试一些治疗性小组，如亚当斯(Jane Addams)就曾带领过一个有毒瘾且住在戒毒所的男子的小组，她相信利用他们的帮派精神，并且将这种精神转化成一种克服毒瘾的集体力量，可以帮这些孩子成功地戒除毒瘾。1918年，芝加哥一所州立医院，也将实验性的小组休闲方案用在精神病患者身上，通过小组性的舞蹈和游戏影响精神病患者，使他们参与到小组中来，达到治疗的目的。1929年伊利诺伊州州立启智学校与州青少年犯罪中心合作设计了一个小组社会工作的实验，证明休闲小组对智能障碍的孩子有正向的影响。不过，这只是一些零星的尝试。

二次大战后，大量的战争移民进入美国，也将弗洛伊德的精神分析理论与一些小组经验方法带入美国，很快就被强调实用主义和个人化的美国大众接受，也对小组工作带来了很大的冲击。当时，整个社会工作界充斥着对精神医学的认同，社会工作机构也强调精神分析理论的应用，使小组工作被导向这个方向。到了1940年，愈来愈多的心理卫生机构和医院，开始将小组工作当作服务的一部分。匹兹堡的儿童医院，开始将小组社会工作的方法运用在生理和精神疾病病患的处理上；纽约社会工作学院开始将学生安排至纽约社区服务协会中实习，在实习中，小组社会工作的实习生与精神科医生、个案工作者组成一个团队，以小组社会工作的方法治疗一群有严重适应困难的儿童；在一些军队医院里，开始将精神科医生、心理治疗师和社会工作者组成一个团队，尝试着将小组治疗的方法应用在患者身上。这样，治疗方案进入小组社会工作，小组社会工作者开始接受研究、诊断、治疗的概念，小组中个人的失功能成为工作者关

① Helen Northen, Roselle Kurland, Social Work with Group(3th). Columbia University Press, New Nork,2001.

注的中心，而环境因素被或多或少地忽视。治疗性的小组开始出现并迅速在美国境内和加拿大蔓延开来，小组社会工作越来越成为一种科学的临床服务方案。

这种现象一度在社会工作领域引起很大的争论。其中，一种观点是，应该强调社会工作的临床服务功能，社会工作者就应是一种临床取向的治疗师；而另外的一种观点认为对临床服务的过分强调是对传统社会工作价值取向的反叛，社会工作过分的临床化，将失去它与心理学、精神医学相区别的独特性，也失去了社会工作在把握宏观社会，服务社会更广大人群，推进社会民主进程中的重要作用。20 世纪 60 年代后，这两种小组社会工作取向进行了持续不断的争论，但出乎意料的是，争论的结果不是哪一方的胜利，而是两种取向开始逐渐走向整合。

四、从多元到整合的小组社会工作模式的发展

1966 年伯普尔和罗斯曼(Catherine Paplle & Beulah Rothman)将小组社会工作区分为社会目标模式、治疗模式、交互模式三大模式，对小组社会工作的理论与方法进行了一次意义重大的总结，见表 1-1。① 此后不断有学者扩充伯普尔和罗斯曼的研究成果，如史华滋发展出了以人本心理学和存在主义理论为基础的中介模式，伯恩斯坦总结出了发展模式。之后，小组社会工作进入了一个快速发展时期，又出现了过程模式、任务中心模式、小组中心模式、目标规划模式等。到 1979 年，道格拉斯将发展出来的各种小组社会工作模式归结起来，有 11 种之多。

表 1-1 小组社会工作三大模式

类别	功能	对组员的看法	对小组的看法	工作者角色	理论基础	工作原则
社会目标模式	增进组员的社会意识与社会责任，协助他们完成社会行动，促进社会改革，维护经济与社会的公平与正义	每个个体都有潜能在社会的主流中从事某种有意义的活动，而这种社会参与本身就包含着对各种疾病的治疗	每一个小组都是潜在的社会财富，都可以用它来影响社会变迁	影响者，在小组中进行社会意识与社会责任的普及与推广	新弗洛伊德理论，社会学中的冲突论、文化剥夺理论等，杜威的教育理论，生态系统理论	对小组中个体的行为关注较少，更多地强调参与、共识和任务的达成
治疗模式	改变个体的认知和行为，协助个体的康复	与环境适应不良，或无法从环境获得满足的个体，即社会功能失调者	小组是一种治疗工具	改变的中介。协同小组，分析、诊断与治疗，具有权威地位	精神分析理论、行为理论、社会认知理论、案主中心理论、社会角色理论	小组是个别取向的，小组的目标建立在每一个组员的目标之上，根据每个个人的治疗目标的总和来制定小组目标，小组运作的重点在于评估、诊断与治疗

① Papell C. Rothman B. Social Group Work Models——Possession and Heritage.Journal of Education for Social Work，1962(2).

续表

类别	功能	对组员的看法	对小组的看法	工作者角色	理论基础	工作原则
交互模式	建立互助系统，提供组员所需的支持	将自己的需求与小组任务达成联系起来，具有互惠的动机与能力的个体	小组是中心，是问题解决的必备情境	使能者或中介者。工作者与组员一起工作，参与到小组中，影响他人，也被他人影响	场域理论、系统论、沙利文的人际心理学理论、社会学习理论	认识小组中隐藏的共同因素，提供知识、事实、方法，通过对小组共通性的思考，协助组员互惠目标的达成

而整个60年代到70年代开始的对贫穷宣战和民权运动也对小组社会工作产生了重要的影响，它们要求社会工作者以新的视角来看待问题，以非传统限制的方法解决社会问题。政府承诺去解决青少年犯罪、贫穷及精神疾病，并赞助了许多实验计划。推行这些实验计划时，社会工作者受到民权法案的影响，考虑一些更全面性的介入。评估的结果显示，人们发现整合方法的运用比任何单一方法的运用都更有效。70年代后，整个社会工作领域开始出现整合趋势，用生态系统理论探讨人类的问题，不再单列个案方法、小组方法或社区方法，而是采取系统多元的实务观点，将这三大方法概括为"社会工作实务"或"社会工作直接服务"，社会工作者在处理问题时将牵涉到个人、夫妻、家庭、小组、社区以及其他各系统。

与此相适应，一些学者也指出，各种小组模式的划分虽然使小组社会工作的对象明朗化，也使操作者对各小组间的差异有所了解，但却忽略了不同模式间的共同点。1983年，克那普卡曾描述过自己在认同某一工作模式过程中所遇到的挫折：

"我常常被同事或学生问到，我主张哪一种小组社会工作模式，是社会目标模式、治疗模式还是互动模式。撇开我个人对于这种分类的厌恶外，我的答案非常清楚：既不是其中任何一个模式，也不是所有模式的折中。然而，要将其中任何一个模式的目标排除在外，也是不可能的。"①

为此，一些著名的学者，如伯普尔、罗斯曼、克那普卡、罗伯特斯、哈特佛德等开始整合早期的小组社会工作模式，并将整合后的工作模式称为主流模式（mainstream model）。② 主流模式提出，小组社会工作的共性是共同的目标、相互的支持、意图性的经验。领导者和组员共同决定小组目标、界定小组范围以及尝试问题解决。主流模式与其他模式最大的不同，就在于它提出了小组发展的概念，并且认为不是工作者主导模式，在领导小组的过程中，小组会出现自己的结构，带动组员的自我发展。主流模式将组员视为小组过程中的积极参与者，期待组员参与整个小组过程，彼此支持，并且对小组的发展负责。无论小组目标是什么，组员都是一个社会学习者，通过小组情境发展自己的社会功能。主流模式认为，小组是一个试验场，组员能够在小组中尝试新的行为、角色和沟通方式，领导者在主流模式中的角色变化，随着小组的需要、个别组员的需要而有不同的变化，领导者可能是治疗师、促进者，也可能是影响者和教育者。

---

① Kenneth 著，刘晓春、张意真译. 团体社会工作. 扬智文化事业股份有限公司，1999.

② Papell C. Rothman B. Relating the Mainstream Model of Social Work with Guops to Group Psychotherapy and Structured Group Approach，Socail Work with Group，1980，3(2).

目前，这个模式代表了小组社会工作整合的方向，已经得到实务界越来越多的认同。

五、当代小组社会工作的新发展

20世纪70年代后期，小组社会工作重点在整合它的工作模式与工作方法，较少关注小组社会工作理论的发展以及机构内小组社会工作的质与量。20世纪80年代前后，人们重新认识到发展小组社会工作理论与技术的重要性。首先是伯普尔和罗斯曼创办了期刊——《小组社会工作》。这份期刊不仅发表一些学者的研究性论文，还登载直接服务者的研究文章和经验总结报告，填补了已停刊的《小组》的空缺。1978年，在美国的社会工作教育协会的年会上，创立了小组社会工作促进委员会，现在改为国际小组社会工作促进协会（International Association for the Advancement of Social Work with Group）。自此以后，偶尔的研讨会变成年度的活动，每年大约有100多篇各种观点的有关小组社会工作的论文产生，这些文章以各种方式发表出来，影响着小组社会工作的教育和实务，同时促进了社会工作实务的发展。1998年10月，小组社会工作促进委员会采纳了小组社会工作发展的一系列新标准，如：(1)社会工作的基本知识和价值是小组社会工作实务的基础；(2)小组社会工作的每一个阶段都应完成一定的任务；(3)每项任务都应在一定的理论知识指导下完成等。①

20世纪90年代，小组社会工作的发展面临新的挑战。在卫生照顾朝着照顾管理发展的大方向下，小组社会工作比个案工作获得了更多支持。但在做小组社会工作治疗时，是由计划管理者决定支付哪个机构的服务费用，以及哪些问题可以在支付范围内，如获得支付还要有时间限制和进展报告等。小组社会工作明显地受到这种做法的影响，一方面，小组服务的评估多以经济效益为主，如果被认为是经济的就可能是有益的；另一方面，因为医疗机构决定哪一种小组服务符合支付标准，这就决定了短期的、高度结构化的小组形式更能获得支持。② 但是，这些变化对小组社会工作变迁的长期影响，目前尚不清楚。

六、未来小组社会工作发展的展望

1982年，佳文(Charles D. Garvin)和希普(Ken Heap)两位社会工作专家在全美第四届小组社会工作年会上，指出小组社会工作的实务必须顺应整个社会变迁的需要，不断自我更新，展现其新的功能。他们提出了未来小组社会工作的发展方向：

(1) 开展对自助小组的协助；

(2) 由于小组过程普遍被了解，使得形成小组社会工作的专业权威受到挑战，小组社会工作者要去面对这个压力；

(3) 应在心理学的观点之外，纳入预防性的工作；

(4) 在小组治疗的实施中，仍然要与成长小组、社区小组相结合；

(5) 不只是采用社会心理学作为知识基础，而应将其他相关的理论知识拓展进来；

(6) 小组社会工作要尝试运用各种量表来评估成效；

(7) 努力消除种族、性别在小组社会工作中的负面影响；

---

① Ronald W Toseland, Robert F Rivas. An Introdunction to Group Work Practice, Allyn and Bacon, 2001.

② Charles D Garvin 著，曾华源译. 社会团体工作. 台湾洪叶文化事业有限公司，2000.

(8) 面对经济与政治无力感的压力；

(9) 重新调整以个人改变为焦点的倾向，朝社会正义方向发展；

(10) 广泛利用各种方案来增加小组的效果。

虽然这是两位专家在 20 世纪 80 年代提出的，但这是一些具有前瞻性的反省，后来社会事实的发展也证明了他们的预见性，他们的观点对于小组社会工作的发展有着不可忽视的借鉴意义。

除了佳文和希普提到的小组社会工作内容的发展，学者们几乎都认为小组社会工作的未来发展一定是在整合基础上的发展。1990 年，米德曼和伍德(Middleman & Wood)指出未来小组社会工作在整合基础上应：(1)帮助组员发展一个互助系统；(2)理解、评估和尊重小组的动力改变；(3)增能，帮助组员在小组内外发展自主功能；(4)在小组结束时帮助组员再次体验在小组中的所得。[①] 这些，毫无疑问都预示着小组社会工作未来的发展方向。

第二节　我国小组社会工作的发展

小组社会工作是在西方社会文化情境中发展起来的，但不可否认，文化有共通性，将西方小组社会工作理论与方法运用到中国文化中亦有其可行性，得来的知识也是非常有效的，特别是由于西方社会工作的发展比我们早近百年，很多经验和教训很有借鉴意义。但尽管如此，西方小组社会工作的理论与技术毕竟产生于西方文化背景，它不可能超越文化的界限，也不可能成为一种普适性的小组社会工作的理论和技术。中国人的心理行为特征、人际互动方式、社会组织结构，甚至需要解决的社会问题都与西方有差异，一个中国的小组社会工作者完全用西方文化背景中产生出来的技术和标准来领导、评估不同于他们的小组是相当困难的。所以在引进的过程中不可避免地需要本土化。在如何本土化的问题上，特别强调的是当地研究者的思想观念与实务者实际运用的理论技术与当地被研究者和被服务者的心理行为之间的密切配合，达到所谓的“本土契合性”。中国小组社会工作的发展经历了一段曲折的历史，正在寻找一条“本土契合性”的发展道路，努力发展真正适合中国人群，回应中国社会需要的小组社会工作。

一、近现代的中国小组社会工作

小组社会工作的发展在我国是有历史渊源的。虽然我国在封建时代就有一些救济性、互助性的小组，但它们都不具有小组社会工作专业方法的性质。辛亥革命后，一些现代救济小组、互助小组开始涌现，到 20 世纪 30 年代，资助社会福利小组的主体已经包括了私人、官方、宗法组织、宗教组织和外国机构。尤其值得一提的是，1885 年我国创建了青年会，中华青年会以“服务社会，造福人群”为宗旨创办了许多富有中国特色的社会服务项目，如各种休闲娱乐活动、平民教育活动、公民教育活动，包括 30、40 年代的抗日救亡群众歌咏活动、战地服务团、学生救济和职业培训等。同时，我国的社会工作教育开始产生，燕京大学于 1930 年开始有“社会

---

① Middleman r, Wood G. Resisting Resistance: Involuntary Subatanc Abuse Group Therapy, Social Work with Groups, 1990, 13(3).

行政”课程的设置，开设了个案工作、精神健康社会工作、小组社会工作、社会行政等14门课程。后来沪江、齐鲁、复旦等一些大学都曾开设过社会工作专业，但大多是在社会学系内分设社会工作组或增设社会工作课程。1931年，金陵女子大学设立社会学系，它是当时较早设置社会学系及开设社会工作课程并成立社会工作专业的高校。后来金陵大学还专门设立了社会福利行政系，招收社会工作本科生，成为当时中国唯一独立的社会工作系。该系除教授专业课程外，还指导学生作个别社会福利事业的实习研究，如集体培育工作、儿童福利事业工作、医药社会个案工作等，研究专题有“中国医药社会工作研究”“儿童留养机关之研究”“聋哑儿童之职业教育”等，同时，金陵大学社会学系还编译了一部分儿童福利事业教材，积极协助各机关小组开展社会福利服务，培养社会工作专业人才，为中国社会工作的发展做出了贡献。①

1931年，原中华民国国民政府成立社会部后，对于社会工作人员的训练颇为重视，曾经专门拨经费扶助中山、复旦、燕京、金陵等大学社会教育学院有关社会学与社会福利的系科，还曾经设立过全国性的社会工作人员训练班。但由于整个近代中国一直经历着深深的内忧外患，小组社会工作一直没有良好的发展契机。新中国成立后，1957年我国因院系调整，社会工作专业与社会学一起被撤销了。虽然当时及后来有中华总工会、中国民主青年联合会、中国共产主义青年团、中华全国妇女联合会担负了一部分社会工作的任务，也开展一些小组社会工作，但专业的社会工作一直没有得到发展。直到1986年，原国家教委决定在北京大学等高校设立社会工作与管理专业，社会工作专业得以恢复与重建。随着社会工作专业的逐渐恢复，小组社会工作的恢复和发展才被重新提上议事日程。

二、新时期小组社会工作发展的条件

新时期，伴随着改革开放、中国社会的剧烈转型、社会工作教育的恢复和发展，小组社会工作逐渐地发展起来。可以说，小组社会工作的发展是社会的需要和时代的要求。

(一) 社会问题的凸显

改革开放后的中国，伴随着社会经济的转型和社会结构的转变，在社会经济全面发展的同时也出现了一系列新的问题。如城市化过程中大量的农村剩余劳动力的转化问题、城市新移民的适应性问题、城市失业人群的救助问题、社会贫困问题、弱势群体的权益保障问题、老龄化过程中老年人的养老问题、随着离婚率升高中国的婚姻家庭问题、独生子女政策下的亲子关系问题、急剧增加的青少年犯罪问题、工业化社会中孩子和成人的生活压力问题、“单位人”向“社区人”转化过程中的社区建设问题等。社会问题可谓是层出不穷。然而，问题与机遇同在，社会工作不但有修复、治疗、再社会化的功能，还有预防、发展、完成社会任务、影响社会变迁的功能，这些社会问题的存在需要社会工作者将思考转变成不露痕迹的工作，积极关注人与环境的互动，协助个体恢复和增强社会功能，改善社会环境，维护经济与社会的正义。在目前社会资源还不是很丰富的情况下，利用小组社会工作节约资源、提供支持体系的优势，有很多大可作为的空间。

(二) 社会需求的增加

改革开放前，我国的社会服务主要由政府的公营部门承担。“单位制”是当时中国城市社会中一种基本的社会调控方式和资源分配形式。这种对社会资源的控制，为体制内的人设置

---

① 王世军. 金大金女大社会工作专业沿革. 南京师大学报(社会科学版)，2001(5).

了一个特殊的社会生活空间，使得人们从生老病死到吃喝拉撒几乎所有的需求都与单位紧密相连。单位几乎控制了全部的社会机会，也几乎承担了所有的社会服务，因此自然由单位赋予社会成员行为的权利以及身份的合法性，整个社会形成了千篇一律的社会生活方式和“等靠要”的依附性人格，最终导致社会创造性与活力的窒息。随着社会的发展，市场机制的引入使得中国社会的经济效率与社会公平关系发生了根本性改变，社会公平取代社会均等，机会平等观念取代结果平等思想，提高社会福利服务与改善生活质量成为国家层面社会经济政策的核心议题。与此相适应，人们收入水平大幅提高、收入等级开始分化、政府对社会资源控制逐步弱化，在单位体制下被压抑的社会需要被释放出来，不同阶层及不同收入的人需要不同类型和不同等级的服务，社会的需求越来越多元化。小组社会工作作为一种协助个体与环境相互协调、提高人类生活品质的独特的社会服务方式，被越来越多的人所需要。

(三) 社会组织和社会机构的发展

随着政府职能的转变，我们的社会结构将由“大政府、小社会”转变为“小政府、大社会”，与此相适应，政府公营部门在社会服务领域的职能在不断地收缩。但社会问题在不断地增加，社会需求在不断增长，公营部门退缩的同时必须有相应的部门来替代，这些部门就包括第三部门。第三部门是指在政府部门和以营利为目的的企业(市场部门)之外的一切志愿团体、社会组织或民间机构。作为一个发展中的转型国家，我国近年来国家——社会之间关系的变更、自主自治的公民意识的觉醒，已使国家部门之外社会空间的扩展越来越明显。改革实践证明，由经济变革带动的社会治理转向，其中一个明显的特征是社会主体多元、福利服务多元理论实践的出现，最有代表性的是大量社团、协会、非营利组织的涌现。在民政部门登记注册的社会组织数量从 1999 年的 14 万家增长到 2005 年的 32 万家，增长了 1.24 倍，年均增长 20%以上。近年来，随着各级政府加大对社会组织发展的政策支持力度，政府购买服务蔚然成风。在上海、南京、广州、深圳、北京、成都等许多城市，地方政府通过出资建立社会组织孵化基地、培育中心、枢纽型组织等支持机制，积极培育社会组织，并发布政府向社会组织转移职能的清单，通过购买服务等方式推动社会组织参与公共服务和社会治理，许多城市每年用于向社会组织购买服务的预算规模上亿元，且每年增长迅速。2014 年，国家层面社会工作投入 1.239 亿元，各地社会工作投入 22.2639 亿元，全年社会工作总投入超 23.5 亿元，比 2013 年增长 40.7%。同时，各级政府在积极落实对社会组织的税收减免等优惠政策的基础上，城乡社区社会组织备案制等试点工作也全面开展起来。中国政府与社会组织的关系格局开始发生显著变化，在购买服务基础上政府与社会组织之间的合作伙伴关系在形成。[①] 在这样的大背景下，一些社会组织，如社区机构、专业社团、部分公益性质的基金会和社会慈善机构、养老院、青少年活动中心、婚姻家庭咨询机构及危机干预机构等迅速发展起来。虽然这些机构在数量上远远不够，其功能也没有完全发挥出来，但已经初显端倪。社会机构的发展为小组社会工作的开展准备了条件。

(四) 社会工作教育的恢复和发展

新中国成立后，因为 1957 年的院系调整，我国的社会工作专业教育一度被停止。直到 20 世纪 80 年代中后期，为顺应社会的需求，社会工作作为一个专业的发展需求被提上议事日程。1986 年，原国家教委决定在北京大学等高校设立社会工作与管理专业，标志着社会工作教育

---

① 王名、丁晶晶. 中国社会组织的改革发展及其趋势. 公益时报，2013－10－15.

的起步。到2014年，全国已经有三百余所高校设立了社会工作专业，有一百余所高校设置了社会工作专业硕士（MSW）学位，在这些设立社会工作专业的大专院校里，小组社会工作课程一般都作为专业基础课在讲授，大量的研究者在从事相关的理论研究。社会工作教育的发展呈现出勃勃生机，也极大地推动了小组社会工作的发展。

（五）社会工作的专业化和职业化

没有专业化，就没有专业组织所设立的专业标准，社会工作专业也就不能向案主或社会大众说明服务提供者的背景和能力，也不能提供任何服务质量的保证；没有职业化，社会工作对社会所做的任何承诺都是无效的。所以，社会工作的专业化和职业化是社会工作真正走向社会，发挥其专业效能的前提。2004年7月，我国原劳动保障部颁布第九批国家职业标准，社会工作者成为一种为国家认可、社会逐渐接受的新职业（劳社部发[2004]7号）；2006年原人事部及民政部分别颁布《社会工作者职业水平评价暂行规定》和《助理社会工作师、社会工作师职业水平考试实施办法》（国人部发[2006]71号），标志着我国社会工作者职业水平评价制度正式建立；2006年，党的十六届六中全会审议通过的《中共中央关于构建社会主义和谐社会若干重大问题的决定》中首次明确提出要建设宏大的社会工作人才队伍，并强调造就一支结构合理、素质优良的社会工作人才队伍，是构建社会主义和谐社会的迫切需要；2011年11月8日中央组织部、中央政法委、民政部等18个部委联合发布《关于加强社会工作专业人才队伍建设的意见》，在社会工作人才队伍建设发展政策上，第一次围绕“培养、使用、评价、激励”四个重要环节提出一系列创新性、配套性措施，这是中央第一个关于社会工作专业人才的专业文件；2013年5月3日国家民政部办公厅下发《2013年国家专业技术人才知识更新工程社会工作急需紧缺人才培养培训项目和岗位培训项目实施方案》的通知（民办函〔2013〕150号），提出开展社会工作急需紧缺人才培养和社会工作岗位培训任务。显然，中国正在致力于积极推进社会工作的专业化和职业化，这为小组社会工作的发展提供广阔的舞台。

所有这一切都为小组社会工作在中国的发展提供了前所未有的机遇，如何去面对这个机遇也是对所有小组社会工作研究者和实践者的挑战。当然，接受挑战也是所有社会工作者义不容辞的责任。

三、新时期小组社会工作的发展现状

作为社会工作子系统之一的小组社会工作随着社会工作的发展而发展起来。一批大学相继开展了小组社会工作的课程，并将其列为专业基础课，没有小组社会工作的课程设置，社会工作的专业课程体系是不完善的。一些学者也开始对小组社会工作的理论与方法开展了研究，如厦门大学社会工作系苑涛的“小组参与模式——中国城市老年小组社会工作模式的探讨”，①南京理工大学张曙的“社会工作的本土化研究——一个小组社会工作案例的分析”，②中山大学张和清的“中国文化中的价值观在小组社会工作中的运用——对云南省昆明市金碧社

① 苑涛.小组参与模式——中国城市老年小组社会工作模式的探讨.中国社会工作，1998(6).

② 张曙.社会工作的本土化研究——一个小组社会工作案例的分析.华东理工大学学报（社会科学版），2002(3).

区的探讨”①等，都对适合中国文化的小组社会工作作出了颇有价值的探讨。小组社会工作的方法也不断地在实践中得到运用。以上海为例，上海市开展的专业性小组社会工作包括：自强服务总社开展的“凤凰涅槃：吸毒人员同伴辅导小组”；新航总社开展的“社区矫正人员家庭支持小组”；阳光青少年服务中心开展的“三失青少年成长小组”；中和社区矫正所开展的“服刑人员回归增能小组”；一些社区机构开展的“单亲家庭支持小组”“独居老人防跌小组”“未婚青年婚前辅导小组”等，这些小组社会工作的理论与实践是小组社会工作在中国的尝试。我们有理由相信，在不断地努力中，中国的小组社会工作一定能一步步拓展它的发展空间，真正脚踏实地地发展起来。

四、新时期小组社会工作发展中存在的问题

社会需要以及社会工作专业的发展为小组社会工作的发展提供了广阔的空间，但是，到目前为止，在小组社会工作的理论发展和实际运用上还存在着许多问题：(1)我们的理论与实践都是以西方的理论与实践为摹本，生搬硬套的多，缺乏系统地梳理和适应本土文化的理性反思；(2)我国现有的有关小组社会工作的书籍很少，既缺乏直接的西方理论原著的翻译和解读，也没有系统的本土实务的研究总结；(3)缺乏真正有丰富经验的小组社会工作的师资；(4)没有建立很好的实验、实习和督导机制，使得即使社会工作专业背景出身的社会工作者也缺乏必要的训练，对小组社会工作的一知半解；(5)社会工作的职业化还没有推广开来，这对小组社会工作的开展起了很大的限制作用。

但我们有理由相信，随着中国社会改革的深入，对于社会工作的社会需求必将越来越迫切；而随着社会工作的发展，作为社会工作子系统之一的小组社会工作也会有广阔的发展前景，中国小组社会工作的发展会因越来越多的社会工作者的努力而有一个更好的未来。

五、小组社会工作在我国香港和台湾地区的发展

香港社会工作的发展始于 20 世纪 40 年代末 50 年代初，当时中国内战即将结束，大量的难民涌入香港，带来了一系列的社会问题。为此，香港成立了许多以救济为主的志愿福利机构。当时香港社会福利署的任务是物质救济、妇女儿童保护和感化教育，重在物质救济，对社会工作的方法并不重视。随着海外留学人员进入香港救济机构的增多，许多社会工作的理念和方法也传入香港。1950 年，香港大学开始训练社会工作者。因为当时的小组社会工作多以儿童为主，工作的目的也以教育为主，所以由师范学院进行训练。

进入 20 世纪 60 年代后，香港的社会经济发展引发了越来越多的社会问题，社会工作开始受到重视。到 1962 年，香港大学与香港中文大学才有正式的小组社会工作课程，1967 年，香港大学将原来附属于医学院的社会工作训练学部转为正式的社会工作系，而香港中文大学也同时将社会学系与社会工作系分为两个独立的系，小组社会工作成为社会工作的主要课程之一。1966 年，香港天星轮加价引起暴动，15～18 岁青少年的不安成为暴动的主要原因之一，该事件引起香港政府对日益庞大的青少年人口的关注。小组社会工作被作为疏导青少年不满情绪的一种方式，逐渐受到重视。此后，一批留美和留英的社会工作学生回港工作，以欧、美小组

① 张和清．中国文化中的价值观在小组社会工作中的运用——对云南省昆明市金碧社区的探讨．华东理工大学学报(社会科学版)，2000(4)．

社会工作为蓝本，开展了一些针对青少年、老人、儿童以及戒毒者的小组社会工作。但这段时期小组社会工作的开展主要是以小组治疗和人际关系的调试为主要的工作目标。

20 世纪 70 年代中期，随着青少年犯罪的增加，青少年服务中心、家庭生活教育、学校社会工作和外展社会工作都得到了加强，小组社会工作再次得到重视。各种各样的成长小组、教育小组和支持性小组开始在香港迅速发展起来。

20 世纪 80 年代之后，随着社会变迁的发展，香港社会的婚姻家庭问题、老人问题、新移民问题等社会问题层出不穷。受国外社会工作理论整合性发展的影响，香港社会服务机构也开始将个案、小组和社区社会工作方法整合起来，小组功能趋向整合性、治疗性和发展性，涉及家庭、青少年、老人、医疗机构各方面，以回应社会不断发展的需要。

台湾地区的社会工作在 20 世纪 40 年代后也有所发展。东海大学、辅仁大学等著名大学都有专门培养社会工作人才的社会工作系，台湾地区有一批在海外研修社会工作的专业人士，后来回到台湾重新执教和执业，翻译了一大批海外社会工作专业的经典书籍，推动了台湾社会工作的发展。到 20 世纪 80 年代，台湾地区有 13 个县市开展了“社会工作员”制度，一些社会局和社会处先后设立了“社会工作室”，并开始招考“社会工作督导员”。现在的台湾社会工作已经走上了专业化发展道路，但台湾地区社会工作界一直比较重视个案工作的发展，把小组社会工作视为一种休闲娱乐活动，而属心理学和教育学范畴的小组辅导和小组咨询在台湾地区的发展又限制了小组社会工作的发展空间，所以台湾地区的小组社会工作的发展较为迟缓，是社会工作比较薄弱的一环。近年来，台湾地区翻译了一系列国外小组社会工作方面的书籍，对小组社会工作的认识开始进一步加强，小组社会工作重新受到学界和实务界的重视。

不得不承认，港台地区小组社会工作的发展有领先于内地的优势。在 20 世纪 80 年代后，随着内地社会工作的发展，与港台地区的联系日益密切起来，两岸三地的相互交流、研讨与合作越来越频繁，香港大学、香港理工大学和台湾东海大学都相继在内地开设了社会工作者和社会工作师资的培训班，对内地小组社会工作的发展产生了重要的影响。但必须注意的是，两岸三地虽然在文化上一脉相传，但因为发展的进程不同，发展过程中所受外来影响的不同，再加上现实的经济文化背景也有差异，所以，内地在借鉴港台地区小组社会工作发展经验的同时，也需要根据实际的情况进行适当的改造和创新。

第二章 小组社会工作的基础理论

没有理论，任何专业都必然停留在低狭的层次上，它的技术也将令人担忧。

——林万亿，1995

社会工作者常常被认为是一位理论的借用者，甚至有人嘲笑，作为一门独立的学科，社会工作并无自己的理论大厦。不可否认，上述观点有一部分是事实，因为社会工作的理论有相当一部分是借助于其他学科的，如心理学、社会学、精神医学等，但随着社会的发展，各门学科之间的交叉越来越明显也是事实；同样，上述观点部分不是事实，社会工作在借鉴其他学科理论的同时，也发展出了自己的理论体系，如增能理论、优势理论、社会支持理论等；另外，社会工作是一门以实践为主的学科，它不是生搬硬套其他学科的知识，而是按照自己学科的特点将其整合并付诸实践，这本身就是一个艰难而包含着创新的过程。小组社会工作同样如此。下面我们将顺着从个体到小组再到系统的脉络，将小组社会工作的基础理论做一个梳理。

第一节 个体行为理论

行为是个人表现在外的行动，小组关系的建立就是靠个人行为间的交互作用而形成的。所以，个体行为是小组关系构建的最基本单位，行为的产生与交互影响，也是小组动力的重要来源。个体行为理论，主要阐述个人行为的动机与需求、对自我的了解以及个体的发展历程，这里我们将主要讨论三个重要理论：需求层次理论、自我理论和个体发展理论。

一、需求层次理论

需求层次理论由人本主义心理学家亚伯拉罕·马斯洛创立。马斯洛从总体上把人类需求分成两大类。一类是基本的需求，这类需求与人的本能有关，具有五个特点：(1)缺少它引起疾病；(2)有了它免于疾病；(3)恢复它治愈疾病；(4)在某种非常复杂的、自由选择的情况下，丧失它的人宁愿需求它，而不是需求其他满足；(5)在一个健康人身上，它处于静止的、低潮的或不起作用的状态。这类需求包括生理需求、安全需求、爱与归属的需求、尊重的需求。另一类是成长性需求，这类需求是不受本能支配的，它的特点是：(1)不受人的直接欲望支配；(2)以发挥自我潜能为动力；(3)它的满足会使人产生最大程度的快乐。这类需求包括认知的需求、审美的需求、自我实现的需求。[①] 这两类需求根据对人直接生存意义及生活意义的大小，呈阶梯状

① 叶浩生．西方心理学的历史与体系．人民教育出版社，2002.

排列，如图 2－1。马斯洛认为人从低级需求到高级需求是逐级上升的，较高级的需求是在较低级需求得到满足之后出现的，而当某一层次的需求获得满足后，此需求便不再具有激励的作用。

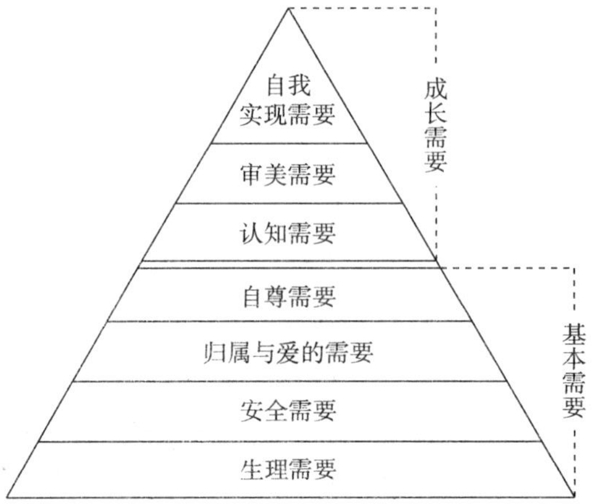

图 2－1　马斯洛的需求层次理论

美国耶鲁大学的克雷顿·奥尔德弗(Clayton. Alderfer)在马斯洛需求理论的基础上，提出了“存在、关系、成长”(Exist，Relation，Grow)的 ERG 理论。奥尔德弗认为，存在、关系和成长是人类的三个核心需求。存在需求指关系到人类生存的基本物质需求，它包括马斯洛的生理需求和安全需求；关系需求是指个体对保持重要人际关系的需求，与马斯洛的爱与归属的需求和尊重的需求相对应；而成长需求是指个体寻求发展的内在渴望，它与马斯洛的认知需求、审美需求、自我实现的需求相对应。① 如图 2－2。除了用三种需求替代了马斯洛的七种需求外，奥尔德弗的 ERG 理论与马斯洛的需求层次理论的不同点还在于：(1)人在同一时间可能有不止一种需求起作用，如他同时希望获得生理、安全和尊重的需求；(2)人在需求满足时会出现“受挫—回归”现象，即当一个人在某一更高等级的需求层次受挫时，作为替代，他对某一较低层次的需求可能会有所增加。例如，如果一个人社会交往需求得不到满足，可能会增强他对得

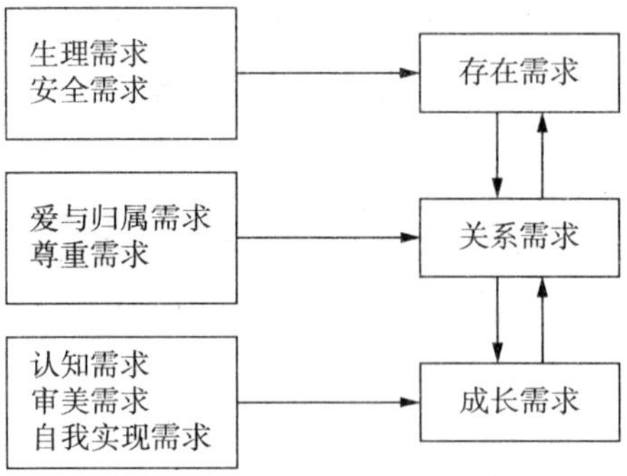

图 2－2　奥尔德弗的 ERG 理论

① C P Alderfer. Existence, Relatedness and Growth: Human Needs in Organizational Settings. Free Press, New York, 1972.

到更多金钱或更好工作的需求;(3)各类需求层次的满足并不是刚性结构,较高层次的需求满足并不以较低层次需求满足为前提。如一个人的生存和相互关系需求尚未得到完全满足,他仍然可以追求成长发展的需求,而且这三种需求可以同时起作用;(4)强调教育程度、家庭背景和文化环境不同,个体对不同层次需求的渴望也不同。

需求是人类行为动机的起点,正是寻求这些不同层次的需求满足推动个体与人类社会不断地向前发展。可以说,不论是马斯洛的七层次需求理论,还是奥尔德弗的三层次需求理论都显示,人类发展到今天,没有一种层次的需求,哪怕是最低层次的生理需求,是完全依赖个体力量就能得到满足的,它必须依赖人与人之间的相互合作,需求的满足是个体与他人在互动的过程中相互作用的动机,也是结果。马斯洛认为人类有爱和被爱的需求,奥尔德弗更是指出,人类有对重要人际关系的渴望。小组社会工作提供了一种情境,一方面协助组员了解各层次需求被满足的情况,以及需求满足过程中碰到的问题,并讨论如何解决这些问题。工作者在小组中需评估组员的需求、根据需求设计行为的目标,并在小组过程中,了解组员未意识到的潜意识层面的需求,澄清组员意识层面模糊的需求,促使组员的需求与自身能力结合,与他人的需求、与环境达到协调与整合的状态等。同时,按照需求层次理论,个体具有追求自尊与自我实现的动机,有一种实现自己才能,发挥自己潜能的渴望,为了目标的达成,他们会全力以赴,自动自发,小组社会工作者可以通过小组氛围的营造,激励组员这种自动自发能力的产生,为达成小组目标努力。

二、自我理论

在弗洛伊德的本我、自我、超我“三部人格结构说”中,自我是从本我中发展出来的,是有意识的结构部分。儿童出生时,只有本我,直到本我和环境发生相互作用时,人的自我才发展起来。弗洛伊德的理论更加强调本我的作用,他认为自我代表的是理性,不能脱离本我而单独存在,自我的力量来自本我,是为了帮助本我并努力使本我得到满足的。弗洛伊德认为人们常常会焦虑,焦虑是冲突引起的,为了减轻焦虑,自我可能采用正常和理性的方法来控制危险和解决问题,也可能采用否认现实甚至歪曲现实的非理性方法,后一种方法就是自我防御机制。弗洛伊德提出了压抑、投射、移置、否认、反向作用、认同、退行、升华八种自我防御机制。

然而,弗洛伊德的女儿安娜反对本我对心理活动绝对支配作用,她主张用自我约束本我,但安娜对自我的分析仍然陷入了潜意识的冲突领域。随着自我理论的发展,海因兹·哈特曼脱离了将自我放入潜意识冲突领域研究的先例,创立了没有冲突的自我领域,他认为自我独立于本我,具有明显的独立性,如自我的知觉、思维和运动技能都有自己独特的结构和发展规律,服务于本我的防御机制也是一种独立的结构。哈特曼指出,自我的适应技能是没有冲突的自我领域的必然要求,他把适应看成是有机体与环境交互作用的过程,一种不断与环境相适应的连续运动。因此,哈特曼将精神分析从强调本能欲望的满足转向了环境适应的方向。哈特曼强调人之所以出现心理障碍就是因为不适应,即个体和他人以及周围的环境不能适应就会出现问题。哈特曼进一步深入研究了人类的适应过程,提出了“进步的适应”与“倒退的适应”两种方式。“进步的适应”是指与心理发展的方向一致的适应,“倒退的适应”是为了将来或整体上对环境的适应而暂时表现出的倒退与适应不良。不过,在适应的过程中,哈特曼提出还必须考虑有机体的整体适应过程,这种自我的整合机制说明,适应并非是被动的过程,而是一种克服困难、改造环境的能动活动。

在哈特曼之后，凯伦·霍妮把人格看成是完整动态的自我，并将自我区分为三种基本形态：即现实自我、真实自我和理想自我。现实中的我是此时此地身心存在的总和，通常表现出一种理性与自我利益最大化的行为，是个体的需要与现实环境相互妥协后找到的一种平衡发展中的状态；真实的自我是个体发展的源头，人的一切能力和成就都是从真实自我发展而来的，它是个人成长和发展的内在力量，只要身体机能正常、环境适当，就可能发展成健全的人格，所以这是一种可能的自我；理想自我是一种来自社会的期待，也是按照标准社会化要求的自我，是个体对于社会角色、行为、价值、态度给予最完美的认定，是一种不可能的自我，但理想的自我对个人的认知、情绪和意志行动的影响很大，是个人活动的动力和参照系。霍妮认为，人都有理想，但这种理想与真实自我、现实自我之间应是一致的，这种理想应符合实际又具有动力性，有助于个体的自我实现。当一个人被理想化的自我控制时，他就会被"我应该是什么"所控制，出现"应该的专横"，结果就是对自我的否定和憎恶。①

关于自我的形成过程，哈里·斯塔克·沙利文提出了自我系统理论。沙利文将人看成一个能量系统，能量的积累导致紧张，而能量转换的功能在于消除紧张。紧张是需求的表现，需求产生于人与环境，特别是人际环境的能量失衡，它驱使有机体通过能量的转换以恢复平衡。如果人们在追求满足的过程中，感到不安全，就会产生焦虑。个人为了消除焦虑，就会形成一种具有防御功能的自我知觉系统或一套衡量自己行为的标准，这就是自我系统。沙利文认为，自我系统是在人际关系中，由于语言和思维的发展，通过评价他人对"我"的反应而形成，是"我"与"重要他人"交往时，从"他"对"我"的反映中所形成的映像。自我系统的主要功能就在于消除紧张和焦虑以获得满足和安全，那些可能导致严重的焦虑的经验会从自我系统中分离出去，这种经验是自我系统拒绝注意的部分，而这种自我防御功能是在认可、反对、奖赏经验基础上形成的一种人际交往模式。②

从自我理论的发展来看，以弗洛伊德为代表的心理分析学家认为，人类早期的童年经验对人格的发展有重要作用，但后来学者的研究也指出，这种作用不是绝对的，那种源自"自我"的功能，是一种理性和意识表现行为的能力，是一种积极的力量，它是个体与外在世界互动的结果。从出生到死亡，个体不断成长与发展，改变个体以使其能够适应外在的环境或者调整外在的环境以使个体得以适应。自我介于个人和环境之间，同时也介于许多不同人格特质的内在冲突之间。自我心理学家认为，人类的能力有时会被损害，面对环境时有时也会显得软弱，甚至一筹莫展，但是人类也有可能经过自省以及外来的援助，恢复他的能力和理性行为。所以，人类终其一生都具有自我成长的潜能。小组社会工作可以通过提供一种情境，一方面，依靠小组的力量协助组员在小组中通过自我表露和自我观察来认识自己、校正自我偏差，另一方面，在小组中通过与他人的互动，借由他人反馈来调整自己，改善自己，达成与环境的适应，而使个体社会功能获得恢复和发展。

三、个体发展理论

个体发展理论一直以来都是心理学家倾心研究的课题。

弗洛伊德的人格发展理论，建立在他的性心理发展理论的基础之上，因此被称为"心理性

①② 叶浩生. 西方心理学的历史与体系. 人民教育出版社，2002.

欲发展理论”。他将儿童的人格发展阶段分为口唇期(0～1 岁)、肛门期(1～3 岁)、性器期(3～5 岁)、潜伏期(5～12 岁)和生殖期(12～20 岁)。弗洛伊德认为,儿童在这些阶段获得的各种经验决定了他们成年的人格特征。

荣格在心理治疗中发现,由于患者年龄不同,其心理病因和症状也有很大的差异。如果想有针对性地了解和治愈心理疾病,就必须对不同年龄阶段的心理发展有所了解。为此,荣格提出了心理发展阶段理论,将人生划为四个阶段:(1)童年期,从出生到青春期,这个阶段的儿童还不具备意识自我,虽然有意识,但意识结构不完整,他的一切活动依赖于父母,到后期,他的意识自我才逐渐形成,并开始摆脱对父母的依赖;(2)青年期,从青春期到 35 岁或 40 岁,这是一段“心灵的诞生期”,个体的心灵正发生一场巨变。他面临一系列的选择,有一系列的问题需要处理,常常有许多的困惑和矛盾,形成这一时期特有的心理问题。荣格认为这一时期的人必须培养自己的意志力量,使自己的心理与外部世界保持一致,以便在现实生活中找到自己合适的位置;(3)中年期,从 35 岁或 40 岁到老年期,这是荣格最为关注的时期。在外部的目标获得的满足后,个体可能会进入一个心灵的真空期,出现所谓的中年期心理危机。要使这部分人振作起来,必须找到一种新的价值来填补这个真空。用荣格的话说:“对于那些已到中年,不再需要培养自觉意志的人来说,为了懂得个体生命和个人生活的意义,就要体验自己的内心存在”;(4)老年期,这个时期的人与儿童一样,喜欢沉浸在无意识之中,他们喜欢回忆过去,更愿意考虑来世的生活问题。

在荣格之后,艾里克森将个体发展划分为八个阶段,前五个阶段与弗洛伊德划分的阶段是一致的,但艾里克森在论述这五个阶段时,并不强调性本能的作用,而是把重点放在个体的社会经验上。艾里克森认为人生的八个发展阶段是:

(1)基本信任对基本不信任,0～1 岁,这个阶段的儿童最为软弱,最需要他人的照料,对成人的依赖性很大,这种基本信任是形成健康人格的基础,也是以后八个发展阶段的基础;

(2)自主对羞怯和疑虑,1～3 岁,儿童开始自己决定做些什么和不做什么,于是介入到自己意愿与父母意愿的冲突之中,父母一方面要给儿童一些限制,一方面也要给他们一定的自由,处理不好的话,他们会产生羞怯和对自己能力的怀疑;

(3)主动对内疚,3～5 岁,这一时期的儿童开始了创造性思维、活动和幻想,开始了对未来的规划,如果他们适时得到鼓励,就会获得主动性,否则会产生内疚,进而丧失主动性;

(4)勤奋对自卑,5～12 岁,学习成为儿童的主要活动,需要体验从稳定的关注和勤奋中获得的乐趣,并对自己的能力产生信心,否则他们会产生自卑和无能感;

(5)同一性对角色混乱,12～20 岁,个体开始思考所有自己掌握的信息,为自己确定生活的策略,找到个体形成与社会要求之间的一致性,从而找到自己的存在感,否则会形成对自己的不确定性,产生角色的混乱;

(6)亲密对孤独,20～24 岁,满腔热情地发展与他人建立的亲密关系,将自己的同一性和他人的同一性融为一体,发展出爱的品质。那些无法在前面发展出自己的同一性,也无法与自己生命中重要他人建立起亲密感的人,就会产生孤独感,甚至产生混乱的两性关系;

(7)繁殖对停滞,25～65 岁,如果成功发展起与他人亲密的关系,建立家庭,成为父母,有了自己的事业,就很希望将这一切延续下去,传给下一代,形成一种关心的、牺牲的品质。否则就会出现自私自利的情形;

(8)自我整合对失望,65 岁以后,这是工作已经基本做完并开始回忆的时刻。前面的阶段都顺利度过的人，就会怀着幸福和充实感，安详地走向生命的暮年，坦然地面对死亡。如果不是这样，他就会感到挫折，体验到深深的失望，产生生命的无意义感。

艾里克森的个体发展理论是一种二因次发展理论。它强调个体发展与社会发展平行又相互渗透，个体的成长过程反映了社会历史的发展，个体成长中出现的危机也反映了社会历史发展中出现的危机，个体的发展是自我与环境、个体与社会之间相互作用的过程。

从个体发展理论可以看出，个体在每个不同阶段都有自己独特的发展需求和发展任务，个体的发展就是不断地实现这些发展任务，满足这些发展需求的过程。而每个人都具有与别人和谐相处的先天需要，个体的发展与这种需要是密切相关的。因此，个体的发展也是不断地从一个小组进入到另一个小组、借助小组动力帮助个体完成发展任务，满足发展需要的过程。但遗憾的是，不是每个人在每个阶段都有幸进入一个个适宜而健康的小组，这难免会带来个体发展的停滞与倒退。小组社会工作提供一个小组的情境，一个个体发展的空间，将组员在其他小组中没有发展完全或根本没有获得发展的阶段性任务放在这个小组中完成，协助个体顺利地从人生的一个阶段过渡到另一个阶段，从而圆满完成人生的发展任务。

第二节　小组动力理论

小组是一个直接或间接产生影响的动力性整体，小组动力理论主要研究小组动力性，包括小组的维持和发展、小组组员之间的关系、小组的领导、小组冲突等内容。20 世纪 30 年代，美国社会问题凸显，工业化的发展加剧了人们内心的冲突与矛盾，库特·勒温希望通过对小组的了解来达到改造社会的目的，他坚信，社会的健全有赖于小组的健全，科学的方法可以改善群体生活。于是，他把个体行为的心理场和生活空间理论应用于研究社会问题，提出了小组动力学的社会心理学理论，用更新的方法和手段来改善小组与群体生活中出现的问题。小组动力学一经提出就广受人们的重视，后来，各种与小组动力学相关的研究中心建立起来，研究者们进行了大量的实验研究，并将其应用于社会的各个领域，以至形成为美国社会一种广泛的社会运动。

一、小组动力学理论

小组动力学理论是在勒温的场域理论和生命空间理论的基础上发展起来的。

场域理论认为人的心理活动是在心理场中发生的，心理场是个人生活的过去、现在和未来一切思想和经验的总和。个体的心理场是不断变化的，随着个体经历的丰富，知识的增长，个体的心理场会出现许多区域或层次，每个区域或层次之间都有边界，个体要达到目标，必须跨越边界，由一个区域进入到另一个区域，一个层次进入到另一个层次。当个体行动时，他必定与周围环境发生互动，为了更好地说明人和环境相互作用对人类行为的影响，勒温采用了生命空间的概念。生命空间是指一个人在一定时间和空间内决定行为的全部事实，勒温用公式 $B=f(P \cdot E)$ 来表示，B 代表行为，P 代表个人的内在特质，如个人的能力、人格特质、价值观等，E 代表环境，如家庭、学校、工作团体、其他社会组织以及影响个体的文化系统等，个体的行为是个人的内在特质与周围环境相互作用的结果。勒温强调，你要了解和预测一个人的行为，就必须看到他和环境之间的互动。在小组中，有一个个体间相互适应的持续互动过程，这就是小组

"互动动力"。①

在小组动力学中，勒温将小组看成是一个整体，这个整体并不仅仅是个体的简单累加，它具有自身的特性，会产生新的效应。特质和目标的相同不是小组的先决条件，小组的本质在于它所属组员间的相互依赖，而不在于他们的相似或相异。也就是说，小组的结构特性是由组员之间的相互关系决定的，而不是由单个组员本身的性质决定的，小组组员的活动和状态依赖于其他组员的活动和状态。

勒温指出，个体和他的环境构成心理场，小组与小组的环境构成了社会场。个体的行为决定于他和环境之间的相互关系，小组的行为也决定于小组与周围环境之间的相互关系，一个小组离开了周围的环境就无法被理解。就像个体的行为取决于此时此地的生命空间一样，小组的行为取决于小组此时组员之间的相互关系，而不取决于任何历史事件。

关于小组的内聚与分裂的问题，勒温和他的学生曾就小组内聚力的问题做过一系列的研究。他们认为，任何一个小组都面临着内聚和分裂的压力。分裂的压力源于小组内部组员之间交往有太多的障碍，或者个体的目标与小组的目标有强烈的冲突。为了抵抗分裂，就要加强小组内部的内聚力，使小组各部分有机地结合在一起。内聚力取决于：(1)小组组员间的吸引力；(2)领导者的工作作风；(3)小组组员对小组活动的兴趣；(4)遵从与交往。在一个富有内聚力的小组中，遵从行为表现也最高，以兴趣和态度的相似为基础的高度交往也促进了内聚力的增长。

勒温认为，小组行为随着组员行为的改变而发生改变。在一个稳定的小组里，组员的动机强烈地联结在一起，以至于很难将小组的目标与个体的目标清楚地界定开来，所以，要改变个体应先使具体的小组发生变化，这远比通过直接改变个体要容易得多。这也是整体比部分要重要的场论的基本思路。在实际工作中，勒温也得出了相应的结论，无论是培训领导、改变饮食习惯、帮助酗酒者、降低偏见等，都表明从改变一个小组来改变其中的个体，远比一个个地改变个体要容易得多。只要小组的价值不变化，个体就会更强烈地抵制变化，而一旦小组标准改变了，由于个体依附于小组而导致的抵抗也就随之消失了。②

勒温是一位格式塔心理学家，他的理论受到整体论和动力论的强烈影响，他把小组看作是一个不可分割的整体，其中的组员不是孤立地存在，而是被组织到一个复杂的、相互依赖的系统之中，一个小组因而具有了个体所没有的动力特征，这些都成为小组社会工作的理论基础。

二、小组互动理论

互动理论研究人们面对面的相互交往与作用，以及引起与改变这些活动的主观反应与过程。从库利到米德，再到布卢默和贝尔斯，互动理论的研究一步步得以深化。

库利认为，个人与社会的关系是一种有机的关系，社会与个人并不代表两个事物，而只表示同一事物的个体方面与集体方面。个体通过初级群体，如家庭、同辈群体、邻里等进行社会化，使个人与社会联结起来。此后，自我的产生和发展都是通过个人在社会环境中与他人进行人际沟通与交往实现的。库利认为，个体的"社会自我"是一种"镜中自我"，即个体是以其他人

---

① Helen Northen，Roselle Kurland. Social Work with Group(3th). Columbia University Press，New Nork，2001.

② 叶浩生. 西方心理学的历史与体系. 人民教育出版社，2002.

的看法为镜子而认识自己的。

米德的基本理论认为，人的意识和思维是在人际间相互联系、相互依赖的过程中产生的，人们对外部世界的认识与适应也是通过人际沟通过程实现的。米德认为，自我包括主我和客我。客我是对他人反应或他人定义的被动知觉，是内化了的他人的观点，与社会和小组的规范相吻合，主要目的是为了获得其他人的认同；主我是个体对情境的一种直接的知觉与反应，它是自发的、创造性的、冲动的。米德把自我概念的发展分为三个阶段：玩耍阶段、游戏阶段、概化阶段。在玩耍阶段，个人简单地扮演一些其他人的社会角色；在游戏阶段，个体开始承担几个社会角色，并把他组合成一个整体；在概化阶段，个体一般根据他人的期望和标准来计划和实施自己的行动。

布卢默综合了米德等人的思想，提出了"符号互动论"，形成了符号互动论的基本思想。他认为，个人对事物采取什么样的行动，是根据他对事物所赋予的意义；这个意义是通过人们之间相互交往得到的；这个意义不是固定的，而是通过解释过程不断修正和发展的。在行为主义心理学"刺激—反应"模式中，布卢默加入了一个符号解释过程，变成了"刺激—解释—反应"的新模式。他认为，意义是在社会相互作用的过程中形成的，人类具有思想的能力，在理解与解释上也具有共同性，依据这种思想的能力和共同性，个体对互动中出现的符号进行理解与解释，从而决定自己的行为。当然，人类的互动是能动与可变的过程，人类有自我互动的能力，能够依据其对环境的诠释而修正和改变意义与象征符号，产生新的行动和互动模式。所以，小组组员的共同行为是可重复的、稳定的，社会就是由处于符号互动过程中的人类构成。

与布卢默不同，贝尔斯不是从理论，而是从具体的实证研究中对人类的互动过程进行了分析，用以说明、观察和测量小组领导者与组员之间的互动行为。他认为，任何一个小组都必须解决组员两方面的问题：一是任务性的问题，如询问、建议任何关于小组要解决的问题，或者引导、指导小组与目标相联结的活动；另一个是情绪性的问题，如组员间的人际协调、冲突的解决、紧张的化解、相互的接纳等这些关系导向方面的活动。他认为，任何一个小组为求得与所属环境的适应和目标的达成，一方面除了要能解决小组的任务性问题，同时也必须维系小组的和谐稳定关系，这两方面的问题必须保持某种程度的均衡，小组的运作才能持续平稳地进行。台湾学者潘正德也指出，使用贝尔斯的沟通行为模式来记录整个小组的发展过程，可发现小组组员的互动行为在某些时期是偏向任务性的，以达成小组目标为主要目的；而在其他时间是偏向情绪性的，为小组目标的达成扫清障碍。①

小组互动理论提供了一个了解人类行为与小组过程的分析方法，协助人们了解了个体行为如何与他人联结，在与他人的互动中个体的自我概念是如何发展起来的，个体与他人互动的依据是什么，互动的过程又如何，小组是如何在这些互动的基础上联结而成，小组的动力又是怎样的等具体问题。这些重要的理论思想，为我们了解与实施小组社会工作打下了坚实的理论基础。

三、社会认知平衡与失调理论

勒温所创造的小组动力学理论，在西方社会，尤其是在美国产生了重大的影响，在他的影响下，他的同事和学生——弗里兹·海德和利昂·费斯廷格又陆续创建了认知平衡和认知失

① 潘正德. 团体动力学. 台湾心理出版社，1997.

调理论，很好地解释了个体在小组互动中，如何在认知上构建自己的行动框架。

海德认为，人的认知结构是平衡的、和谐的，一旦出现不平衡、不和谐，就会产生一种紧张和恢复平衡的力量去改变这种状态，重新恢复认知系统的平衡状态。为详细说明这个观点，海德提出了“P—O—X”模型。“P—O—X”模型体现的是一种简单的人际交往关系，P是认知主体，O是作为P交往对象的另一个人，X则是与P、O有着某种关系的情境、事件、观念或第三人。海德认为“P—O—X”中存在两种关系：单元关系和情感关系。P、O、X三者通过单元关系和情感关系相联结。单元关系是指单元内两个或两个以上的对象由于相似、接近、归属、因果因素等形成的关系，有正负向之分，其中接近、类似为正向关系，分离、相异为负向关系。情感关系是指一个人对某人某事或某物的评价，也有正负之分，正向的有喜欢、爱、尊重、接纳等，负向的有恨、敌对、排斥等。海德认为，个体的认知结构是否平衡，取决于情感关系是否一致，以及情感关系与单元关系之间是否一致。如果出现：(1)当P、O、X三者间的关系都是负的；(2)P、O间的情感关系为负，P与X、O与X的单元关系为正；(3)P与X的单元关系为负，而O与X、P与O的单元关系为正；(4)O与X的单元关系为负，而P与X、P与O的单元关系为正这四种情况时，P的认知系统将处于不平衡状态，如图2－3所示。由于不平衡就会产生紧张和焦虑，驱使个体重新恢复平衡。寻求平衡的途径有两个：一是改变其与O的情感关系；二是改变其与X的单元关系。[①]

与海德的社会认知平衡理论相比，费斯廷格强调的不是“平衡”与“协调”，而是“不平衡”与“失调”。费斯廷格认为，认知与认知系统是个体对环境、他人及自身行为的看法、信念、知识和态度的总和。每一个认知系统都是由诸多基本的认知元素构成，而认知系统的状态也就自然取决于这些基本的认知元素相互之间的关系。[②]这些基本认知元素之间的关系是：(1)协调，此时两种认知的元素一致，彼此不矛盾。如“我要参与小组分享”和“参与小组分享会令我有更多收获”；(2)不相干，两种认知的元素彼此之间没有关系，如“我要参与小组分享”和“我星期二要交作业”；(3)不协调，两种认知元素彼此矛盾或不一致，如“我要参与小组分享”和“我不应该相信任何人。”认知失调是一个人的态度和行为等认知成分的相互矛盾，这种认知失调会使人从一个认知推断出另一个对立或矛盾的认知时产生不舒服和不愉快的情绪。费斯廷格认为认知失调是人认知系统的一种正常状态，通常可以采取三种方式来减少失调：(1)改变行为。使主体对行为的认知符合对态度的认知，如认识到小组分享是一件有意义并对自己的成长很有帮助的事，就需要改变自己的退缩行为，使两者协调起来，反之，在小组中很退缩的人，如果不能认识到分享是一件有意义并对自己的成长很有帮助的事，他是不会改变自己的行为的；(2)改变态度。使主体的态度符合行为，如“我不信任任何人”与“参与小组分享”是不协调的，但如果改成“人是值得信赖的”及“我可以信任他人”就协调起来了；(3)引进新的认知元素，使之与原有的认知成分协调一致。如“我不愿意参与小组分享”，但用“我还没有做好参与小组的准备”“我需要了解的更多一些再参与”这些认知也可以消除不协调，达到一种所谓的协调。

社会认知平衡理论突破了传统心理学家只从主体和客体关系上研究人的认知的局限性，将人际关系引入认知研究的领域，从而研究了主体、客体与他人的多重关系。而社会失调理论在对个体与他人互动的过程中，加入了动态性的态度研究，提出了具体的认知过程，把小组动力学纳入了认知理论的框架，这些都在一定层次上发展了勒温的小组动力学，对于我们理解小

---

①② 叶浩生．西方心理学的历史与体系．人民教育出版社，2002．

组中个体如何建构他们的行动框架有重要的意义。

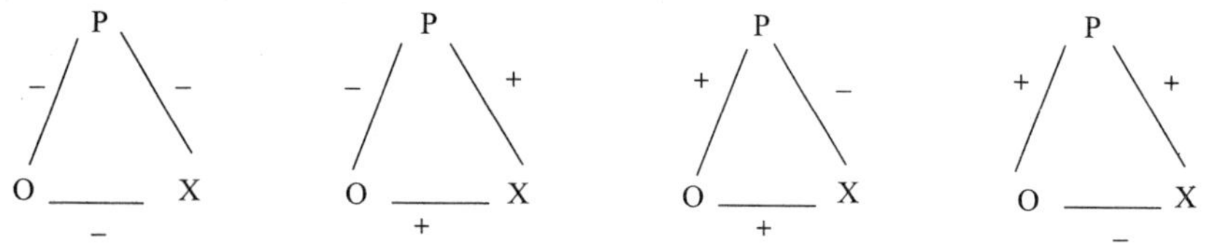

图 2－3 海德的"P—O—X"模型

第三节 社会生态系统理论

研究小组，除了研究组员与小组本身的相互关系外，一定不能忽视小组以外环境的作用，针对这方面，社会生态系统理论的发展为小组社会工作的发展提供了一个新的视野，同时也将小组社会工作的发展提高到了一个新高度。

一、社会系统理论

"系统"一词源于希腊文，是共同（Syn）和设置（Histanai）两个词的结合，是由既有差异又相互依赖的部分组成的一个有次序的整体，并通过错误——激发的（an error—activated way）方式来维持平衡。

20 世纪 40 年代，贝特朗菲（Bertalanffy）首次提出了系统理论，随后，系统理论被正式应用到物理学与生物学领域，主要研究如何通过反馈机制的运作来调整和控制整体。到了 20 世纪 50 年代，系统取向作为一种新的研究范式开始从自然科学领域向社会科学领域渗透。人类学家贝特森（Gregony Bateson）是第一位采用系统理论来解释人类行为的学者。20 世纪 60 年代后期，系统理论逐渐成为社会科学的主流。1968 年，奥尔森（Olsen）将社会系统概括为：一种社会组织的模式，在其构成的元素之外，还具备了明显的完整统一性，透过界线与周围环境清楚地分割，在相对稳定模式之中它的子系统间也有部分的关联。①

社会系统理论促使我们将小组看成一个系统，并产生如下一些重要的观点。

（1）有机整体。根据社会系统理论，小组是由不同部分组成的一个有机体，有机体各部分紧密联系为不可消减的整体，整体会产生新的效应，新的效应远大于各个部分的简单累加。时间和空间之间的间隔性相对较少，有机体处于不停地发展中。小组中有子系统，子系统对其他部分有巨大影响力，每一个子系统也是多级系统，其中包括影响的程度、资源的使用、功能的责任和系统的水平等，它等于同一等级上的其他子系统。② 分析问题时应从整体的观念入手，研究的是子系统和组成子系统各部分因持续互动而产生的相互关系。

（2）非线性因果关系。根据社会系统理论，小组中大部分组员的行为是非线性的，是多种因素相互作用联结的结果，行为之间互为因果，每个行为可能是原因也可能是结果。这种互动包括系统内各部分的水平互动，也包括那些穿越界线、发生在两个分隔清楚的系统间的垂直互动。

---

① Benyamin Chetkow Yanoov 著，江佩玲、潘英美译．社会工作实务．五南图书出版股份有限公司，2001．

② 管健．生态系统心理治疗的理论述评．赣南师范学院学报，2002(2)．

（3）输入、输出与回馈。社会系统理论产生之前，人们通常认为整体是封闭的，他们通常将一个整体的问题分割成几个需要分别处理的封闭问题。虽然系统理论也认为整体是有界线的，但系统取向认为系统的界线是可以穿越的，系统是开放的。小组可以随时从环境输入物质和能量，并且将它作为资源适当调整持续进行的内部行为，然后再通过一定的回馈机制将小组内的物质和能量输出。回馈有正向和负向之分，如果回馈显示行为的结果和原来的计划相一致，则称为正向回馈，小组会努力增加现有的输入；如果回馈显示出结果与原先的目标不一致，则称为负向回馈。小组通过经常性的物质和能量交换，通过小组的各种变项的输入与输出，借以提高小组的品质和小组的适应力。

（4）系统变迁。社会系统理论非常重视“如何影响”和“如何改变”的议题。因为系统内各要素间不断地互动，系统与周围的环境又处在不停地物质和能量交换之中，所以系统也处在不停地变迁中。小组内组成部分间是相互作用的，改变一部分便可能导致另一部分，甚至整个小组的改变，若小组发生与其他系统的互动，小组的改变可能伴随着与之相关的其他系统的改变。社会系统理论强调通过创造开放、改变和成长的条件来引导小组的变迁。

社会系统理论把小组看作一个开放系统，小组组成的要素之间、小组要素与外部环境之间具有相互作用和依存关系，小组不断地与外在的环境进行物质和能量的输入与输出，从而推动小组不断地变迁，这些理论对小组社会工作的发展产生了深远的影响。

二、社会生态理论

生态学(ecology)源自希腊词 oikos，意指家庭内经济自然和谐相互依存的关系。后来，生态学被生物学家用来描述个人在社区中与他人的日常互动关系；社会学家用生态学来阐释社会中综合性和系统性构架；心理学家也强调用生态学来研究个人、社会和物理环境间的关系。

20 世纪 70 年代后，生态理论家布朗芬布伦纳提出了人类生态学理论和人——过程——背景——时间(person—process—context—time，PPCT)模型，指出个体或群体是在相互作用的多元系统中发挥其功能作用的，因此他强调对这些多元系统进行整体性研究。他认为行为是由个体或群体与环境之间交互作用的内部和外部特征决定的。他承认内部和外部力量对个体或群体行为的影响，也强调个体或群体和各种系统之间交互关系的重要性，在这些系统中，他期望确认影响个体或群体功能的直接和间接因素。

2001 年赫夫特指出，生态心理学的基本思想是承认背景性因素在心理现象中起着关键的作用，并以多元的和交互的因果性取代单一因果性和对事件的单向解释。除了心理学，社会学家帕克根据生态学的观点，将社会生活分成两个层次：以人类竞争为基础的共生层次及沟通与共识的文化层次。他认为，研究者完全可以通过这两个层次的结合来解释各种社会组织，以影响和引导个人的社会生活。

在社会生态理论观点中，对小组社会工作有重要影响的是它的栖息地、生活空间和社会适应理论。

栖息地指人的生活环境，包括人所处环境中的物理和社会环境。生态理论认为当栖息地有丰富的资源满足有机体成长和发展所需时，人就会逐渐地繁殖成长；当栖息地缺乏必要的资源时，人的生理、社会、情绪的发展和相关的行为功能就会受到严重的影响。

生活空间是指人在社会中扮演的角色和获得的地位。自我的发展与生活空间直接相关。个体必须获得相应的社会资源，否则便无法建立和发展自己的生活空间。

适应是个体与环境相互作用的过程。适应以改变为导向，通过认知、行为持续不断地调节，以维持和提升自我与环境之间的适合程度。适应具有抗拒、接纳、改变的特性。抗拒是个体忍受环境带给他的压力，是一种弹性的适应；接纳是个体改变自己适应环境的需要；改变，是个体改变环境来满足自我的需要，是一种控制性的适应。事实上，个体与环境是交互影响的，并且这个影响的过程是一个循环的过程，环境的改变会或多或少促进个体的改变，而个体的改变也或会促成环境的改变。生态系统理论认为个体的适应状态有三个层次：(1)负效应，即不良的生理状况和缺乏与他人建立关系的能力；(2)愉快地融入，即从环境中获得支持、能维持社会角色的均衡、有能力在被期待的环境中生活、可以和他人良好的沟通与互动、能够参与社区活动及计划自己的未来等；(3)长期的满足，即能获得家庭、社区的稳定支持，能拥有自己的事业，感到满足并愿意回报社会。

社会系统理论和社会生态理论是当代社会科学领域的两种主流范式。20 世纪 70 年代后其被引入社会工作领域，很快被一直强调人——情境关系的社会工作者吸纳，成为社会工作领域主要的理论范式，社会工作研究者将两者结合，形成社会生态系统理论。小组社会工作者利用生态系统理论去评估问题时，将个人次系统(生理、认知、情绪、行为)，人际关系次系统(亲子关系、夫妻关系、家庭关系、朋友关系、邻里关系、小组组员关系)，组织、机构和社区以及所处的物理环境系统(场所、空气、桌椅的排放、设备等)结合起来全面地考虑，把焦点置于个体与环境的适应性平衡上，了解人们对适应、整合与分化的反应，为小组社会工作的发展提供一个新的有用的视角。

从个体行为理论到小组动力理论再到社会生态系统理论，我们对小组社会工作的基础理论做了一个概要性梳理。之所以说它是概要性的，是因为我们并没有将影响小组社会工作发展的所有基础理论一一列举出，而是选择了其中最为重要、最具影响的几个理论进行简单的阐释，大量的理论准备工作还需读者自己另行努力学习与积累。

第三章　小组类型

当我们在刚开始认识小组时，并不清楚小组功能实施的范围有多广；但当我们辨别了小组的类型之后，才发现在实施的各种小组中它们真正的功能与运用的实质。

——佳文(Charles D. Garvin，1997 年)

在小组社会工作中，小组的差别性取决于小组的目标和案主的特性。每个小组都有特定的任务，这是小组存在的意义和开展工作的前提。不同类型的小组，其理论模式和运用的具体技巧也不相同，所以研究小组类型对于小组社会工作理论研究和实践都有着非常重要的意义。本章将从小组目标角度对小组进行分类阐述。具体分为五类，即成长性小组、治疗性小组、成长支持性小组、社会行动小组和自助小组。

第一节　成长性小组

20 世纪 70 到 90 年代是成长性小组在全世界范围内蓬勃发展的时期，当时，社会生产力发展到了一定程度，在满足了基本的生存需要以后，随着生活质量的提高和教育的发展，人们越来越关注自身的发展，如希望提高自己的人际交往技巧，发展与他人的和谐关系；提升自己的婚姻质量，更好地与子女沟通，促进家庭的幸福；更好地认识自己、接纳自己，以达到个人的自我实现等，于是数以百万计的人参加了各种各样旨在发展自己、完善自己的成长小组。

一、特征与内容

成长性小组以协助组员完成社会化为主要目的，工作者通过对小组的引导，协助组员学习群体文化、承担社会角色，发展自己的社会性。人的社会化内容主要包括：(1)教导生活技能；(2)传递社会文化；(3)完善自我观念；(4)培育社会角色。按照社会化的内容，成长性小组主要有两种形式：

一是自我认知的小组。小组社会工作者通过小组社会工作的方式，协助处在快速变迁、矛盾冲突，甚至是价值混乱、充满无力感社会中的组员，确立自己的价值和需求，增进他们自我觉察的能力，促使他们能更好地认识自己、欣赏自己、接纳自己。在自我认知小组中，工作者需要持续评价组员与自我认同发展有关的议题，尝试了解组员在定义个人价值和角色时，遭遇到的内在和环境障碍，并在小组进行的过程中持续觉察并加以关注。小组可以通过对组员与环境互动负面感受的讨论，对尚待解决的价值冲突的澄清，与组员一起决定所要改变的目标。在具体操作时，小组社会工作者一方面通过整理有关认知和如何改变认知的知识，来协助组员改变已有的认知；另一方面促使组员了解所经历的环境的本质，指出环境系统中个人无法获得满足的部分，澄清组员在达成目标时，环境所能提供的支持和所需要的改变。

二是增强技能达成的小组。技能达成的小组将焦点集中于社会技能的学习及运用，有浓厚的教育意味。在技能达成小组中，工作者通过各种技能的传授，协助组员满足所希望或准备要扮演的角色需求。这些角色包括孩子、学生、朋友、职员、同事、夫妻、父母等。一方面协助他们做好扮演这些角色的准备，如刚刚进入学校的学生、准备结婚的青年、想要生育孩子的父母、快要退休的老人等；另一方面协助那些在扮演自己的角色中，由于个人的问题、环境阻碍的关系，或者因个人与环境互动的不当而在角色扮演上遭遇困难的人，如刚进大学却无法适应大学生活的大学新生、不知如何教养孩子的父母、离婚后不知如何面对离异生活的女性、无法发展适当人际关系的青少年等。伯瑞姆(Brim)曾提出了一个关于技能达成小组的有效工作框架，他认为，在一个人能够充分胜任自己的角色之前，需要具备三个条件：(1)他必须知道自己想要的是什么，包括行为及价值观；(2)必须能够有扮演此角色的条件；(3)必须要有付诸行动的行为并追求适当结果的动机。① 技能达成小组的工作者可以从这三点框架出发，引导小组发展并协助小组组员达成目标。

社会性是人的本质，是个体通过与他人的互动而实现的。小组社会工作是个体完成社会化，获得社会性的最好尝试。与其他小组社会工作类型相比，成长性小组是一种预防取向的小组社会工作，它的功能是尽可能减少人们的失范行为，降低社会的失序现象。

一般来说，成长性小组的特征包括：

(1) 小组的焦点在于个人成长与改变。小组强调个人取向，目标存在于小组内部结构，即组员自身。小组关注组员本身的成长，强调通过小组过程使组员更加敏感、增强自我觉察的意识和自我学习的能力。

(2) 强调案主的自觉和自决。小组的理论假设是人们可以对自己负责，有改变的潜能，可以理性地选择和处理自己的问题。

(3) 强调组员的表达和互动。小组组员的主要动力来自组员的互动和分享，小组没有特别的组织结构和特定的任务，而使小组得以维持并不断发展的动力是小组组员间的回馈和相互学习。

(4) 在小组中，工作者主要担当了组织者、催化者、示范者、协调者的角色。工作者要为小组组员提供信任和舒适的小组环境，引导组员做有目的的讨论，开发资源以满足小组组员社会化的需求。

二、示例

【示例一】 一个由9位大一学生组成的自我认知小组，有四位女生和五位男生。小组的目标是协助他们自我认知、自我觉察，进而更好地自我接纳。小组组员从大学里招募而来，小组社会工作者在小组开始前已对小组组员进行了评估。下面是他们第四次会期的一部分。

工作者：这是我们第四次小组了，今天我们用轮流的方式，每个组员用2分钟的时间说出自己的优点，再用大约5分钟的时间听别人说你的优点。说自己的优点时，不得使用“假如”或

---

① Charles D Garvin著，曾华源译. 社会团体工作. 台湾洪叶文化事业有限公司，2000.

“但是”这两个字眼；听别人说自己的优点时，只允许静听，不必表示感激，也不要反驳。

……

工作者：刚才每位组员都说了自己的优点，也听别人说了你的优点，现在我们一起来分享一下你现在的感受。

静英：一开始，我真的很茫然，我觉得两分钟太长了，我的优点不用一分钟就能说完。而且，我从来没有很认真地想过自己有些什么优点，常常想起的都是我的缺点。

小玉：不对呀，刚才大家说了你很多的优点啊。

静英：是的，我真的很感动。以前也有人说过我的优点，但是我一般都认为那是别人随便说的。从小爸爸、妈妈都拿我和伯父家的姐姐比，她不但比我漂亮、会说话，而且功课一直都比我好，所以，每次比完了，爸爸都会情不自禁地摇摇头，妈妈都会深深地叹一口气，哎……

工作者：你是说，你从小从你父母那儿很少得到鼓励，以至于你一直都怀疑自己，对自己没有什么信心？

静英：是的。我一直都不认为自己可以做好哪件事。刚才智建说我的嗓音很好，普通话也很标准，其实我也知道的，上学期的演讲比赛，我很想参加，稿子都写好了，但到最后关头，还是没勇气上去。

智建：你不是能力不行，而是你没有信心去尝试。

立灵：是的。以前我也这样，在没做事之前，总是怀疑自己，结果浪费了很多的好机会。

静英：我想你们说的是对的。其实我在学习上也不是一无是处的，我的英文很好的，尤其是口语，学校正在组织校园英语大赛，我想我该试试。

工作者：静英，我们很高兴听到你这么说。

【示例二】　这是一个由6对父母组成的父母技巧训练小组，他们都有14～16岁的处于青春期的孩子。小组目标是协助父母如何有效地扮演好父母的角色，了解孩子成长过程中身心发展的特点以及发展中的阶段性任务与危机，强化父母与子女沟通的技巧，改善父母对子女的管教态度和方式。下面为他们第五次小组会期的一部分。

工作者：刚才张爸爸和李爸爸做了一次角色扮演，向我们呈现了一对父子是如何沟通的。你们看了以后有什么感想，大家一起来分享一下。谁愿意说说？

钱妈妈：真是很像，我们家那对父子平常也是这样的，说不到几句话就会吵起来，一个不让一个。

许爸爸：我是爸爸，我也很苦恼，我不知道为什么我的儿子一听我说话就嫌烦。我们俩不是一说话就吵，就是任你怎么说，他也不理你。

工作者：好，很有意思，让我们再回到这个角色扮演中来，你觉得他们为什么会吵起来，这里有什么问题吗？

许妈妈：为什么？那个爸爸一开口就训儿子，“你看看几点了，为什么这时候才回来？”为什么不先心平气和地问问孩子呢？也许他晚回来是有理由的。

王妈妈：是啊。一开口就充满责备的口气，孩子是没法和我们对话的。

梁爸爸：我想，和孩子谈的时候，要就事论事，不要一下子把陈年老账都翻出来。“玩，你就知道玩，别忘了，你上学期有两门不及格。”

工作者：许爸爸，你在不停地点头，你有什么想法吗？

许爸爸：梁爸爸说的我很有同感，每次我一翻老账，儿子一定暴跳如雷，马上还击，“怎么样，就是不及格，我喜欢”，堵得你一句话都没有。

梁妈妈：其实，孩子也是有自尊心的，不要动不动就否定他，“我看你这辈子就这么大的出息，我是对你彻底失望了。”

高爸爸：是的，实际上这样挺伤害孩子的，往往我们这样做的时候，根本没有顾及孩子的感受。有一次，我女儿考得不好，我和她谈，她说“我就这样了，你两年前不就说过，我不会有什么出息，你很失望吗？事实只是证明你说对了而已。”当时我真的很震惊，我没想到我不经意间的一句话，产生了这么坏的后果，直到现在想起来，我都会很后悔。

工作者：很好，你们认为开口就训人，不就事论事喜欢翻陈年老账，轻易地否定孩子是刚才那对父子沟通中呈现出来的问题。下面我们分成3组，每组四个人，不同家庭的爸爸和妈妈组合在一起讨论，看看正常情况下，父母和子女的沟通应是怎么样的。10分钟后，回到小组中，我们一起来分享。

三、分析

示例一中的小组是一个自我认知小组，工作者通过小组活动的设计、小组组员的互动、静英的自我表达、其他组员的分享、工作者的引导，帮助静英整合了自己与他人的看法，增强了对自己正向的肯定的觉察，发现自己可能没有认识到的能力。

示例二中的小组是一个父母技巧训练小组。人们常常认为父母的角色是天生的，只要你生了孩子，就会做父母，但事实恰恰并非如此。工作者通过一次角色扮演，引发小组组员对父母子女沟通技巧中存在问题的讨论，通过工作者的引导，促使他们对自己平时行为的反思，再通过分组小组讨论促使他们从正向的一面继续讨论，协助他们对正确的子女沟通方式的领悟与理解。

第二节　治疗性小组

治疗性小组是一种临床服务模型的小组。二次大战后，随着弗洛伊德精神分析理论的引入和美国实用主义思潮的影响，治疗取向开始进入小组社会工作中。治疗取向的进入是小组社会工作发展过程中的一个重要事件，对后来小组社会工作的发展产生了重要影响，以至于小组社会工作一度以治疗取向为主，发展成为一种临床服务方向。这种现象曾经在小组社会工作领域内引发了很大的争论。一种观点认为应该强调社会工作的临床服务功能，社会工作者就应是一位临床取向的治疗师；另外的一种观点认为这是对传统社会工作价值取向的反叛，社会工作过分的临床化，将失去它与心理学、精神医学相区别的独特性，也失去了社会工作在把握宏观社会，服务社会更广大人群，推进社会民主进程上的重要作用。当然，争论的结果是小组社会工作的模式逐渐走向整合，但由于20世纪80年代后，健康照顾模式的出现，治疗性小组在小组社会工作中仍然占据着其他模式无法取代的地位。

一、特征与内容

治疗性小组的组员是与环境适应不良或环境无法满足其需求的，有较严重的情绪和行为问题的个体。治疗性小组是在组员对自己了解的基础上，利用小组的环境和资源，达到心理、行为治疗，获得问题解决的能力，并重建自身社会支持网络的结构性小组。如有情绪障碍者小组，厌食或进食障碍者小组；有惊恐发作者小组，社交恐惧症者小组，有违规青少年小组，婚外情受害者小组和同性恋小组；有药瘾、酒瘾或其他成瘾者小组；也有曾遭受性虐待者小组，家庭暴力行为者小组等。一般来说，治疗性小组的特征包括：

(1) 治疗小组是典型的个人取向的小组，目的在于每一位小组组员的认知行为改变、人格重建和潜能挖掘。

(2) 工作者在小组中具有专业权威地位，通过设计任务、角色、活动，改变小组结构与小组过程，从事诊断与治疗，对小组中的个人产生影响。

(3) 治疗性小组持续时间较长，活动频率较高，对工作者的专业素质要求较高。治疗性小组要求工作者不仅要有充分的社会工作理论和经验，还要有足够的心理学方面的学术训练和临床经验。如精神分析理论中提及的"阻抗""移情与反移情"现象，行为主义治疗中的抑制、强化以及社会学习理论，格式塔治疗中强调的整体主义原理、此时此地技术和与重要他人的"未完成事件"原理，认知行为疗法中谢尔顿・罗斯的认知行为互动疗法、艾伯特・艾利斯的理性情绪疗法，卡尔・罗杰斯的案主中心疗法等，都被运用到小组治疗中，并对小组治疗的发展产生了深远的影响。我们参考台湾地区学者何长珠的观点，将这些理论和它们对小组社会工作的影响作出整理，如表 3－1 所示。①

表 3－1　心理学理论对小组社会工作的影响

	重要理论内容	对小组的贡献
心理分析学派	1. 提出潜意识，生—死本能，早年经验的重要影响，及本我—自我—超我的人格结构学说 2. 将小组内的互动拟同于家庭，在小组中会出现移情或反移情 3. 提出阻抗理论 4. 运用自由联想和释梦技术	1. 小组永远在两个层面上运行——看得见和看不见。小组治疗中，领导者对后者更需用心体会，小组内容至少应包括一次以过去为主的设计与分享 2. 领导者与协同领导者的性别最好是不同的 3. 阻抗、移情与反移情现象，是小组社会工作中工作者需要不断审视和处理的现象
心理动力学派	1. 提出"焦点性冲突"(喜欢却抗拒、讨厌却接受) 2. 认为小组有其心理的周期而没有固定的阶段	1. 在小组经历过紧张后，下一次的聚会往往会出现平静、合作的气氛；另一方面，当表面的和谐维持不下去时，一触即发的小组动力的出现也是自然、正常的 2. 小组虽然有自己一般起承转换的过程，但过程中突发状况的处理，却往往是决定小组收获的最大关键
完形心理学派	1. 身体、心理、精神是一个有机的整体 2. 相对于环境，人类彼此联结，是作为整体发挥作用的有机体，没有"我"，只有"我们" 3. 重视人格各部分的统合所产生的完形状态的恢复	1. 强调小组系统和组员互动 2. 认为小组组员在改变和成长的过程中有五种类型的抗拒：囫囵吞枣、投射、混合、反转和偏离。可以运用扮演、幻想、指导技术和家庭作业等技术协助组员克服上述抗拒 3. "分裂"是个体常常经历的状态，因此在小组中注重的不是避免冲突，而是如何面对和处理冲突

① 何长珠. 心理团体的理论与实际. 台湾五南图书出版公司，1997.

续表

	重要理论内容	对小组的贡献
行为治疗学派	1. 强调行为不论好坏，都是学习的结果 2. 重视改变过程的具体化与系统化 3. 认为改变是一连串重复练习，再加上正负强化的结果，故家庭作业的指定极为重要	1. 具体化是小组中一种很有用的技巧 2. 家庭作业有利于巩固学习，小组社会工作中也经常用到 3. 互动学习是小组治疗中的要素
理性情绪治疗学派	1. 指出情绪不仅仅是环境和本能的产物，同时也是观念的产物，解释了人是怎样因为非理性的观念而造成了情绪上的障碍和知觉的错误 2. 教导人如何觉察、检查自己正在进行的非理性行为，形成并发展了审视、反省及分析认知、情绪和行为的方法	1. 小组组员从其他组员那里获得分享与回馈，可以获得有关自己和世界的新认识 2. 通过小组，组员了解到他们并非是这个世界上唯一存在的有非理性信念的人，他们有很多机会可以有意识地改变非理性信念
认知治疗学派	1. 强调认知或有意识的思维过程在日常生活中的价值和意义 2. 人的认知结构和内在对话的性质以及解释外在世界的方式，对人的情绪和行为有重要的影响 3. 以角色扮演、正向自我、暗示(催眠)，协助人们克服在日常生活中形成的思维盲点、模糊观念、自我挫伤和错误判断，形成现实的思维方式及相应的信念和态度	1. 小组组员可以从其他组员那里获得有价值的反馈意见。这些来自非专业人士的意见对他们具有很强的说服力，有助于帮助厘清自己的非理性认知 2. 小组一般呈现出比个案多样解决问题的方法，极大地提高了小组组员系统解决问题的能力 3. 认知学派中的一支发展出的问题解决模式，是小组社会工作中经常使用的方法 4. 家庭作业中的认知练习，也是小组社会工作中经常用到的
人本主义心理学派	1. 对人的内在能力表示深切的乐观，深信人本能地具有成长和自我指导的能力 2. 协助个体充分发挥自身的潜能，实现人的自我价值 3. 在助人关系中，提出了真诚、无条件关怀、接纳、同理等观点	1. 人本主义的价值观，有助于小组组员的自我开放 2. 将个人自发成长性哲学运用到小组中，相信小组作为一个有活力的整体在互动过程中产生的力量 3. 认为小组情境是治疗中关键的改变因素

(4) 小组被视为一种治疗工具，强调具有治疗意义的小组情境的创造。治疗性小组本身并没有治疗的效果，小组所造成的个人改变并非是自然发生的，而是来自工作者带领组员所创造且极力维护的小组安全、信任、温暖的氛围，并在这种安全、信任、温暖的小组氛围中，产生出一种具有治疗意义的小组情境。小组产生具有治疗意义的治疗性要素(我们将在后面的章节详细讲解)，这些治疗要素结合起来相互作用就会产生相应的治疗情境。当这些情境被组员体验到时，就会产生作用，导致组员认知和行为的改变，从而达到治疗效果。

二、示例

【示例一】 一个由7位组员组成的小组，她们是家庭暴力的受害者，且都是女性，年龄在25～45岁之间。小组的目标是协助她们认识发生在她们身上的家庭暴力的实质，帮助她们了解自己的感受，提供情感的支持，改变她们的错误认知和行为。小组组员从社区转介而来，前期通过个别会谈，并进行过筛选。下面是她们的第五次会期的一部分。

工作者：在前几次小组中，你们都谈论了在家庭中发生的那些可怕的事情，我希望你们不仅仅谈事情的发生，也谈谈事情发生时你们的感受。其他人请认真听，也请你们给些回馈。

成红：那时，我吓坏了，全身都在发抖，心里充满了恐惧，并且这种恐惧像海浪一样一波又一波地涌上来，让我快窒息了。

紫玲：是的，我也有这种感觉，除了恐惧、颤抖，我做不出任何反应。

彩萍：我的情况是，当那种恐惧袭来时，我会脑子里一片空白，眼前一片黑暗。

工作者：我想我们所有人都理解你们所说的恐惧。可不可以告诉我们，在你们的成长过程中，你们还有过类似的经验吗？

成红：我想我有。小时候，我爸爸是个酒鬼，常常喝醉酒。喝完后，就会和妈妈吵架，有时候会把妈妈狠狠打一顿。然后，妈妈会哭很长时间，我会躲在一边，我觉得自己真没用。我很害怕，怕到最后就觉得自己一点价值都没有，不如死掉算了。（开始哭泣）

清新：我很熟悉成红的感觉，我出生时，爸爸的生意失败了，以后也一直不顺，他认为是我给他带来了霉运，在我的印象中，他从来没有对我好好笑过，如果我犯一点儿错误，就免不了一顿打。我记得，小时候我常常一个人躲在角落里哭，我觉得我真不该来到这个世界，我的出生真的是一个错误，直到今天我都有这种感觉。

丽华：（叹息）哎——人真是有命的，也许我们每个人的命前生就注定了。

工作者：（用温和的声音）丽华，我知道你很能理解清新的感受，但是让我们一起来继续谈论成红和清新的事情，好吗？你们中多少人有过成红和清新这样的感觉？（小组中有5个人举起了手。）

紫玲：从小，爸爸妈妈就比较喜欢弟弟，每次我和弟弟发生争执，一定是以我让步收场。一次，弟弟和我出去玩，不小心摔破了头，爸爸回来一巴掌打得我的脸肿了三天。我觉得自己天生就是一个不被人喜欢的人，我总是想，每件事不对都是因为我不好。

成红：是的，我也已经习惯了，事情变成这样都是我的错。

工作者：等等，你们是说，爸爸喝醉酒、妈妈被打、爸爸生意失败、弟弟摔破头，包括今天你们在家庭中被打都是你们的错？真的是这样吗？

【示例二】 一个由6位网络成瘾的14～18岁的高中生组成的治疗性小组，该小组成员全部都是男生。小组的目标是协助组员认识网络成瘾对自己生活造成的影响，分析自己网络成瘾的原因，通过行为认知治疗方法，改变他们错误的认知和行为。这是他们第五次会期的一部分。

小龙：我爸妈离婚，我判给了妈妈，第二年，妈妈又下岗了，我们的日子一直过得不如意。妈妈说她这一生是完了，她所有的希望都在我身上了，这样的话，一个星期她要重复好几遍，有时，一天能重复好几遍。一开始，我还想好好表现，后来实在受不了了，就去了网吧。我觉得进了网吧，我才真正地放松下来，再也听不到妈妈的唠叨了。

小明：你妈只是唠叨，我爸妈才叫绝呢。上高一时，我参加了学校篮球队，很想买双新球鞋，和他们讲了好几次，他们也没反应。没办法，我从妈妈抽屉里拿了500块钱。回来后，我爸妈狠狠抽了我一顿，第二天我再回家，发现那个抽屉上锁了，第五天回家，发现又有两个抽屉上锁了。你说有意思吗？没意思，只好去网吧了。

工作者：我知道，这些事情的发生真的很糟糕。小龙，妈妈的唠叨给了你很大的压力，使你觉得很不舒服，想逃避；小明，爸爸妈妈的行为让你觉得很受伤害，他们对你连基本的信任都没有。但是，想想我们小组的目标，这样说下去，有用吗？其他人，你们怎么看？

小勇：我理解小龙和小明的感受。我爸妈对我要求很严，我觉得我永远也无法达到他们的期望值，所以我就去了网吧，一发不可收拾，现在想想，挺后悔的，考上了这么差的一所中学，被很多人瞧不起，视力也越来越差。其实，我们已经长大了，这样的行为很幼稚的，什么也逃避不了，自己的感觉却越来越差。

小植：对，生活是我们自己的，无论我们的父母做什么说什么，我们都要学会应付，不然等于自己害自己。

工作者：对，我赞同小勇和小植的观点。我们需要把注意力集中在我们自己的感受上。我们来谈一谈，怎样才能通过改变你头脑中对一些事件的消极看法而改变你的感觉。现在我们每个人仔细想一想，把你这半年来遇到的你认为最严重的三件消极事件写在白板上，让我们来看看，你是怎样看待这些消极事件的，再看看关于这些消极事件，我们是不是能找到其他的想法使它们变得积极起来。

三、分析

示例一是一个家庭暴力受害者的治疗性小组。工作者运用心理动力学、理性情绪疗法、社会认知疗法，在小组组员的分享和讨论中帮助组员回顾过去的消极感受，指出组员的破坏性想法和假设，再协助组员找回自尊、进行认知重建。

示例二是青少年网络成瘾的治疗性小组。工作者协助组员用社会认知和行为治疗来检验他们的消极认知和因此而产生的错误行为，进而促成行为的改变。

第三节　支持性小组

现代社会在经济和社会发展的同时，人们经常觉得彼此之间心的距离越来越远。其实，在面对如此剧烈变化、纷繁复杂的社会时，每个个体的力量是那么渺小，渺小是因为我们常常把自己弄到孤立无援的地步。其实，人类需要相互支持，这是人类生存和发展的一种重要的力量，一种一直被我们忽视的力量。

一、特征与内容

支持性小组的理论前提是个人和社会间被认为存在着某种有机的、系统的和符号性的关系，并且小组和每一个小组组员间也存在着一种相互影响的关系。在相互影响的过程中，组员了解到其他人遭遇的问题，从而产生相似的感受或相同的想法，通过分享个人的感受和经验，组员在心理上产生了一致性，最终达到建立组员共识，互相启发和鼓励，彼此支持和学习的目的。

支持性小组在提高组员处理生活中压力事件的能力和信心方面，以及提升他们的生活经验和相互学习的力量方面发挥着越来越重要的作用。支持性小组近年来发展很快，如在医疗社会工作领域通过开设癌症患者心理支持小组，以及术后运动康复小组，化疗与营养小组，自我形象改变小组，失眠、焦虑问题调试小组，家庭关系调适小组等各类小组，通过对患者及其家属开展工作，取得了很好的成效。其他的支持性小组还包括：灾难事件（如洪涝、火灾、飞机失事）的受害者或他们亲人的支持性小组；离婚后女性支持性小组；失去亲人者支持性小组；残障人士支持性小组；艾滋病、乙肝、丙肝患者支持性小组；再婚家庭的继父继母支持性小组；单亲妈妈支持性小组；失业者支持性小组；家中有高龄、患病老人需要照顾的照顾者支持性小组；社区中的老人支持性小组等。

一般来说，支持性小组的主要特征包括：

(1) 组员面临共同的问题，有共同需要。小组通过社会工作者的推动而组成，靠小组内部的力量维持，因共同问题和需要而产生特定的目标。

(2) 强调组员间的关系和相互信息和经验的交流。工作者协助组员互动，引导组员们讨论自己生命中的重要事件，通过彼此提供信息、建议、鼓励和情感上的支持，发展出有利于问题解决的技巧，并达到彼此增能的目的。

(3) 协助小组组员产生归属感。在支持性小组中，内在的支持和帮助比权威性资源更重要。组员会因小组彼此间产生联结进而形成相互支持的网络。

(4) 工作者在小组中扮演的是推动者和协调者的角色。支持性小组的动力来源于小组本身，社会工作者在小组形成以后一般处于边缘位置，工作者鼓励组员分享、尝试、相互学习，彼此协助解决问题，充分发挥组员的自主性，而工作者只有在组员需要的时候才协助小组组员共同解释其所处的情境，给予技术上的指导。

二、示例

【示例一】 这是一个9人组成的离婚女性支持性小组。她们的年龄在30～40岁之间，离婚的时间不超过三年。小组是个异质性小组，小组中有6人仍然感到自己无法走出离婚的阴影，并认为离婚给自己造成很大的困扰和压力；另有3人已经或正在走出离婚的阴影，开始尝试新的生活。小组通过招募的方式确定组员，在小组开始前通过个别会谈进行了组员筛选。以下对话是他们第四次会期的一部分。

工作者：你说你很恨你的丈夫？

冰慧：是的，当年我爸妈因为他是农村来的，家里负担重，又没有事业基础，坚决不同意我嫁给他，但我就是死心塌地跟他，没想到他有钱后……（开始哭泣）

立蓉：就是，男人都不是好东西。在他忙事业时，我包揽了家里所有家务，没想到最后一句黄脸婆就把我给甩了，有一段时间我越想越恨，晚上常常失眠，弄得现在非得服安眠药，否则晚上肯定睡不着。

工作者：（看到子娟在摇头）子娟，你在摇头，看来你是不同意他们的说法，对吗？

子娟：哦，是的，我有些不舒服，我觉得恨是没有用的，婚姻的问题不可能是哪一个人完全的错，如果只是恨，我们会把自己的后半生都陷进去的。

工作者：心萍，你点头了，你同意子娟的说法？

心萍：我了解冰慧和立蓉。是的，刚离婚时，我也恨过。但是，现在想来那一段时间是我这一生中过得最惨淡的日子。每天昏昏沉沉，对什么事都没有兴趣，结果无暇照顾父母，朋友避而远之，老板警告我再这样就炒我鱿鱼，女儿成绩直线下降，我仍然浑然不觉。直到母亲去世前，拉着我的手说："孩子，振作点，不要因为一次错而丢掉太多……"我才惊醒，我已经失去很多，如果只是陷入无边的恨，我会被它完全吞没的，我不想那样……

工作者：忆青，你呢？什么对你的帮助最大？

忆青：离婚后，我让自己忙个不停，我不用再每天下了班就急急忙忙买菜往家赶了，我很悠闲，以前很多自己想做但没有空做的事，现在都可以做了，喝喝茶，和朋友聊聊天，逛逛街，去温水体育馆游游泳……离婚是我选择的，结束一段，是为了重新开始新的一段。我想，无论发生什么，生活都应该继续下去。

永华：是，谢谢心萍和忆青，我想我同意你们的看法。我要重新开始我的生活，我不想一个错误让我赔上一生的幸福，离开那个已经不爱我的人没有错。我一直喜欢旅游，以前因忙于家务没时间，现在，我先要好好地放松一下自己，我还年轻……

工作者：这是忆青和永华的观点，她们认为应该把注意力集中在现在和未来，这也许是更好的选择。你们认为呢？还有人想说点什么吗？

【示例二】 这是一个由6位自闭症儿童父母组成的支持性小组。在自闭症儿童的康复工作中，家长扮演着关键性的作用。但是，家长从发现孩子是自闭症并痛恨命运的作弄，到接受孩子、学习照顾孩子、为孩子提供康复治疗是一段非常艰辛的路程。其中，最苦的不只是生理上照顾的辛劳，还有更多心理上的沮丧和无力。有的家长也许一生都没有能很好地解决这一问题。本次小组的工作目标是加强家长之间的联结，在家长之间建立起支持网络，帮助家长相互支持，充分挖掘资源，并合理利用这些资源。通过以个别访谈的方式了解家长的意愿、动机及期望，小组最终确定其组员是11位有10岁以下自闭症儿童的爸爸妈妈。下文的对话是他们第七次会期的一部分。

怡宁：今天感觉真糟糕。

工作者：怎么啦？愿意说出来和我们大家一起分享一下吗？

怡宁：今天儿子不知道为什么突然一边旋转他的身体，一边不停地发出尖叫，我怎么都不能让他停下来，这种情形一直持续了近一个小时，弄得我筋疲力尽。

婉秋：别着急，怡宁。我的孩子也出现过这种情况，这是自闭症孩子的症状之一。后来我上网查了一些针对这种状况的训练资料，我照着做了，效果还不错。今天晚上我通过E-mail把资料传给你。

亦菲：真的，那也传给我一份吧，我们小新现在还没有这个症状，但我想先看看，做些预防。

胜男：对，这个主意挺好，我们可以把每个人的E-mail地址、微博和微信留下，以后有什么好的资料、好资源，我们可以共享。上个星期，我北京的一位朋友，帮我要了一份一家自闭症儿童康复中心的资料，我给每个人复印了一份，大家看看。

亦菲：还有，我前几天看见《扬子晚报》上登了一对自闭症父母帮助孩子康复的故事，报纸我也带来了，大家也可以看看。看了这篇报道，我觉得自己有信心多了。

怡宁：谢谢大家。我觉得好多了。在这个小组中，你们大家给了我很多帮助。一开始参加这个小组时，我的生活中好像只有眼泪，总是觉得天下最不幸的事都让我摊上了。

工作者：现在你的感受呢？

怡宁：虽然有时仍不免沮丧，但我有了很多信心，为了孩子，我会去迎接所有的挑战。

亦菲：怡宁，你不是一个人，我们大家和你在一起。

三、分析

示例一是一个离婚女性的支持小组。工作者通过一些联结技术，协助组员进行经验的分享和情感的交流。工作者没有将工作的焦点放在组员的恨和愤怒上，而是促使组员互动以为彼此提供积极的支持。比如让他们听听别人的意见和经验，在交流体验中相互学习，并在相互的学习中获得支持性的力量。

示例二是一个自闭症儿童父母的支持性小组。在这个小组中，工作者很少参与讨论，小组组员在一种坦诚、彼此支持的状况下了解到与自己境遇相同的人的想法，在互动过程中发展出了一个支持性体系。在该体系中，组员通过经验、资源和建议的分享，感受到彼此之间相互的支持与关爱，提高了解决问题的信心和能力，形成了积极的应对态度。正是由于家长们的这些变化，使得他们能够坦然面对现实，以一种接纳的心态对待身患残疾的孩子，以正确的方法配合医生的治疗，这对孩子的成长与康复会有很大的帮助。

第四节　社会行动小组

社会工作者除了协助个体恢复和发展其社会功能外，还兼具维护经济和社会公平正义的职责。因此，在小组社会工作的过程中，不仅仅要强调个体社会功能的恢复与发展，还希望通过对个体与环境互动的觉察，关注那些引起问题的社会结构因素，并通过适当的社会行动参与问题的解决，或参与社会政策和社会规范的制定与推行，进而影响社会的变迁，维护社会资源分配的公平性。

一、特征与内容

社会行动小组源自小组社会工作发展初期的社会睦邻组织、青年服务中心、犹太人服务中心等小组社会工作模式。第二次世界大战后，社会行动小组因紧扣现实，被广泛地运用于经济、社会生活中，推动了社会的进步与发展。社会行动小组并不认同单一的工作方法，或是某一理论流派，它是接近于社区发展、社区计划的小组社会工作方法，尝试在小组中处理与社会规范和社会价值相关的问题。

社会行动小组涉及社会生活的各个方面，如防止女性就业性别歧视小组，住院病人联盟，外来务工人员权益保护小组，关注社区独居老人问题小组，呼吁在主要公共场地所修建残疾人设施小组，推动社区青少年中心回归社区小组，保护民工子女权益小组，推动建立和谐、积极社区文化小组，保护街区环境卫生小组，推动社区防治艾滋病、吸毒小组等。

一般来说，社会行动小组的特征包括：

(1) 社会行动小组强调个人的社会意识和社会责任。它一方面假设积极参与社会是个体心理健康的一种表现形式，隐含着对各种疾病的治疗，而每一个人都能够以某种形式有意义地参与主流社会；另一方面，社会行动小组认为每一个社会团体都有促使社会改变的潜能，有社会责任感的市民所组成的小组会带动整个社会的改变。

(2) 社会行动小组以小组任务为中心，不注重个人的感受，小组所需资源范围广，服务以社区层次为主，根据社区利益引发与促成社区行为。

(3) 社会行动小组的主要技巧之一是增能。工作者通过增能可以协助组员学会肯定自己，选择和使用适当的改变策略，争取更多的资源，防止自己陷入对抗和报复，帮助他们融入他们需要的其他团体和组织，使他们能在小组中或更大的社会组织中成为有能力的人。当组员了解他们的生活是受环境因素的影响，而且他们有责任也有能力改变所面临的环境时，他们就会有更多的信心投入到社会行动中。

(4) 社会行动小组工作者是一个影响者，负责培养小组组员的社会意识，提供组员积极参与社会的角色示范；工作者还是使能者，常常倡议一些改革或联结组员向社会争取一些合理的资源和权益，并充分利用自己的知识和技巧，鼓励、增强组员的行为，协助小组组员发挥他们的能力以达到小组目标；同时，工作者还是示范者，他们开放自己，投入小组，以身作则，表现出高度的社会责任心和公益心。

二、示例

【示例一】 这是一个由 7 人组成的残疾人社会行动小组，有 4 位男性组员、3 位女性组员。小组成立的主要目标是呼吁和促成在主要公共场所修建、完善残疾人设施。以下对话是第三次会期的一部分。

工作者：前面几次，我们通过小组的活动与沟通已经熟悉起来，并且大家已经明白了本次小组的目的，正新已被选为小组组长，对于下面我们要做什么，正新，你有什么想法吗？

正新：我想，我们的目标很明确，就是希望政府在修建公共设施时关注残疾人，比如主要交通要道要设有盲道，残疾人通道等。

龙力：还有，开设手语频道，让聋哑人也能看电视。

小间：不能仅仅是铺设盲道，还要铺设合理，有些地方确实铺了盲道，可是顺着盲道走下去不是撞树，就是撞电线杆，还有的盲道，顺着它走竟然能走到河里去。

家伦：对，不但要铺设合理，还不能随便占用残疾人通道，有的商场是有残疾人通道，却用来堆杂货，有的道路确有盲道，却被随意摆放的自行车所占用。

佩旋：我想，在一些主要的公共场所的卫生间还要建立残疾人专用设施。

工作者：你们说了这么多，那么具体你们预备怎么做呢？

正新：我们事先要做一个调查，把我们市残疾人设施情况做一个大概的统计，我们要用事实说话。

小间：怎么做？就我们 7 个人？大家可都不方便。

佩旋：是啊，我已经很久没有上街了。

小越：即使我们能上街，做起来效率也是很低的。

正新：可是……

工作者：也许，你们可以借助外力来帮助你们。

正新：对，我有一个堂哥，他是一所中学的校长，他们学校有一个志愿者队伍，我请他们帮忙。

家伦：这个办法好，你回去就同你堂哥商量一下，我回去设计一份调查提纲，看看要调查些什么，下次大家回来讨论。

龙力：好，我回去查市区地图，把主要的街道和主要的设施标注出来，找到调查对象。

萧小：我能做些什么吗？

【示例二】　这是一个在社区成立的社区行动小组，由9位组员组成，9位都是社区居民中的积极分子，有四位女性、五位男性。他们想成立一个小组，协助居民营造较好的居住环境，以下对话是他们第四次会期的一部分，志强已被小组选为组长。

志强：敏燕，拜托你把今天的会议记录一下，这是纸和笔。

敏燕：好的。

小林：最近社区总有小偷光顾，前天张大爷儿子的自行车就在后面的车棚里被偷了，一辆新的捷安特，600多呢。

小何：不错，社区最近很不安全，4幢302室小吴回家脱在门口的新皮鞋，15分钟后出来就不翼而飞了。

小琳：就是，现在小区就是不安全，我爸妈住在王府巷，那里前几天一下两家被偷了，从五楼楼顶下去的……

大勇：是啊，我朋友家是一个新社区，还号称高档社区呢，前天……

工作者：来，大勇，我们在讨论一些我们小区的重要议题，请大家还是把注意力放在这里。

志强：对，别跑题了，刚才小林、小何谈的是小区内的安全问题，其他人还有什么意见。

继刚：还有，附近正在拆迁，说是要建一个煤气包中转站，离我们社区不到500米，我觉得这很不安全，也有好几个居民和我谈起这事，我们是不是要仔细打听一下到底怎么回事。

如梅：是的，这个问题，我也担心，要记下来。

大勇：还有，到春天了，小区里很多去年栽的树都死掉了，是否和物管部门说一下，趁着春天再补种些树木。

成杰：这个建议很好。

志强：大家的建议都不错，但我想，凭我们几个人的想法还是有限的。我们可以在小区门口设立一个意见箱，以我们小组的名义出一个海报，请居民们把他们意见写好放入意见箱，下次我们把大家的意见收上来，再汇总、讨论，怎么样？

工作者：这样很好，看大家有什么要求，我们可以从大家提的要求选出三个居民最关心的议题，下次讨论，拿出解决的方案来。

三、分析

示例一是一个帮助残疾人弱势群体的小组。工作者用了增能的技术和组员建立一种伙伴关系，协助组员意识到他们的能力和权利，认识到自己是解决问题的主体，帮助他们学习面对困境，找到积极的处置方法。

示例二是一个社区行动中的任务小组。小组通过自己选举的组长，讨论小组的议程，进行合适的小组分工，工作者协助组长建立小组焦点，提供协助小组制度决策的技巧，支持组长的决策，以帮助小组顺利地达成它的任务和目标。

第五节　自助小组

社会工作的目的是助人自助，在用小组协助他人的同时，我们希望提升组员的自觉，在社会资源缺乏的情况下，通过自己的努力来帮助自己，提高自己的生活质量。二十世纪下半叶，自助小组开始兴起，并越来越引起人们的注目。目前，全世界活跃着无数的自助小组，这些小组帮助了数以万计的人。作为一个重要的社会力量和满足人们需求的资源，如今，在美国至少有100万到150万的自助小组。

一、特征和内容

自助小组是一群有相同问题和困难的人的志愿性结合，组员间通过彼此经验的分享，互相鼓励支持来解决共同的问题。新自助小组的产生是和一定的社会状况紧密相关的。当一个新的社会问题产生，影响了特定的人群或阶层，但又没有一定的解决方式时，人们就期待新的自助小组的产生。不仅一些新病种的诊断或者发现（如艾滋病）会引发新小组的形成，同样，某些大的社会问题（如毒品上瘾、虐待儿童和其他形式的家庭暴力、长期性的赌博、暴饮暴食、离婚给孩子带来的精神紧张、失业），以及直接影响个体的社会政治事件（如1991年的海湾战争、“911”事件）都促使了新自助小组的产生和发展。

所有的迹象都表明自助小组在全世界大部分国家形成这样一个事实。这些国家，不管他们的文化、社会、经济发展程度如何，生活方式上存在着多大的差异，它们面临的很多问题都是共同的，而自助小组对人们的帮助也是相同的。那些工业化国家，如英国，德国，荷兰，比利时以及斯堪第那维亚半岛诸国已经出现了大量的自助小组，尽管它们的总数并不比美国多。在非洲、东亚、中南美洲的第三世界国家，自助小组又表现为另一种不同的形式。这些国家的最重要社会问题是经济发展、食品供应、卫生、环境、公共健康、教育以及技术发展等问题。这些问题的紧迫性，使人们暂时还无暇顾及其他微观个人问题，如个人病患、社会适应不良等问题。但是，自助活动——通常源于当地文化、部落和地区习俗并与此相关——在这些社会中广泛开展，并且不断地被用于解决一个基本的共同问题，如保证村庄安全的水供应或者修建灌溉系统等。

自助小组是小组社会工作非常受重视一种形式，但是自助小组实质上是一个自治性质的小组。一般来说，自助小组的主要特征包括：

(1) 自助小组中没有固定的、专业的领导者，小组的组员共同承担领导小组的任务和实现小组目标的责任。

(2) 在小组运行中，社会工作者不以专业者的身份直接介入，自助者对工作者的介入也较为谨慎小心。工作者与自助小组之间的关系是间接的，仅提供间接性服务，如代理人或个案管理者，在小组成立前期帮助寻找可用的社会资源，协助小组创建，如帮助自助小组安排会址，安排或提供自助小组组员或领袖的培训；在社区中证明某自助小组的可信度，并在小组遇到问题或挫折时提供咨询，给出专业化的建议等。

(3) 组员不是以专业知识，而是靠经验性知识来解决问题，接受服务的一方不需要承担任何义务，小组有较强的凝聚力，组员能够较好地服从小组规范和期待。

(4) 组员间一般有自己的信息网络，相互间保持联系。这个支持系统帮助组员抵抗心理紧张与压力，并为他们提供改变的动力，使组员通过在小组中的相互学习和学习后的领悟，改变他们的认知和行为，改善他们的生活环境。

(5)自助小组经济上倾向于自给自足，经费来自小组自筹，主要是社会性的捐助。

此外，学者弗兰克里斯曼(Frank Richman)曾从另一个角度，总结出12个自助小组的特点[①]：

(1) 非竞争的，合作取向的。

(2) 反精英，反官僚主义。

(3) 强调内在性，有困难的人通过内心体验及自身经验获得许多相关知识。

(4) 保持每时每刻做力所能及的事的态度，也相信问题不能一下子都得到解决。

(5) 共同领导，或采用轮流领导方式。

(6) 持助人自助的态度。

(7) 了解帮助不是一种可以买卖的商品。

(8) 对改变的能力持非常乐观的态度。

(9) 以小事为起点，慢慢发展它的根基。

(10) 对职业化持批评态度。虽然自助小组经常是在一个或几个职业人士的帮助下组织起来的，但自助小组对职业化表现出来的自负、纯粹、冷淡、神秘化保持着谨慎态度。自助的人喜欢简单和非正式的形式。

(11) 强调消费者是助人关系和服务项目的出发点。

(12) 了解帮助是核心。知道如何接受帮助、如何给予帮助和如何自助。

一般来说，自助小组主要是针对一些特殊问题，如因酗酒、药瘾、体重控制、疾病等问题组成的小组。例如，在欧美盛行的酗酒者匿名小组、吸毒者匿名小组、体重监视者小组，或者一些恐惧症者小组、衰弱症病人小组、离婚者小组等，还有近年来在中国兴起的丧偶者俱乐部、抗癌俱乐部、血友会、打工者之家、同性恋的同心俱乐部等。

二、示例

【示例一】 匿名戒酒者自助小组(Alcoholics Anonymous，简称A.A.)是美国历史上最悠久，也是到目前为止拥有最多组员的，并且在美国本地和其他国家拥有最多分支的自助小组。它的成功促使了其他一大批处理上瘾问题的其他自助组织的形成，并且有力地影响了这些组织的理念和操作程序。

匿名戒酒者小组成立于1935年，是由两个长期嗜酒者发起的。他们一个是纽约的股票经纪人，一个是俄亥俄州的外科医生，两人试图戒酒多年但一直未能成功。这个股票经纪人曾经参加过一次由新教徒运动发起的精神体验小组运动，这次运动强调通过口头承诺达到自我解放，如承认自身缺陷，补偿过去对其他人所犯下的错误，并且信仰上帝。股票经纪人意识到，若要把自己从酗酒中解救出来，他必须将相同的信息和项目传达给其他酗酒者，而自己也要从其他酗酒者那里得到支持。于是，他和外科医生开始和其他酗酒者一起在一家医院从事这项事业。1935年底，第一个A. A.小组成立。随着A. A.基本理念的传播，类似的小组也出现在其他城市。1938年，由小组两个创始人编写的名为A. A.的书出版，同时，同名的独立的社会组织成立，将这些分散在各城市的小组联合起来。

酗酒者的无助和绝望是两个创始人创建自我救赎的自助小组的动力来源；他们走到了人生的最低谷，依靠自己无法戒除酒瘾，而"专业"救助又提供不了答案。在什么办法都没有的情

① Charles Zastrow. Social Work with Group(4th). Nelson-Hall Publishers, Chicago, 1997.

况下，他们只有走到一起，相互扶持并相互帮助。A. A.这本书记录了许多处于谷底人的心情。一位长期嗜酒者生动地描绘了自己所处的类似境地：

“我丧失了所有的尊严。我甚至不敢直接看任何人的脸。……我不能自拔，但我从中又得到了什么呢……我的妻子从来没有从中得到一条裙子或一双鞋子……你知道，我们每个人都一样，我们都随着惯性走着，但是自从我参加了戒酒自助小组，事情都变了。”

A. A.的创始人很想找到一种有关心理变化的指南来指引小组组员，于是，他们创立了12步骤法。这12步骤是酗酒者在戒酒过程中所要经过的具有顺序的一系列步骤。后来，许多以A. A.为典范的小组都借鉴了这个步骤，只是在使用时做了些微调。12步骤如下：

(1) 我们必须承认，我们对于酒精无能为力，所以我们自己无法掌控自己的命运。

(2) 我们逐渐意识到，一种比我们自身伟大的力量可以使我们神智清楚。

(3) 因为我们理解上帝，所以我们应该作出决定把我们的意志和生命交给上帝。

(4) 想一想，让我们勇敢的看看我们到底做了哪些有道德哪些没有道德的事情。

(5) 向上帝、自己、其他人承认，我们所犯错误的本质。

(6) 准备好让上帝带走自己性格上的缺陷。

(7) 谦虚地让上帝带走自己的所有缺点。

(8) 列下所有我们伤害过的人，并愿意对他们进行补偿。

(9) 在任何地点，只要有可能，就要对上述人做出直接补偿，除非做出补偿时我们会伤害其他人。

(10) 继续列出自己的清单，当自己有错误时，及时承认错误。

(11) 因为我们理解上帝，所以我们要通过深思和祈祷，祈求明白上帝的意志，祈求自己获得力量来履行上帝的意志，以此来增加和上帝有意识的接触。

(12) 经历了这些步骤后，我们精神上保持了清醒，同时我们应该把这些信息带给酗酒者，并且在以后的生活中贯彻这些原则。

在其他人的帮助下，通过聚会，通过阅读书籍和其他有关A. A.的材料，所有新的组员都被要求接受这些步骤而且按照自己的脚步体验这些步骤。组员对这些步骤的体验没有时间限制和计划限制，他们有可能会花好几年来完成这些步骤，当然了，如果他们中止或者退出，这也是可以理解和接受的。

【示例二】 南京有一个丧偶俱乐部，已经成立十年，会员数达5 000人，由一位退休丧偶的女教师成立。他们定期举行活动，组员间定期联络，该俱乐部为丧偶者提供了一个倾诉自己情绪和感受的地方。那些痛失配偶的人在那里相互倾诉，宣泄自己失去亲人后的痛苦，分享他们失去亲人后面对的生活困难，如生活的孤寂、经济上的压力、缺少可以寻求帮助的朋友、亲人的不理解等，在这个小组中大家相互安慰、相互接纳、相互支持，在接受他人帮助的同时也给予他人帮助。很多丧偶者在这里治愈了失去亲人后的创伤，相扶着走过了一段痛苦的岁月，重新开始了新的生活。

【示例三】 以台湾地区国泰医院的“开心”小组为例。这是一个由进行过和需要进行心脏手术的患者及其家属所组成的小组，主要以对手术的适应性和情绪支持为目标。小组是由医院的社会工作部帮助成立的，医院社会工作部会对小组进行适时指导。心脏手术的危险性比较高，病人和家属都会有一定程度上的顾虑，而这又会影响到治疗的效果。每当这时，自助小组的组员，特别是已经成功进行手术的患者，就会来到他们身边“现身说法”。当然，这些病人先前都会经过一定程度的培训。他们自己设计活动流程，如面对拒绝接受手术且不愿与人交流的病患，采取“洋娃娃”法，用洋娃娃来扮演一个需要进行手术的病人，把信息通过“过家家”的方法传递给病友。对面对有诸多问题，且对医生不信任的患者，可以通过他们自制的“心脏图解”，帮助患者了解手术过程和疾病的发展态势。

我们在本节介绍了五种小组类型，帮助我们理解了小组的内容和特质，但在具体操作过程中，这几种类型并不是完全割裂的，而只是一个相对的概念。不同的小组类型之间有很多的交叉和重合，一个类型的小组同时也具有其他小组类型的特征和内容，一类小组中的方法和技术也会运用到其他类型的小组中，这些并不矛盾。小组社会工作者最终不是根据小组的类型，而是根据小组的目标、组员的特性与需求来决定所使用的理论与技术。

第四章 小组系统的要素

小组社会工作中的结构元素，并不是指建筑、桌椅、沙发之类的东西，而是用来描述小组过程诸事件的分析工具。

——林万亿，1997

小组社会工作的分析工具存在于小组本身，如何描述小组，直接涉及工作者工作时的方案设计和行为介入。以系统论为基础，分析小组时将小组看成一个系统，需要考虑：(1)小组作为一个系统是由各部分组成的，那么组成小组的各部分是什么？(2)一个有机体内各部分之间相互作用，因相互作用而形成各种关系，那么小组中的各部分是如何相互作用的？作用之后，它们之间又形成了哪些关系？(3)各部分相互作用后形成整体，整体会产生新的效应，新效应大于各部分简单累加之和，那么小组各部分相互作用后形成的新效应是什么？(4)各部分相互作用后，以一种相对稳定的形式存在下来就构成了整体的结构，结构与功能相连，那么小组目前的结构是什么？它能产生什么样的功能？(5)整体是一个有机体，它与周围环境不断地进行着物质和能量的交换，从而使整体处于不断发展的过程中，那么小组与周围环境之间的关系是怎样的？小组从周围环境中获得了哪些输入？又输出了什么？它们又是如何促使小组向前发展的？回答了这些问题，就找到了小组的独特属性及小组发展所遵循的独特的行为模式，为小组社会工作者和组员了解小组创造了条件。

依这样的系统观点，首先，需要弄清小组的组成要素。小组系统的组成要素包括小组组员、工作者、作为整体的小组、小组环境，如图 4－1 所示。本章将分别详细地加以介绍。

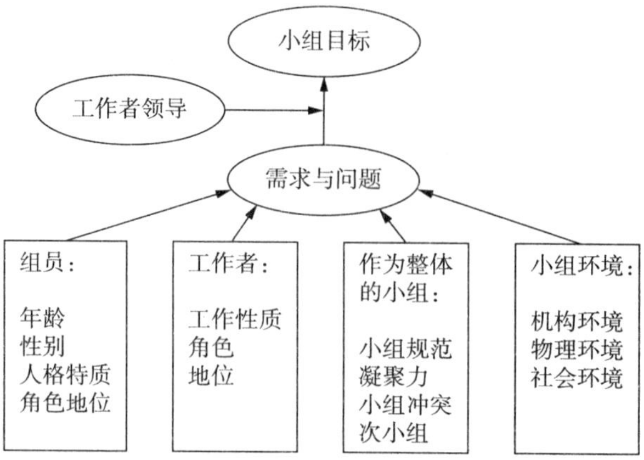

图 4－1　小组要素示意图

第一节　小组组员

个人只有进入小组，与小组中其他人产生互动，才能获得小组组员的身份，成为小组的构成要素。进入小组的组员，是一个生理、心理、社会和精神的实体，他(她)带进小组的包括他(她)的过去、现在和未来，内含一组与生理特征、家庭历史、价值观、支持系统、防卫机制、应对环境压力的方法等相关的个体动力系统。① 在进入小组前，组员已有的并能影响小组进程的特质有年龄因素、性别因素、人格特质，而这些又影响了组员进入小组后的行为、角色与地位。

一、年龄因素

发展心理学认为每一个人的成长都大概依循一个近乎相等的发展脉络，无论在体能和心智上都很难超越这一脉络的范围，而每一个范围都有它的特点，所以每一个年龄阶段都有适合他的小组社会工作模式。

潘正德教授曾指出：人与人之间的互动距离随着年龄的增长而加大；互动品质方面随着年龄增长，愈倾向于以某种固定形式去接触某一类人；而互动形式的复杂程度，彼此交往的数量、对小组的敏感度也会随着年龄增长而逐渐增加。② 所以，幼儿期的孩子专注于自我，环境的影响力较弱，注意力集中的时间较短，不太具备开展小组社会工作的条件；四、五岁左右的儿童，虽仍有强烈的自我中心倾向，但已经有了朋辈意识，也试图发展与他人的关系，可以参与低层次的小组游戏和其他社会活动；对一个九、十岁左右孩子来说，已有了归属感的追求和与他人分享的能力，并且对于获得与给予，权力的运用有了初步的了解，参与一些成长性、教育性的小组是可能的，但去参与一个治疗性小组，效果也许不会太好；对于青春期的青少年，他们开始脱离父母，走向独立，但又不能完全独立，因此有着相似的不安、困惑和对未来角色的不确定感。这些不确定感促使他们必须去寻求资源来支持自己，他们已经有了固定的小组经验，完全可以通过涉入更多的社会性小组关系中来发展自己健全的人格，尝试各种各样的新行为；进入成年后，紧密性的小组生活需求达到顶点，他们需要在小组中找到自己的存在感和成就感，各种各样小组经验的获得已经成为他们生活的一部分；进入老年期，退出职场后，面对人生的暮年和社会角色的失落，老年人对小组内人际关系有着独特的需求。因此，小组成立时，就需要考虑小组组员的这些年龄特征，根据不同年龄阶段的发展特点设计不同类型的小组。

另外，人是被社会环境塑造的。人在不同的年龄阶段，除了生理与心理的差别外，还涉及认知和经验的不同，不同年龄阶段的人有不同时代和文化的烙印，这在小组社会工作中也是要考虑的因素。由于现代社会变迁的速度非常快，因年龄不同而带来的差异越来越明显，并且有明显差异的年龄跨度也越来越小。例如，一个离婚女性支持小组中，有组员出生于20世纪50年代，有组员出生于20世纪80年代，在小组中这样年龄差异的组合显然是不合适的。出生于20世纪50年代的人经历过“文化大革命”，有着“上山下乡”的经历；出生于20世纪80年代的人是改革开放后成长起来的“新新人类”。因此，分别于50年代和80年代出生的离婚女性，她

---

① Kenneth E.Reid，刘晓春、张意真译. 社会团体工作. 扬智文化事业股份公司，1987.

② 潘正德. 团体动力学. 台湾心理出版社，1997.

们的生活经历和人生体验差异太大，婚恋观也完全不一样，在一个小组中观念、行为的差异太大，小组内互动起来会有很多的障碍。

二、性别因素

性别是一个复杂的概念，不仅仅包含着性器官、第二性征等生物性的特征，还包含着主观上的性别认同和角色期待。这些性别认同和角色期待是人与环境互动的结果，家庭和社会文化在其中起着重要的作用。如我们的文化中通常将男性模塑为控制的、坚强的、有能力的、理性的，家里“挣面包”的人，而女性则被塑造为温柔的、感性的、被动的、依赖的、需要被保护的，家庭的照顾者，这样的角色期待也影响了组员在小组中的认知与行为。泰勒和斯塔思博格(Taylor & Strassberg，1987)曾经做过一项有关不同性别小组对小组凝聚力与人际关系学习影响的实验，研究结果证明：全部是女性组成的小组，有高度的凝聚力表现，拥有愉悦的小组气氛，组员的参与率高，且能体会到小组经验的价值，在所指定的人际关系学习方面，她们只花很少的时间便能完成；全部是男性组成的小组，完成任务很努力且相当的持久，但是小组气氛较为低沉；男女混合组成的小组的特征则是高凝聚力、高参与感和高任务导向。[①] 所以，在组成小组时，组员的性别特征也是工作者需要考虑的因素。如果要将小组凝聚力和人际关系的学习提升到最高点，那么男女混合组成的小组对个人的成长、任务的完成而言，应是较为合适的模式；而有些需要有性别意识的小组，如家庭暴力施暴者治疗小组、青少年身心发展小组、被性侵者创伤恢复小组、单亲母亲支持小组等治疗和支持性小组，选择单一性别组合则较为适宜。

三、人格特质

组员特质中影响小组的关键因素在人格。人格是个体的内在需求与外在环境妥协后的结果，也是个人发展中生理、心理和社会环境互动的结果。早期的童年经验、不同成长阶段的人生体验等都会对个体的人格形成产生重要影响。

人格结构构成了一个人强大的自我。自我产生一种力量，能使个体对于环境的作用产生相应的认知、情绪和行为反应。缅恩(Mann，1959)曾提及，考察小组中个人人格特质应考虑五个特性：(1)人际取向；(2)社会敏感度；(3)优越感；(4)可依赖性；(5)情绪稳定程度。[②] 当个体带着这些特质进入小组时，因这些特质所表现出来的态度和行为，如他的自我价值、人际关系的品质、防卫机制、应对环境压力的能力将直接影响他们与小组中他人的互动，对小组的动力产生影响。工作者需要了解组员这些人格特质指标的强弱程度，一方面强调他们现在的生活状态，另一方面也同时强调他们想要拥有的生活状态，并且观察和分析这些人格特质对他自己和其他人行为造成的影响，并把他们拥有的这些特质视为小组过程中可用的资源。

四、角色与地位

除了带进小组中组员本身的特质外，组员在小组中还扮演着一定的角色。通过角色的扮演，清楚地界定出组员在小组中的身份、地位、权利和义务，使组员对自己和他人的行为产生相

---

① 李郁文. 团体动力学：群体动力的理论、实务与研究. 桂冠图书股份有限公司，2002.

② 林万亿. 团体工作. 台湾三民书局，1995.

应的预期。组员在小组中的基本角色包括：(1)受助者：组员是带着问题来到小组的，他们有个体的目标，并希望通过小组的运作达到个体的目标。从这个角度看，个体是小组中的受助者，是案主，处于小组中被协助的位置。因这个角色而产生的最重要行为就是参与。小组组员越是投入、开放，小组的功效越好，组员从小组中获得的就越多。如果一个组员拒绝与他人互动，拒绝分享他的经验，探讨他的个人问题，他就不是一个真正意义上的小组组员；(2)协助者：这是与受助者角色相对应的角色。小组成长的真正资源来源于小组组员，组员通过倾听、分享、回馈、参与活动等行为，提供选择性的建议或可能的信息和资源，协助解决小组中他人和小组本身的问题。协助者角色的实施达到的是互惠和互助的目的，小组组员在协助他人的同时，也因自己对小组的贡献而感到自己的价值；(3)自决者：小组社会工作者相信每个人都有成长和改变的能力，小组过程依赖的是组员个人的决定和能力。小组提供了一个环境以协助个人的成长与改变，但事实上只有组员自己知道如何做才是建设性的，也就是最后的决定权在于组员自身，是否参与，如何参与，他们是最后的自决者。

除了这些基本的角色外，按照考尔克(Vander Kolk，1985)的研究，还可以将组员在小组中的角色分为以下三大类：小组任务角色、小组激发与维持角色、反小组角色。这些角色的分类和总结有助于工作者对组员的了解及对小组结构的把握，所以我们以表格的形式分列如下①：

(一) 小组任务角色

这一类的小组角色通常又被称为“小组促进者角色”，主要在于促进、协调问题解决及目标达成。通常会以下面的几种角色呈现出来，见表4-1。

表4-1　小组任务角色分类及行为描述

角　色	行为描述
1. 发起者	激励小组，用一些新的思想、新的思维方式去看事情，或者以具体行动朝向目标
2. 信息寻求者或意见寻求者	希望从小组获得必要资料或信息
3. 信息提供者或意见提供者	针对信息和意见寻求者，提供资料或信息
4. 精心策划者	针对小组的主题，能够给予详尽的解释、举例、建议及提出合理的说明，协助小组的计划或思想得以顺利完成
5. 协调者	能站在现实基础上，为小组考虑事情；能将思想与实际相连，避免毫无目的的漫谈而掉进不实际的讨论中；能把小组的思想拉在一起以及协助小组组织相关的活动
6. 指引者	能阐释正确的目标和方向；能总结小组已完成的事项并指引沿既定方向前进

① 李郁文. 团体动力学：群体动力的理论、实务与研究. 桂冠图书股份有限公司，2002.

续表

角　色	行为描述
7. 评估者	能描述小组已完成的事务并指出其利弊；能评估小组的过程、建议、相关讨论的有用性及合理性
8. 技术辅助人员	能执行小组过程中一般性的技术性或辅助性工作，如座椅的安排、设备的调试、讲义的打印和准备等
9. 记录者	负责记下小组的决议计划、建议等

（二）小组激发与维持角色

这一类小组角色又被称为"小组建构者角色"，主要功能在于协助建立积极、友好的人际关系以及帮助小组成员达成共识。通常会以下面的几种角色呈现出来，见表 4－2。

表 4－2　小组激发与维持角色分类及行为描述

角　色	行为描述
1. 鼓励者	能以赞美、同意、激励等方式接纳组员的意见，为小组带来好的感受和安全感
2. 调和者	尝试去调解冲突和紧张，让小组能保持和谐而不分裂
3. 妥协者	愿意试着去寻求可以为组员们所接受的其他选择，让小组的问题得以顺利解决
4. 协助完成者或守门者	协助建立小组规范，且以身作则；促使每位组员积极地参与，或者建议每位组员在力所能及的范围内对小组有所贡献，其扮演的角色类似于领导者的助理或仲裁者
5. 标准设定者	协助小组过程和小组目标使其达到一个能被其他人所接受的标准；能为小组规范和小组目标设定一个较高的标准；能评估互动的优劣
6. 小组观察者或评论者	很注意小组的过程，能以描述性的、解释性的或评判性的方式将所观察到的加以描述和分享
7. 跟随者	一位友善的观察者，不论小组做什么，有任何的需要，都会亦步亦趋地跟着走。他的表现往往是很安静的，但也有可能自己获得较少

（三）反小组角色

这一类的小组角色又被称之为"小组破坏者角色"。承担这些角色的人，在小组中往往只强调个人的需求，而不注重小组的需要，通过这些自恋或毫无同理的行为，表达的只是他们个人的利益和需要。这类角色往往会抑制小组的进步和个人的成长。通常会以下面的几种角色呈现出来，见表 4－3。

表 4-3　反小组角色分类及行为描述

角　色	行为描述
1. 攻击者	会频繁地不同意别人的思想和讨论的结果；会不赞同别人的行为、感受及价值观；同时也会强加自己的信念或做事的方法在别人身上。这些人往往会是嫉妒的、没有安全感的、需要他人关注的
2. 阻碍者	对于某些该做或不该做的事，都表现得倔强固执；对全体希望的事往往会执意反对。这种反抗的心理将会阻碍小组的进步
3. 寻求认可者	会自吹自擂，或者做一些其他行为来吸引小组或他人的注意
4. 自我表白者	会透露一些与小组当下的状况无关的感受或内心看法。属于个人内心的一些表达，却会因此转移小组的注意力
5. 自由随意者	对小组的态度是满不在乎的或冷嘲热讽的；在小组中玩些恶作剧，或者做些无意参与的行为，这些行为会破坏小组的凝聚力
6. 强势支配者	尝试去操控别人服从他的权威，使用的手法包括：打断别人的谈话、逢迎谄媚、坚持自己的地位权势，或者给别人指示、引导等
7. 求救者	会以极度个人的问题、困惑和无能来博取小组的同情，以吸引别人的注意来强化依赖别人的行为
8. 高傲自大者	显示自己永远都是对的，而别人都是错的。在任何道德事件上，他都是至高无上的权威；不会在意是否被别人所喜欢，但是就道德上的公正廉洁必须是受到尊敬的，会把自己的道德标准强加在别人身上。这类人在起初会是安静的，接下来会在毫不让步或绝不承认错误的情况下，持续不断地维护自己的立场
9. 毛遂自荐者	这一类型的人可以说是高傲自大者的改良型，他们只做他们自认为是对的。一般来说，他们对别人会是有帮助的、仁慈的且是明白事理的。他们不会强加所谓的“好”行为在别人身上，只是希望能从别人那里得到“接纳”
10. 告密者	这类角色比较容易发生在小组之外的组员互动中。往往告密者会将某些组员在小组之外的行为、信息告知其他的组员，这种告密行为的目的在于提升某人的地位，且借此希望被其他人所接纳，但有时也会是一种报复的行为
11. 使坏者	利用操控手法，通常是以较狡猾的企图来控制别人，好促使别人趋向他；或者假装是脆弱的，让人接近
12. 敌对的或愤怒的组员	这种类型的角色乃是以胁迫的方式来操控别人。一般来说，戏弄取笑、挖苦讽刺都是这种敌对的外在有形记号

续表

角　色	行为描述
13. 垄断独占者	一开口就滔滔不绝地谈论几乎是与小组目标毫无关系的经验、思想和信息，或以说故事的方式呈现他们读过的资料及跟个人生活有关的经验，一件件，描述得非常仔细清楚。这种人的口才也较好，一开始小组组员还有兴趣，但长此以往，经过几次会期之后，小组成员会开始受不了，就会有竞争、长期缺席及中途退出等情况发生
14. 退缩的、不参与及安静的组员	与垄断独占者完全相对，在小组中表现出退缩、不介入，还厌恶别人的注意和关注

角色与地位是相连的，承担什么样的角色就会享有什么样的地位。组员在小组中地位的获得是社会学定义中的后致地位，即小组组员在进入小组之前的身份地位并不能带入小组，进入小组后，通过与其他人的互动获得在小组中的地位。一个组员地位的获得，需要通过他的角色扮演来获取，如与其他组员建立的关系，展现的人格魅力，提供给小组的资源和解决问题的能力等。组员在小组中的地位决定了他对其他组员的影响程度及其责任，也决定了他的自我评价。小组组员在小组中获得的地位不是一成不变的，它也会随着小组进程的改变而改变。

第二节　工作者

不论是哪种类型的小组社会工作，都是由工作者协助组成，或小组的进程由工作者协助引导，所以工作者又被称为小组的领导者。领导者对小组的影响，被认为是小组结构中最重要的一部分。

一、行为性质

领导者在小组中的行为不是普通的人类行为，而是一种专业行为，所以小组社会工作者一般应具有社会工作的专业背景，包括拥有社会工作的专业价值体系，经过社会工作的专业培训等。同时，为很好地履行领导者的专业行为，小组的领导者必须具备一些特质。一个具有人格魅力的小组领导者是小组的积极力量，这种力量能提升组员的期望，也能赋予小组领导者的权力以更高的权威性。美国俄亥俄州立大学的一项研究指出，作为小组社会工作的领导者必须具备这样的特质：考虑周到、引发结构、强调任务性和感受敏锐。斯特格第尔（Stogdill）于1970年回顾了173个研究后发现，领导者与追随者的主要差别就在于他具有较高的成就动机、适应力、精力、责任感、自信和社交能力①，而这些，无疑也是作为一个优秀的小组领导者所需具备的基本素质。

在小组中，工作者对小组的领导可以分为两大类：一类是关系性领导，如引发小组组员间的交流与互动、增加小组中正发生的交流和互动的质与量、解决冲突、保护个人免受小组其他

① 何长珠. 心理团体的理论与实践. 台湾五南图书出版公司，1997.

组员的伤害等；一类是任务性领导，包括协助制定小组目标和小组规范、把小组动力引向小组目标、在小组内与小组外环境间进行联结、促发小组与环境进行物质和能量的交换、保证小组规范的实施、整合小组的资源等。

二、工作者的角色

为完成领导小组的任务，工作者需要承担一定的角色。在小组中，工作者的角色是领导者人格和小组需要的结合物，这里我们介绍几种主要的领导者角色：

1. 引导者：如果没有目标和方向，小组不可能达成任何成效。工作者引导小组的产生及小组的过程，并在动力形成后，引导小组朝向目标。作为引导者，工作者需要不断地澄清小组目标，指明小组的方向。但是引导不是强制或过度的干预，那样，将会减少组员的自决和小组本身动力的形成。

2. 促进者：小组的动力不会自发地产生，工作者需要对小组中发生的事件做出及时的反应，培育出小组中信任、温暖的气氛和组员间朝向小组目标的正向互动行为。当然，需要注意的是工作者只是促进者，不是替代者，过度依赖工作者的促进可能会使小组组员缺乏主动性，使小组失去活力。

3. 调解者：小组组员来自不同背景，每个人都有自己的独特性，有自己在小组中的目标，因此，他们难免在小组中出现矛盾与冲突，而工作者需要适时地进行调解，促使小组顺利地发展。当然，如果小组的动力已经发展成熟，能够依靠自己的能力解决矛盾和冲突，工作者是不需要介入的。

4. 代理人：代理人的角色在小组内外同时存在。在小组内，工作者作为机构的代理人提供小组组员所需的资源和信息；在小组外，作为小组组员的代理人与其他机构、组织或小组沟通协调，争取组员所需的资源和信息。

5. 评估者：不仅在小组结束时，在小组过程的任何一个阶段，工作者都是一个评估者，需要评估组员的需求、在小组中的成长与改变、小组进程的快慢、小组目标达成的程度等，并根据评估及时总结工作的得失，决定介入的行为。

三、工作者的地位

小组社会工作者的角色行为深深地影响着小组的过程。通常，角色决定地位，在小组中，工作者不是旁观者，而是一位参与者，更是一位领导者，是对组员和小组性格具有影响力的人，是一位特权者。但有特权并不证明他是专家，在某种意义上，他只是一位通过专业判断提供服务的服务者。任何小组社会工作者的行为都属专业行为，他在任何情况下都不能因小组而获益，只能与组员分享小组成果。

工作者的地位会因团体发展阶段的不同而不同。在小组的初期，小组刚刚形成，工作者需要澄清小组目标，协助组员订立小组契约，引发组员间的互动，营造小组气氛，此时的工作者处于小组的中心位置；小组进入转换期，小组逐渐从一个虚体向实体过渡，小组的动力逐步形成，工作者开始逐步偏离中心位置，退让一部分角色，向边缘转移；到小组工作期，小组动力形成并且逐步成熟，组员间的相互作用顺畅，小组开始进入自我引导、自我发展的阶段，工作者此时只是资源的提供者，他的位置已经退到边缘；最后，进入结束期，小组的凝聚力下降，结构松散，工作者需要处理组员的分离情绪，评估小组的成效，进行转介等，因此重又回到了中心位置。如

图 4－2 和图 4－3 所示，两图清晰地呈现出小组过程是一个社会工作者地位不断变化，且帮助组员不断增能的过程。

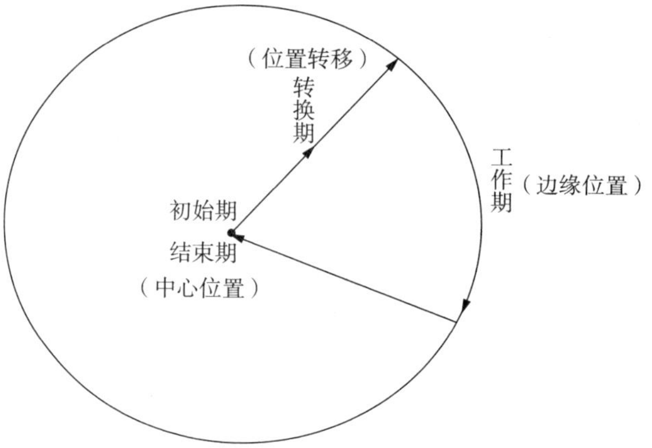

图 4－2　工作者在小组中的地位变化示意图

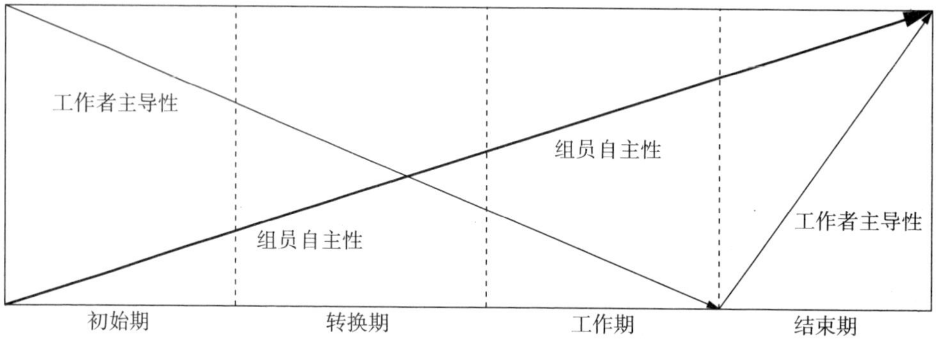

图 4－3　小组过程与工作者行为的关系

第三节　作为整体的小组

小组是小组系统的组成要素这句话该如何理解？从整体论和系统论的观点来看，小组是一个整体，它由各要素组成，各要素相互作用使整体产生新的效应，产生新效应的小组又会对以后的小组发展产生影响，从这个角度来看，小组就成了小组系统中的一个要素。它是小组组员互动的结果，它的形成又进一步影响小组组员的互动，即部分的改变引发整体的改变，整体的改变又引发部分的改变，是一个相互作用、相互影响的过程。

一、小组规范

任何小组，一旦组员发生互动后，很快就会建立起自己协调和管理行为的准则，一旦这些准则获得小组组员的认可，就会成为小组的规范。小组的规范有三类：(1)秩序性规范：界定组员间互动的准则，避免组员有超出规范的行为；(2)角色规范：界定组员因固定角色而产生的行为期待；(3)文化规范：澄清小组的限制和界限，表达小组的信念、态度和价值。小组的规范是一种有形的力量，它界定了小组行为表现的可容忍度，规范和稳定了组员的行为，增加了他们彼此间的行为期待，对目标的达成和小组的运作非常重要。小组可以通过规范去淘汰那些不合要求的组员，并对不符合小组期待的行为产生压力，促使其改变。小组规范一般在组员违规时才会凸显出来。有效能的小组社会工作者一个很重要的职责就是促成和管理小组的规范。小组的规范不能太严，那样会给组员造成太大的压力，使小组僵化，影响组员主动性、积极性的发挥。当然，小组的规范也不能太松，太松的规范起不到约束作用，对小组也就形不成促进作用。

二、凝聚力

凝聚力是组员之间或组员与小组之间的认同与归属，它产生于组员就小组目标和行为达成的共识。凝聚力不仅表现为认知的共识，还表现在行为上的一致。对于个人来讲，凝聚力像一张安全网，在充满凝聚力的小组中，组员感到温暖、安全，使他可以开放自己、表达自己，参与到小组中去，达成个体目标的实现；对于小组来讲，一个小组的凝聚力越强，组员对小组的归属感就越强，就越能意识到自己是小组的一部分，组员之间也越能产生信任和相互依赖，进而愿意帮助他人，为小组目标的实现做出自己的努力。

根据阿夫拉汉姆·列维(Avraham levy)的研究，具有凝聚力的小组有以下特征：(1)守纪律，准时出席；(2)组员感到自己属于小组；(3)组员对“我们”的情感表达提高；(4)组员关系为接纳、相互依赖般的亲密；(5)组员对小组的参与度高；(6)组员用语言表达出自己对作为组员和对小组的满意；(7)小组氛围以自发性、非正式的自我暴露为特征；(8)小组规范形成且有同心同德的压力；(9)有一个自己的仪式系统。①

影响小组凝聚力形成的要素包括：(1)组员对小组目标认同和期待的程度；(2)组员参加小组意愿的强度；(3)小组满足组员需要的程度；(4)小组领导者个人的魅力；(5)小组人际关系吸引力的程度。因此，小组组员加入小组的愿望越强烈，对小组目标越认同，工作者的个人魅力、小组人际关系的吸引力越强，小组越能满足组员的需要，小组的凝聚力就越强。

小组社会工作者的职责之一就是促成小组凝聚力的产生。但凝聚力与规范一样也要适度。凝聚力太弱，小组就像一盘散沙，无法形成信任、温暖的人际氛围，也无法带领小组朝向个人或整体的目标；但如果小组的凝聚力过强，也会导致组员依赖小组，失去个体的独立性，某些组员可能因为害怕被小组排斥或无法获得小组的认同而产生焦虑，最终屈从小组的压力，无法表达自己的意见。在与小组外环境互动时，过强凝聚力导致过度的组内认同，会拒绝、排斥来自小组外有益的信息和资源，也会对小组的发展产生不利的影响。

三、小组冲突

冲突是组员之间以及组员与工作者间需要、目标或价值观不一致的产物，它是任何一个小组都无法避免的，是小组的普遍现象，冲突在小组中无时不在、无处不在。一般地，冲突使组员和工作者关系紧张，小组分裂，达到目标的效率低下，具有破坏性的一面。但冲突也有有价值的一面，因为没有冲突就没有发展，冲突在形成了破坏作用的同时，也带来了发展的契机。一

① Helen Northen .Social Work with Groups. Columbia University Press, New York, 1988.

个小组是否成熟，不是看它是不是有冲突，而是看它有没有发展出解决冲突的能力。

冲突按照与小组目标达成间的关系，可分成秩序性的冲突、情感性的冲突和权力性的冲突。秩序性的冲突围绕小组目标达成，表达上以理性为基础，如因在小组方案的设计、规范的执行上出现分歧而产生的冲突；情感上的冲突是因组员性格、行为、情绪不协调而产生的冲突，表达上以感性为基础，如组员甲不喜欢组员乙说话的方式、组员丁觉得组员丙不够真诚等；权力上的冲突是组员因争夺小组中的地位与权力而产生的冲突，是一种相对隐藏较深的冲突，如小组中争夺领导权的斗争，因地位不同而引发的利益争执等。

冲突解决得好对小组的发展有着积极的影响，工作者的主要任务之一就是协助组员解决小组内的矛盾与冲突，促使它向建设性的方向发展。解决冲突必须考虑冲突的性质、成因和演变，并配合小组氛围制定适当的介入策略：(1)弄明白小组冲突的性质。即谁引发了冲突？为什么？冲突指向谁？怎样引起冲突？冲突已发展到什么程度？(2)确定是否干预。工作者应相信解决冲突的最佳方法来自小组本身，解决冲突的主体是小组组员而不是工作者。对于那些偶发性的冲突或小组依据自己的能力就能解决的冲突，工作者不必急着干预；对那些小组依靠自身的能力已无法解决或如不及时干预便会对小组造成伤害的冲突，工作者才要及时干预，但要记住，解决的主体仍然是小组组员；(3)依据冲突的不同类型，制定不同的干预策略。如对秩序性的冲突，要防止此类冲突演变成情绪性的冲突，并建立理性的问题解决渠道疏解冲突；对情绪性的冲突则要尽量控制及减弱其扩散力，并通过激发组员间正面的情绪以对抗已有的冲突；对于权利性的冲突则需要小组社会工作者运用自身的权威平衡各方的权力需求，确保每个人都有同等机会参与分享小组的权力；(4)检验和跟进。需要注意的是，中国人的人际哲学强调的是和谐，因此在人际交往中特别强调中庸、节制、“和为贵”，希望尽可能避免冲突，也倾向于为集体利益忽略个体的表达。因此，一般而言，小组中冲突的隐蔽性较大，表现得也不直接，所以介入后的检验和跟进就显得尤其重要，以便确定冲突发生的真正原因和实质，评估已有介入方法的有效性。

四、次小组

次小组是小组内部因共同的需要和目标而形成的联盟，它是一种特殊的人际结构。在整个小组过程中，几乎每一个阶段都可能形成次小组。形成次小组的原因包括：(1)组员的相似性：外貌、情绪、性格、价值观、教育程度、地域上的相似性等，使组员很自然地联结起来而逐渐形成次小组；(2)小组规模的大小：太大的小组规模，小组组员互动起来有困难，自然地和自己接触较多的组员结成次小组；(3)组员的不一致性：当小组中出现观点、情绪、利益、成长程度不一致的组员时，为了寻求支持或期待产生联结而形成次小组。

次小组的产生对小组社会工作者、小组组员和整个小组都有影响。显然，次小组的产生有负面影响，次小组的组员可能对非本联盟的组员产生排斥性，尤其当次小组的目标与小组的目标不一致的时候，组员因为忠诚于次小组的目标而背离小组的目标，导致小组凝聚力降低。不过，次小组也有正功能，次小组提供个别的、特定的需求满足组员，可弥补小组过大而产生的疏离。在小组初期，次小组的形成有利于组员解除焦虑，提供给他们一种安全感。在中期，因为分工而形成的次小组，如果次小组的目标不与小组的目标冲突，并不一定给小组带来负面的影响。另外，次小组的存在，按照密尔森(Milson)的研究，也给工作者敲响了一个警钟，它显示：(1)小组太大而不能满足面对面的互动需求；(2)小组不能对大多数人的利益有所反应；(3)小组无法满足组员的需求；(4)出现了替代性满足方式；(5)尚未形成以小组为中心的认同。① 这些都是工作者应该警醒和改善的。

第四节 环境

以系统的观点看，小组作为一个系统是有边界的，有界线将小组与外在的环境区别开，使得内外有别；但作为一个系统，小组的界线也是有弹性的、开放的，小组需要从环境中输入物质和能量，并且用它调整内部行为，然后再通过一定的回馈机制将系统的物质和能量输出，这是一个持续互动、循环反复的过程。因此，小组的环境对小组有重要的影响。这里，我们主要介绍对小组产生重要影响的机构环境、物理环境和人文环境。

一、机构环境

小组社会工作是由社会工作者引导完成的，而任何社会工作者背后都会有机构的背景，机构通过工作者对整个小组社会工作产生重要影响。

1. 从某种意义上来说，小组的目标是工作者与机构互动的结果。如"机构决定提供一项小组服务，以帮助高龄且患病老人家庭的照顾者更好地完成照顾任务"或"青少年活动中心准备成立一个青少年自我认知小组"，这时是机构成立小组，分配工作者去带领小组，小组完成的目标由机构掌握。即使是工作者运作成立的小组，工作者制定的小组方案必须被机构认同和接受后，才能获得机构的支持，进而获得成立小组所需要的经费、场地、设施、同事的配合等。机构接受小组的前提是工作者提供的小组目标与机构的目标与宗旨一致，并且方案的实施具有可行性。如有必要，机构会根据自己的需要，对工作者的方案进行修正。所以，了解机构的宗旨、策略和资源情况能够有助于工作者更好地界定小组目标，设计小组方案，并联结到更多的资源。

2. 机构提供的是自愿性还是非自愿性服务对小组的影响很大。如果参加小组的组员是非自愿性的，如监狱、戒毒所、精神疾病治疗机构成立的非自愿性小组，工作者就需要花很长时间澄清小组目标，讨论组员的反应，寻找一起工作的基础，而组员在小组中的冷漠、抗拒和挫折都可能对小组的成效造成影响。

3. 在小组社会工作的执行过程中，机构的支持非常重要。这种支持包括两方面，一方面，机构给予小组必要的资源支持，如与机构内同事的合作，督导的支持、为小组提供必要的设备和设施等；另一方面，机构提供给小组行政支持，帮助小组获得小组以外更大的社会环境的支持，如与政府有关部门、其他机构或社区沟通协调，帮助小组排除障碍，获得所需资源等。

4. 机构影响小组服务的理念、方向和技术。大多数机构倾向于某些特定的理念、理论与技术，这些不露痕迹地体现在服务理念、理论取向、服务方式、工作者的使用、接案假设，甚至记录格式的设计中。如工作者所在的机构偏向治疗取向，治疗取向又偏向认知行为取向，那么工作者领导的小组更可能与这样的取向相吻合；如果机构是以女性群体服务为主，那么成立小组就会更多地关注女性群体的利益并经常以女性主义视角来看待问题；如果机构是有宗教背景

① Gerald Corey 著，曾华源等译. 团体技巧. 扬智文化事业股份有限公司，1997.

的，那么这种宗教的取向也会对工作者的工作方向加以左右。

5. 机构提供的培训影响工作者的能力，机构领导者的领导风格，机构内同事间的人际关系，机构提供的薪资水平等都会影响到工作者的情绪和态度，而这些都或多或少会对小组产生影响。

二、物理环境

小组组员是在某个特定空间内聚焦于小组，这个空间所包含的一切硬件及其物理属性都是小组的要素。它包括空间的大小、私密性、室内的整洁温馨程度、室温的高低、光线的强弱、声音传递的有效性、座位安排的舒适程度等。

有些人认为在我国现有的条件下，考虑这么多的环境因素显得不现实，与其花那么多的精力、财力投资于环境建设，去考虑房间要不要装一台空调，贴一幅画，还不如将它们花在真正的小组建设上。在他们看来，小组最后的成效只与小组的过程有关，环境的作用不大。这样的观点是有失偏颇的。首先，环境是小组过程的一部分，提供了一种什么样的环境，便从侧面表达了对待小组组员的态度，是否尊重他们，是否重视他们，是否为他们着想，又是怀着一种什么样的心态来开这个小组的，这些都能够通过小组的物理环境呈现出来，而组员很快就能从环境中体验到这些；其次，小组环境与小组组员行为之间是相关的。一个好的小组环境，当组员从环境中体会到尊重和关怀时，便会降低组员的焦虑，舒缓小组给组员造成的压力，增强组员加入小组的意愿，并让他们更放松，更愿意在小组中开放自己。第三，固定适合的小组环境，有助于小组组员形成区位的认同感，甚至可以发展出一种与空间相连的制度化的神圣感，而这会引发组员对小组产生更深的归属。

克那普卡曾指出，“尊严”“亲密感”和“个别化”是选择和创造小组环境的三大原则。① 弗莱朋和芬查尔（Flapan & Fenchel，1987）认为，四个有关的物理环境因素会影响组员之间的互动，即隐秘、亲密、舒适、专注。② 具体来讲，房间大小要适中，太大显空旷，让人觉得疏离；太小则让人没有私人心理空间，容易感觉到压力，小组游戏或活动也不易开展。房间的温度要适中，空气要流通。一些小组的会期一般都要一个小时以上，太热太冷都不行，哈气、颤抖、跺脚、擦汗、扇风，容易将注意力集中在抗热御寒上，根本无法专注于小组。清静、没有干扰和噪音是小组私密的最简单要求，不能这里开着小组，室外声音若隐若现，意犹在耳；更不能总有人进进出出，门老响，或老有人向这里张望；也不能在小组刚进行了半小时，就一会儿手机响一会儿电话响。这样不但无私密性可言，小组也被这些干扰弄得支离破碎。

小组中的座位是有意图行为的结果。首先，每个人都有座位偏好：领导者或爱出风头者，经常坐上座；领导者、期待投入小组的人较可能出现在人多的一排；对小组有不满，投入意愿较小的组员多选择离开其他人，尤其是离工作者较远的座位。其次，座位表现互动特征和关系特征：坐面对面的人互动较多，常有对话的需求，并肩而坐的人经常是合作的对象，次小组组员通常毗邻而坐，座位距离越远，越缺友善。第三，座位与小组当时的状态有关：组员较投入，有外来压力时，经常表现出较密集的安排；若小组互动不好，组员的归属感较差时，会坐得比较松散。因此，工作者可以通过对小组座位的安排创造或改变物理环境。椅子的安排，多选择独

---

① 克那普卡著，廖碧清、黄伦芬译. 社会团体工作. 桂冠图书股份有限公司，1974.

② 转自 Kenneth. E. Reid 著，刘晓春、张意真译. 社会团体工作. 台湾扬智文化股份有限公司，1997.

立、可移动、舒适感较强的椅子，在条件允许的情况下也可席地而坐或坐在垫子上。椅子的舒适程度非常重要，由于要长时间坐在上面，椅子太硬、太软、太高、太低都可能让组员感觉不舒服，影响他们对小组的投入。座位的安排多以圆圈为主，最好不要形成视线的死角。座位的安排是工作者干预小组的一个有力的工具，工作者可以根据自己的观察和小组的目标，随时调整座位，拆散次小组，拉近组员与小组的距离，促成某些组员间的沟通与合作，突出某人的地位等。最后，我们需要指出，不论如何安排，工作者都应选择所有组员都能看得到的位置，尤其是在小组的初期和结束期。

三、社会环境

人是情境中的人，小组也是一定社会环境中的小组。文化信仰、社会政策、家庭联结、社区支持网络等都是影响小组社会工作的因素。工作者必须了解组员持有的信念、情感表达、所定义和经验问题的过程，以协助组员平衡外在客观环境的影响和个人内在的主观反应。

受传统文化影响，中国人的性格比较内向、含蓄、持中、保守、克制。依据这些民族特性，在小组过程中，组员对所处的社会环境产生的感受和反应一般表现为：组员比较“慢热”，在投入前，会有相对较长的观望和等待时期；不习惯直接或在他人面前表达自己的感受，比较容易克制自己的情绪，表达起来较为隐晦和含蓄，也不习惯他人过于直接的表达；比较注重“面子”，很在乎他人的看法；讲究以和为贵，一旦与他人发生冲突和不一致，很容易退而自我防御；信奉权威等。

除了民族传统性格，每个时代还有其时代性的特征，也会对同时代的人产生深刻的影响。中国正处于一种剧烈的社会转型时期，人际疏离，社会心态普遍较为浮躁，功利主义盛行，人际间的诚信度较差；同时，社会也越来越多元化，次文化现象出现得比较普遍，不同阶层、年龄的人会有不同的次文化。这些都会对相应的人群产生影响，使他们产生相应的认知、情绪和行为。小组领导者必须了解自己的价值和设定，努力使自己适应一个多元文化的背景。

最后，我们再一次强调的是，小组中的组员是带着一系列自己生活的经验进入小组的，而在他们进入小组后，他们的生活仍然在继续，所以与他们现实生活有关的一切都会对小组社会工作产生影响。与之相关的家庭、学校、工作单位、友伴群体、生活的社区、甚至大的社会政策、法律体系等都是小组外的环境，都会对小组或小组中的组员产生影响，如果需要，小组也会和他们发生互动，从那里寻求资源。因此，保持对这些环境因素的敏感性，并适时地评估这些环境因素对小组的影响也是工作者必须具备的能力。

第五章 小组动力

小组动力学在方法上更重视理论与实用的关联，在适当的运作下，能够答复理论上的问题，同时加强我们对实际社会问题的理性探讨，这种学问是解决人类问题的基本方法。

——勒温(Lewin ,1944)

正如个体受到内外因素影响，进而形成个人成长动力一样，小组动力自然地发生在小组中，受到小组内外因素的影响，是实现小组功能的一种力量或方式，是随时发生在小组中被觉察或未被觉察到的一切现象。

小组在本质上并非是静止的结构状态，而是一种运动的有机体状态，它是小组内各要素间持续性的交互作用，包括小组的形成、发展、运作，组员的互动、吸引、排斥、反应或改变等。

小组动力的形成是组员特性、需求任务、小组的内外情境、小组运作、组员改变、任务完成、小组发展这七个变项交互作用的过程。前三者属于小组的输入变项，后三者属于小组的输出变项。整个过程如图 5 - 1，组员带着他们的特性和工作任务进入小组，与小组中的情境结合，在小组社会工作者的领导下，产生互动行为，引发组员的改变、任务的完成和小组的发展，其间，和组员改变、任务完成与小组的发展一样，小组组员、工作任务及小组情境也会相互作用，这些相互作用蕴含在整个小组的相互作用中，都是小组动力的组成部分。

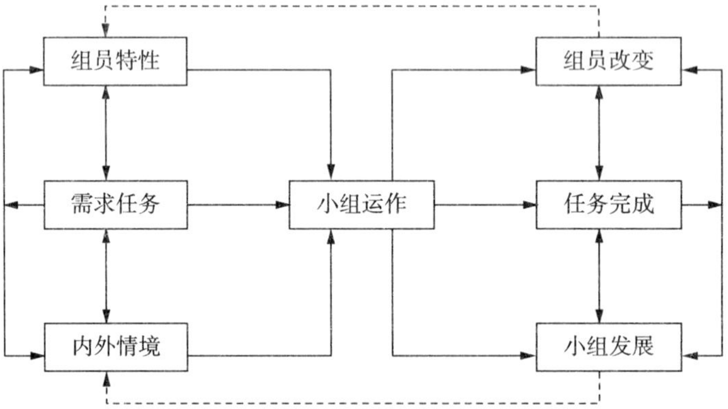

图 5 - 1　小组动力因素及其流程

图 5 - 1 中所提到的组员特性、需求任务、小组情境、组员改变、任务完成、小组发展六要素，我们已经或将会在其他章节中涉及，这一章将着重阐述小组运作。小组运作实际上主要包含两个过程，一是沟通，二是工作者的领导，如图 5 - 2 所示。

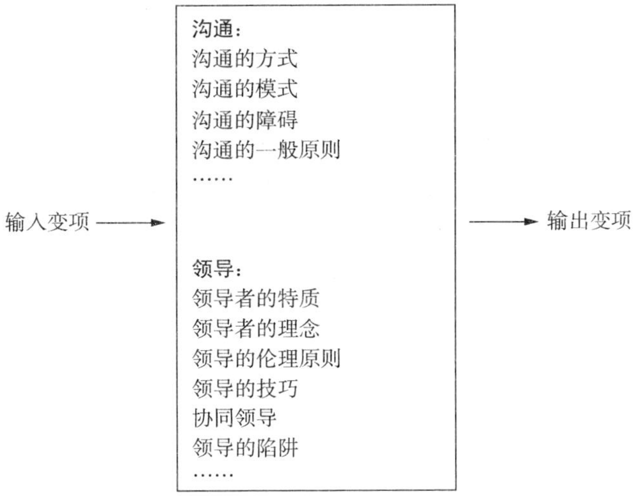

图 5－2　小组运作过程示意

第一节　小组中的沟通

沟通是小组组员或小组与其内外环境之间信息的传递、交换与相互影响的过程，是个体内在和外在相结合的过程，也是小组最基本的互动过程。如何沟通，反映出人们如何处理现实及如何评价自己。当人们进入小组，他们所做的一切，从打招呼开始就已经是在沟通了。小组的信息沟通过程如图 5－3 所示。没有沟通根本无法形成小组，组员间也根本没有办法进行互动。所以，沟通是小组的关键动力之一，有的人甚至认为“沟通是小组的生命力”。有良好的沟通，小组的冲突会减少，小组的凝聚力会提高，小组才能和谐运作，从而有效地达成目标。

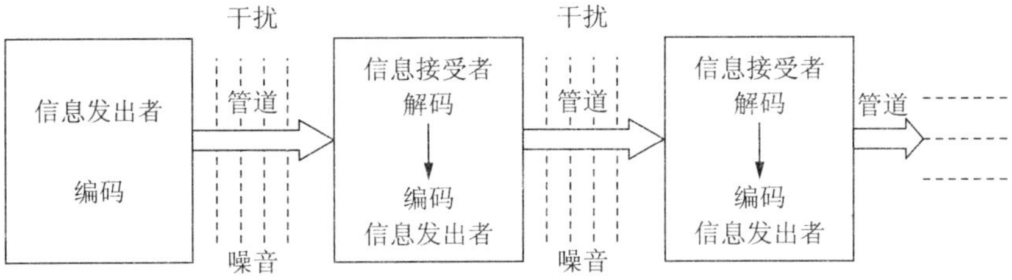

图 5－3　信息的沟通示意图

一、沟通方式

1. 语言的沟通和非语言的沟通

语言是人类最重要的交际工具，也是正常人赖以思维的工具。按照后现代的理论，语言是一种符号系统，同时也是一种生活方式，一种价值体系。个体与环境互动的结果是靠语言呈现的，个体也是通过语言建构了自己的世界。语言沟通是人类沟通的主要形态，人类 75％的信息传递是通过语言完成的。

但语言是一种传递信息的符号，非语言也是一种传递信息的符号，人类的沟通过程还有

20%的信息传递是通过动作、表情、纸笔游戏完成的，这些都属于非语言沟通。非语言沟通在人类沟通中作用明显，有时它的作用甚至超过语言沟通，因为人类有75%的信息是通过语言传达的，但这些信息中60%的意义是由非语言来表现的。①

面部是非言语信息最好的传递者，手和手臂其次，最后是脚和腿。非语言行为的识别，不是针对表情本身，而是针对它背后的意义。尤其是当语言与非语言传递的信息不一致时，比如当组员说话的音调与内容不一致时；或嘴角挂着微笑说"我同意，没意见"，却握紧拳头；或不停地点头，说"没事，我很好"，却收缩下巴、双臂抱于胸前、不停地抖动身体和双腿时，工作者就要注意了，因为这是一种不一致的沟通，沟通的可信度值得怀疑，需要在两种冲突的信息中选择其一。通常我们看小组领导者的技巧，不仅看他们解释、联结的恰当性，还要看他们如何以关怀的态度进行观察。玛尔(Mahl)的研究指出，某些特定的行为是在表达人们某些相同的感受，如握紧拳头、揉揉鼻子、耸肩、玩弄指甲、磨牙等，通常表示个人的敌意；抓挠是对自己表示敌意；严肃地坐着、双手放在膝上，是想控制自己敌对和侵略的冲动；脚的移动和其他姿势改变的次数，可以提供对组员焦虑的估计。② 表5-1列出了一些与组员状态有关的非语言行为。梅瑞必恩(Mehrrabian)认为，非语言的行为可以显示出个人某种程度的喜好和态度，如一个人的身体越倾向于说话的人，表示对他越有好感；眼光直接的接触，可视为积极的关心；相反地，习惯性的眼光游离，则表现个人的害怕或厌恶。③ 当然，这些并非不容置疑的事实，由于非口语信息传递的间接性和隐藏性以及文化的差异性，工作者尽可能对它做尝试性的解释，并且解释过后要小心地求证。

表5-1　与组员状态有关的非语言行为④

感官表情 / 情绪	头	脸	嘴	视线接触	手	姿势
失望	低	眉毛下垂	往下撇	很少接触	自闭性行为	像胎儿似的蜷缩姿势
幸福	有节奏地动	生动	笑(开口)	到处迎接别人的眼光	扩张性动作	常改变、诱惑性的
焦虑、害怕	不安地摆动	紧张	磨嘴	窥视(回避视线的直接接触)	紧握、流汗	不安地扭动，耸颈抖肩
反对	颈与下巴向前耸起	眉心打结	唇前噘	防卫的	紧握空拳	坐在椅子边缘
依赖或被某人吸引	头微低，但保持视线接触	轻微的表达	带着微笑	多	接近的动作	有点像求婚的样子
抗拒学习	转过身	严肃	紧	逃避	看表	四肢僵硬

① 曾华源，滕青芬. 团体领导指南. 张老师文化股份有限公司，2001.

② Mahl G. Gestures and body Movement in Interviews, Research in Psychotherapy. American Psychological Association, Washington, DC, 1968.

③ Mehrrabian Albert. Silent messages. Wadsworth PublishingCo., Belmont, CA, 1971.

④ R P Walters. 团体咨商中的非口语沟通，摘 Grazde，团体咨商：一个发展模式，1989，Allyn and Bacon.

2. 显性沟通与隐性沟通

显性沟通是指直接用符号来传递信息的沟通，隐性沟通是指用隐藏或暗示来取代、修正显性沟通的沟通。如“又下雨了”，显性的意义就是天又下雨了，隐性的意义却是“我今天可以不去上补习课了”；“你成天都在忙你的工作”，显性的意义是你做工作的时间很多，隐性的意义却是责备你花在工作上的时间太多而忽略了我。隐性沟通不仅隐含在语言中，有时还在非语言行为中表现出来，如上文我们提及的语言表达与非语言行为不一致时，通常都会在显性的语言表达之外，蕴涵着隐性的意义，如在一个大四学生的小组中，组员都在分享毕业前找工作过程中面临的压力，一位男性组员却满不在乎地表示：“你们说那么多，我可没什么压力，有什么了不起，好男儿志在四方。”但他在说这话时，眼神刻意躲避着大家，仰着头，一脸的落寞，不安地撕着手中的一张纸，那张纸已经被下意识地撕成一条一条，显然，这位男生通过隐性沟通的方式传达出来的信息与他口语表达之间有很大的差异，后来的小组分享也证实，他从农村来，父母为供他读书欠下一大笔债，他面临着非常大的就业压力。

隐性沟通是以间接的方式传递信息的，所以理解起来有一定难度，尤其中国文化中讲究含蓄和“隐而不发”，人际沟通中“曲意”的表达很多，需要工作者对组员的语言背景、语言习惯有很好的了解，并且在整个过程中有敏锐的观察力和良好的非语言解读能力。

二、影响沟通的主要因素

在小组的沟通中，常见的影响沟通的主要因素有：

1. 沟通的渠道：信息的发出者发出了信息，信息的接收者是否能顺利地接收到信息，这涉及场所声音传递的有效性，是否有噪声的干扰，发出者的声音是否响亮，有没有方言的阻碍，接受者是否认真倾听等因素。

2. 解读的差异：不同的文化会有不同的表达方式，同样的表达在不同的文化背景中可能有不同的解读，文化的因素影响到沟通的双方是否能真正解读对方信息中的意义。文化因地域和民族的不同而不同，如竖大拇指，有的文化中表示赞扬，有的文化则表示轻蔑。在美国主流文化中，与人沟通时，眼睛的接触是被期待的，因此，在互动中，避免与人目光接触被认为是不尊重、不信任对方，但是许多美国的原住居民却视直视为一种侵犯隐私的行为。① 解读也会因阶层、时代的不同而有差异，跟一个 20 世纪 50 年代出生的人谈“月光族”、“网络 QQ 语”、“韩流”时会有一定障碍，同样，跟一群 20 世纪 80、90 年代出生的人谈“文革”、“知识青年下乡”、“供应制”时也会比较费劲。此外，教育程度、职业的不同，导致解读时的参考框架不同，也会对沟通造成影响。

3. 个体在小组中的地位：个体进入小组后，经过互动会根据角色找到自己在小组中的地位，不同地位的个体拥有的话语权不同，有的人充当小组的领导者，有的人是小组的裁判者，有的人是权力追随者，这些小组中的内在地位形态直接影响小组的沟通模式。

4. 小组的氛围：一个温暖、充满信任、尊重、认真倾听、能够同理他人的小组氛围对小组的沟通有着重要影响，使得小组组员产生开放的意愿，并能完全地展现自己，沟通起来也更加顺畅。

当然，除了这些因素，小组的沟通还和组员以往的沟通经验、思考和语言表达能力、工作者的理解能力及专业素养等因素有关，小组在排除沟通障碍时都应纳入考虑范围。

---

① 许临高译. 社会工作直接服务. 台湾洪叶文化事业有限公司，1999.

三、四种不良的人际沟通形态

对于个体而言，过去的沟通经验，尤其是童年时家庭的沟通模式，模塑了其与他人的主要沟通形态。维琴尼亚·萨提尔（Virginia Satir）认为，人们沟通时，会有几种不同的固定形态，尤其在应对威胁或压力时，常常因为要保护自尊而采取四种不良的沟通形态，分别是讨好型、指责型、超理智型和打岔型，如图5－4所示。

1. 讨好型：一个善于讨好的人，在沟通中，尊重他人及情境，但不尊重自己真正的感受。别人说的话他都表示“同意”，他行为背后的理念是：“不管你要什么，都没有问题，我都会满足你”。不同意，即使心里觉得很不舒服也要对他人满脸堆笑，藏起他们紧咬的牙关。“唉，真对不起，我不是故意的，我错了。”“是我不好，我不应该那样说”之类的话语是讨好型的人的常用表达。

2. 指责型：指责型恰与讨好型相反，一个指责型的人，在沟通中只关注自己的感受及情境，而一味地指责他人，忽略他人的感受。指责型的人对他人说的话都表示“不同意”，他们独裁、吹毛求疵，拒绝任何要求，或反对任何提议。如他们常会说“你到底是怎么搞的？”“我本来想的是对的，听了你的，却是这个结果，都是你的错。”“你是男人，所以你总是替男人说话，如果不是那段该死的婚姻，我怎么会是现在这个样子？”之类的话。

3. 超理智型：超理智型的沟通是忽略自己和对方，过度关注情境。他的最突出特征是毫无人性地客观，不关注自己也不关注别人的感受。他们所说的话都是讲道理和解释分析，总认为自己非常“对”，非常“有道理”，沟通时尽量用最长的句子，有时甚至自己也不确定真正想要表达的是什么，只要显得有智慧就行。比如，他们不说：“我觉得今天好冷”，而是说：“是的，今天天气真冷。”他们一般这样回应：“你不要抱怨，这显然是你的错，第一，你不应该那时候出门，那是一个错误的时间；第二，出门之前你应该注意到他的反应；第三……”他们也会这样建议：“哦，你感冒了。一般情况下，感冒有三种处理办法，你可以选择其中的一种，一是躺着休息，尽量多喝水，二是如果症状在初期，赶快泡一杯板蓝根或小柴胡喝下去，三……”

4. 打岔型：打岔性是超理智的反面。在互动时，打岔的人对自己、他人和情境都不在意，他们不断地移动身体，忙着动嘴巴、身体、手臂和脚，企图分散他人的注意力，他们一直改变想法，想同时做无数的事情，却几乎没有一件事能反应到重点。别人问他对某事的感受，他会回答：“是这样啊，今天真是个好天气，哎……昨天晚上球赛太臭了，中国队失去了进入世界杯的最后机会……不过，今天早上来上课时，我碰到一件很有意思的事情……”

图5－4　人际沟通中的四种不良形态

（图中阴影部分为沟通者忽略的内容）

这是四种不良的人际沟通形式，与此相比，一致性沟通应是在沟通中同时关注自我、对方和情境，并使这三者一致起来。根据萨提尔的研究，人际间的沟通形态，讨好型占50%，指责型占30%,超理智型占15%,打岔型占0.5%。[①] 但不同沟通形态之间是相互影响的,有时还会相互加强,如指责者可能驱使讨好者更为妥协,讨好者驱使指责者更为责备,这就构成了沟通的闭锁系统。进入小组后,每个人都将自己平时生活中的沟通形态带入小组,在小组中如果出现这些不良的沟通形态,就会对小组的发展产生不利影响,工作者需要敏锐地洞察到这一现象,并通过适当的技巧,使小组组员发展出相对一致的沟通,切断这些反应类型间的连锁反应,协助组员觉察自己、他人和情境,增加对自己和他人的认知,确认自己的价值,接纳和信任对方的感受,改变自己应对问题的不良模式。

四、小组的沟通模式

当组员刚进入一个固定地点时,其沟通模式经常取决于环境的影响,如座位的安排,现场的气氛等,当小组稳定之后,内在地位对小组沟通的影响凸显出来。小组中,一般的沟通模式,如图5-5所示:

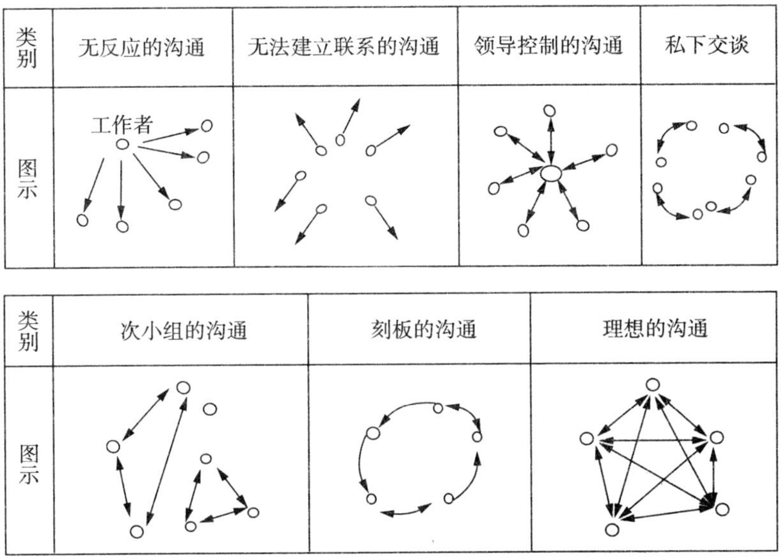

图5-5 小组的沟通模式

(1) 无反应的沟通:领导者发出信息,小组组员没有反应。

(2) 无法建立联系的沟通:小组组员每个人都为自己的目标和需求着想,没有与其他人进行沟通的意愿,组员间无法建立起实质性的联系。

(3) 领导者控制的沟通:小组的沟通以工作者为中心,信息的发出和接受围绕工作者,工作者与组员间一问一答,小组组员之间没有建立起沟通的网络。

(4) 私下交谈:组员间一对一私下交谈,在小组层面没有相互的沟通。

(5) 次小组的沟通:小组中明显地出现封闭或半封闭的次小组,沟通在次小组内进行,没有整个小组层面的沟通。

---

① 维琴尼亚·萨提尔著,吴就君译.家庭如何塑造人.台湾张老师文化股份有限公司,2001.

(6) 刻板的沟通：每个人只与自己相近的人沟通，不关注也不回馈其他人。

这六种沟通形态一般出现在小组的早期，次小组和刻板的沟通也可能出现在小组的中期，第1、2种沟通实际上是个人的聚会，并没有形成真正意义上的小组。后面几种沟通形态显示，虽然组员间已经有了某种联结，但小组的沟通不充分，并不是真正理想上的小组沟通。理想的沟通应如图5-5中最后一种形态：沟通路径多元，每一个人都可与小组中任何他人沟通，所有组员共同讨论问题，解决问题，无明显的次小组出现，沟通充分。这是一种理想的状态，多发生在小组的转换期之后。小组达到这种状态后，组员会比较开放，参与较多，在小组中能够获得较大的满足，小组动力形成并保持良好，小组进入成熟状态。

小组沟通模式的形成是一个不断发展的过程。一个模式一旦形成就不会固定不变，工作者不必期待小组一开始就进入理想的沟通状态，重要的是工作者需要利用技术，进行相应的联结，促使沟通模式向好的方向转化。

五、小组中影响有效沟通的语言障碍

有些无效的小组沟通会影响到工作者和组员自在地对问题进行探索和分享，而当这些无效沟通出现时，组员会出现退缩、抗拒或重新转回表面问题的现象。这些无效的沟通包括：

(一) 用应该、必须的语气说话

文音：我讨厌英语，四级考试，已经考了三次了，每次都是差一点点，我想放弃了。

明娟：你傻了，你必须过四级的。过不了四级，你找工作会碰到麻烦，四年大学你就白读了。

小佳：四级不是那么难的，你应该好好学，把它过掉的。

文音：好了，我知道我很差劲。别浪费时间在我身上，看看其他人还有什么问题吧。

这样的沟通实际上包含了两种含糊的、不明确的暗示：(1)你对问题出现的后果负有责任，你应该感到内疚；(2)你这样做真不聪明，让我来告诉你该怎么做。实际的结果就是，这样的沟通会引起组员对自己问题的回避和抗拒。

(二) 过早地给予忠告、建议

立薇：我已经和丈夫离婚三年了，但是我一直没有告诉儿子，我只是和他说爸爸妈妈分开住了。我真的不知道该不该告诉他。

小建：依我的经验，你应该告诉他，他已不是小孩子了，都11岁了，他有权知道。

子昌：就是，离婚又不是丢人的事。找个好的机会，比如现在放暑假，带你儿子出去旅游一下，趁他心情好，就告诉他。

立薇：我又没说离婚是丢人的事，再说，你说的方法我试过的，行不通。(立薇皱紧了眉头)

适当时机的忠告和建议可以增进沟通，但不合时宜的、过早的忠告和建议却起不到这样的效果，因为：(1)依据的信息不够，缺乏对组员真实环境的有效判断，无法回应组员的真正需求；(2)忽略组员自己才是对自己情境最为熟识，并且最能做出适宜选择的人。这样的沟通，只会引起组员的反抗和负面的感受。

(三) 批评及归咎责任

爱铃：我妈妈真烦，我不结婚关她什么事，整天唠叨个没完。

海岩：你不是她女儿，她当然不会烦你。

爱铃:可是,我有我选择生活的自由。

光霞:所有的妈妈都是爱孩子的,你应该理解她。

晓培:是的,你根本没有从你妈妈的角度考虑问题。

爱铃:爱?我看她是更年期综合症。

立明:你这人怎么这样?这么说你妈妈?真是自我中心,想的都是你自己。

爱铃:怎么又扯到自我中心上了,什么意思?

这样的沟通,除了争吵,不会有什么实质性的效果。所有人都将焦点放在是非对错上,根本忽视了组员的感受和它没有表达出来的观点,实际上已经切断了任何有意义的沟通。

(四)随意地解释其他组员的行为

菊惠:我不知道为什么,我常常会没来由地心里突然感觉到一种恐惧。

鹏辉:你在害怕什么?

大志:我想,这是不是跟你的童年经历有关。

晓蕾:对,是不是有什么不好的经历让你产生这种强烈的不安全感?

菊惠:什么,你们在说什么?

当这样随意的解释加在组员身上时,组员会感觉到紧张或困惑,仿佛突然被困住了,并出现以下几种反应:(1)组员被吓住了,停止自己的表达和分享;(2)组员感到困惑,会不予余力地为自己辩护,从而使小组陷入一种困境;(3)组员很快接受这种随意的解释,而失去了探索真实自己和事情发生原因的机会。

对于这些影响沟通的语言障碍,工作者要十分警醒,当它们出现在小组中时,要适时地打断,并引导出一种有利于促进小组更为顺畅、适当的沟通方式。

六、小组沟通的一般原则

小组沟通对小组动力的形成有着相当重要的作用,小组社会工作者的一项重要职责就是需要时时引导、检查小组的沟通情况,并对此做出恰当的评估和修正。小组沟通的一般原则是:

(1) 沟通之前先澄清沟通中涉及的重要概念,确定沟通的目的;

(2) 注意保持现场的安静,提醒组员仔细倾听;

(3) 不要太急于或勉强组员参与沟通;

(4) 鼓励组员表达自己的感受,并接纳他人的感受;

(5) 表达后,鼓励对方给予回馈,回馈后亦鼓励沟通者再回应;

(6) 沟通时注意观察语言、表情、声调、姿势等细微之处,提醒组员注意那些语言与非语言沟通不一致的地方;

(7) 注意并强调工作者在沟通过程中的示范作用。

关于小组社会工作者的示范作用,其语言行为需根据情境做出适当的表达,我们将在后面一节中详细阐释;至于非语言行为,我们给出了一张表格,详细列出了被期望和不被期望的工作者非语言沟通行为,如表 5-2 所示。

表 5-2 工作者非语言行为目录表①

	期望	不期望
脸部表情	● 直接的目光接触(某些文化禁止或排斥除外) ● 温馨、关怀的脸部表情 ● 与组员平视 ● 适度地变化与生动的脸部表情 ● 嘴角放松,偶尔的微笑	● 目光不接触 ● 凝视人或物体 ● 挑起眉毛,紧皱眉头 ● 目光不平视(向上看或向下看) ● 过度地点头 ● 打哈欠 ● 冷淡或僵硬的脸部表情 ● 不适当的微笑 ● 紧闭嘴唇或咬紧嘴唇
姿势态度	● 适当的手势表达,适当的姿势动作 ● 身体微向前倾,呈放松状态 ● 不停地点头表示注意 ● 肯定地点头	● 僵硬的身体 ● 身体弯曲成某个角度朝向组员 ● 双手局促不安或不停地搅动 ● 双手交叉抱在胸前 ● 身体在椅子上蠕动或晃动 ● 无精打采地坐着或把脚跷在桌子上 ● 把手或手指放在嘴上 ● 用手指着以示强调 ● 双手插在衣服口袋里 ● 不断变换身体姿势 ● 身体后仰几乎躺在椅子上
声音	● 清楚听到,但不大声 ● 温馨的语调 ● 调整语调以反映出对组员信息的感受与情绪的差异	● 喃喃自语或听不到声音 ● 单调的声音 ● 犹豫的语调 ● 经常性的语法错误 ● 沉默的开端 ● 太过活泼的语调 ● 缓慢、快速、断音的语调 ● 使用口头禅 ● 神经质的大笑 ● 时常清清喉咙 ● 非常大声地说话 ● 语调嘲讽、不屑
身体接近度	● 在组员中间,不太近也不太远	● 太过接近或距离太远 ● 隔着桌子或其他障碍物交谈

① Dean H Hepworth, Ronald H Roonep, Jo Ann Larsen,许临高译. 社会工作直接服务. 台湾洪叶文化事业有限公司,1999.

续表

	期望	不期望
使人分心的习惯		● 玩头发 ● 玩笔 ● 嚼口香糖 ● 拉扯衣服 ● 喝饮料 ● 敲手和脚

第二节 小组中的领导

任何一个小组的运作和发展，都需要一位优异且有效能的小组领导者，他将引导整个小组的基本走向，亦是小组成败的关键。

一、领导者的特质

像小组组员带着自己的经验来到小组一样，工作者来到小组时也带着自己以往与人交往的经验，这些经验有成功的，也有失败的，他们也会焦虑、紧张，也有不自信和脆弱的时候，他们也想被人喜欢，也需要认同、接纳和安全感。所以领导者与组员聚在一起形成小组时，虽然工作者的身份是领导者，他与组员的关系是专业关系，但不能否认的是，小组社会工作是一件人性的工作，工作者是人性的领导者。人性使工作者更容易进入组员的生活，了解他们的问题与痛苦，在他们的成长过程中给予支持。当然，这些人性也可能伤害工作者与组员之间的关系，如将自己一些未被解决的感受和冲突投射到组员身上，把自己的价值观或观点有意或无意地强加在组员身上，依据在不知不觉中被权威的地位达到自己的需要，因为不断地被依赖而在工作中过度地承诺和努力等。这些都是一个优秀的领导者在领导过程中应努力避免的。

说到领导，很多人会立即想到技巧，而我们认为，有些东西是超越技巧的。如柯瑞尔认为，真诚、尊重和同理是小组社会工作者必须具备的三个首要条件，他建议所有小组社会工作者在小组开始前，思考下面的问题：①

—我是否真挚地对人有兴趣？

—作为工作者，我想从这个小组中获得什么？

—我真的做好准备带领这个小组了吗？我要如何带领它？

—在小组中，我是否能够真实开放，或者我只是隐藏在我“工作者”的角色背后？

—我愿意花时间去了解他们吗？或者我会强迫他们听从我的建议？

—我愿意接纳他们吗？我有能力接纳他们吗？或者是我只是想探知他们的生活？

—我能为小组提供一个适当的典范以便组员仿效吗？

—我又会成为一个什么样的典范？

① Corey G. Theory and Practice of Group Counseling (2nd ed). Brooks/core, California, 1985.

对这些问题的回答，正如柯瑞尔想要表达的，是一个有关工作者价值观的问题。一个真诚、尊重他人的工作者不是以“角色”与他人互动，而是以自己真实的自我与他人相待。真诚、尊重他人是他的生活形态，而不是仅仅因为他身为“工作者”。

与此相适应，肯尼斯(Kennith)认为在有效带领小组的工作者中，有八个显著的特质：①

(1) 勇气：勇气意味着工作者在面对困难和挫折时不动摇，并始终坚持自己的理念和想法。在小组中，一个有勇气的工作者会愿意冒险，即使遭到组员的反对，他也会告诉一些他们不喜欢、不愿意听的话；他不会为了让组员喜欢而放弃自己的工作原则；当组员挑战他时，他会真诚面对；遇到组员防卫或“戴上面具”时，他会勇敢面质。

(2) 诚实：诚实是不带“面具”，而将真实的自己展现在小组中，愿意将自己的想法和感受与大家分享。在自己不知道答案时，他不会隐瞒；在自己犯错误时，他也愿意承认；在面对挑战时，他不会一味地防卫。

(3) 创造力：创造力是不拘泥于传统，不拘泥于习惯性的技术和活动，不墨守成规，而是根据小组和组员的特点，提出自己新的想法和意见，并根据小组的具体情境做出适当的反应。

(4) 同理心：同理心是指放下自己的参考框架，进入组员的认识世界，了解、接纳他们的经验和感受，并将这种了解和接纳再适当地回馈给组员。

(5) 自我认识：认识到自己是不完美的，不是道德的典范，也不是事事成功，但却乐意接纳自己，愉悦自己，愿意自我反思，并以一种开放的态度面对自己的弱点和不足，视自己同组员一样，是一个需要不断成长与发展的人。

(6) 行动取向：是指工作者不是“语言的巨人，行动的矮子”，不会因小组一点点小的进步而沾沾自喜，也不会因为小组的一点点后退或进步迟缓而轻言放弃；相反，他们一直不断地努力接近自己的目标，鼓励组员做有建设性的改变，并致力于帮助组员把在小组中的成长推广到小组外的真实环境中去。

(7) 热情：工作者须一直带着极大的热诚去带领小组。充满自信，并将这种自信真实地传递给组员，积极地关怀每一位组员，并让组员感受到这份关怀。

(8) 人性化：在努力表现自己的专业精神的同时，也将自己人性的一面自然而真实地展现出来。工作者要让组员知道，他们不是无所不知的冷冰冰的专家，而是有自己的喜怒哀乐，他们在感动小组组员的同时，也会被小组组员所感动；在碰到自己的创伤时，也会难过、痛苦。不过工作者会很好地处理和面对，不会让这些经验影响其与组员之间的关系及小组的发展。

一个优秀且有效能的小组社会工作者，像小组组员一样，也在寻求自己生命的完整与统合。如果在每一次小组社会工作之后，工作者都能感觉到自己的成长，并能从中感觉到助人的充实与快乐，那他就向成功迈出了坚实的一步。

二、领导者的理念

任何一种与人打交道的专业，都涉及一些基本的专业理念。这些专业理念贯穿于整个专业服务过程，并起着指导性的作用。在社会工作专业形成的过程中，也作了相当大的努力来确定自己的专业理念，小组社会工作自产生后便秉承了社会工作的专业理念，但除此之外，小组

① Charles D Garvin 著，曾华源译. 社会团体工作. 台湾洪叶文化事业有限公司，2000.

社会工作也发展起了自己独特的领导小组的理念。这些理念包括：

(1) 人类与他人的关系中存在着一种积极的人际关系，而发展与他人的积极的人际关系，是一股正向的力量，它促成人类的进步与成长；

(2) 人类有爱和被爱的基本需要，所以人类渴望与他人交往，并在这个过程中满足他们的内在需求；

(3) 小组所有组员，不论出身背景、不论贫富、不论教育程度、不论健康与残障，在小组中都有被平等接纳的机会；

(4) 每个人可以依其自己的需要和意志决定参与或不参与小组或参与不参与小组的某些活动；

(5) 人类可以相互协商与合作。小组社会工作者要有意识地提升组员在小组中合作的正向经验，尊重组员表达自己意愿和观点的努力，并相信人类能够通过协商达成一致；

(6) 个体拥有的资源是有限的，而互助是人类本就具有的一种良好品质，工作者会在小组中尽可能协助组员彼此互助，共享人类的资源；

(7) 虽然小组是个集合体，但组员的个别性将会得到小组最大的尊重，他有表现自己、表达自己和维持自己在人群中独特性的自由；

(8) 小组社会工作只是为个体提供了一个成长平台，个体在小组之外的现实生活更为重要，小组会提供每个人学习独立的机会，促进组员独立性的发展，帮助他们有能力面对真实的日常生活。

小组领导者在小组中不断地面对各种价值冲突，也就不断地面临着价值的判断，只有正视和了解这些理念，小组领导者才会使自己的助人工作不至于偏离方向，从而真正达成小组预定的成效。

三、领导的伦理原则

除了理念，小组社会工作者在带领小组时还必须遵守一些基本的伦理原则，这些伦理原则构成了小组社会工作者职业道德的一部分，是工作者必须遵守的，其目的是保护小组组员的利益，并让工作者了解，在特定的情境下怎样做才符合道德。

社会工作已经职业化的大多数国家或地区，都已经制定了相应的小组社会工作伦理守则，如美国从事小组社会工作的工作者都会参加国家社会工作者协会和小组社会工作者协会，并遵循国家社会工作者协会的《伦理守则》和小组社会工作者协会的《小组咨询道德准则》。可以说，没有法律认可的工作机构，没有专业组织所设立的专业标准，社会工作专业就不能向案主或社会大众说明服务提供者的背景和能力，也不能提供任何服务质量的保证。所以，没有专业的伦理原则，对社会所做的任何承诺都是无效的，所谓的职业化也是不可能的。目前，中国正在致力于推进社会工作的专业化和职业化，也建立了社会工作的资质考核与认证制度，向那些符合专业标准的社会工作者颁发社会工作师(助理社工师)资格证书，并在理论上禁止任何未经授权的社工上岗执业。相信不久的将来，中国的社会工作就会有一部本土化的社会工作伦理守则。

借鉴那些小组社会工作已经发展成熟的国家和地区的经验，我们将小组社会工作最主要的伦理原则概括如下：

1. 以组员利益为首的原则。小组社会工作者与组员之间的关系是专业服务关系，工作者带领小组时应以组员的利益为首要考虑因素，不得借组员谋取任何自身的利益，也不能为某一组员的利益而伤害其他组员的利益，并尊重小组组员的人格完整。领导小组时，应采取一切必要及适当的安全措施，领导者不能为自我表现，运用具危险性或超越自己能力和经验范围之外的技术与活动，以免造成组员身心的伤害。倘若为了小组的利益，需要采用某种具挑战性或冒险性的活动时，应先熟悉该项技术或活动的操作技巧，并事先做好适当的安全防护措施。

2. 组员自决的原则。组员对自己的选择和需要有自我决定的权利。尽管一些人的选择可能是错误和不合适的，但领导者应相信他们有能力做出自我选择与决定。领导者可以通过小组的力量影响组员，帮助组员了解可能的资源和选择的后果，但最后的决定权仍在组员自己手上。组员有权决定参加或离开小组，不能强制组员参与或继续参与其不愿参与的活动，不能用工作者的权威强迫组员接受某个建议，也不能用小组的压力强迫组员接受小组决策或做出某种行为。

但是，在充分相信组员自决能力的前提下，领导者可以限制以下三类组员的自决权：(1)其行为和潜在行为可能对本人、他人或社会构成近在咫尺、可以预见的重大伤害的；(2)医生和法院证明该人因为精神健康的原因没有能力做出积极的决定和选择的；(3)不具有完全民事行为能力的未成年人，未成年人的法定监护人享有选择和做出决定的权利，同时负有承担后果的责任。

3. 知情同意的原则。组员或潜在组员在进入小组之前或之后有从小组社会工作者那里获得有关小组或工作者相关信息的权利。包括工作者的专业背景、工作经历，小组的性质、目的、过程、使用技术及预期效果，组员应享有的权利，录音和录像的使用及可能面临的风险和限制，小组收费情况，可能有的其他资源或选择等。为学术研究而在小组中实施某些行为时，研究者应事先声明研究的目的、性质、过程、技术、研究结果的运用及安全措施等，以让组员自己决定是否参与到小组中来。

4. 保密的原则。保密原则是社会工作的基本原则，但在小组中，保密不仅要求工作者保密，而且要求组员间的相互保密。在小组内发生的事，不允许在小组外以任何方式随意传播，保密的内容包含所有在小组中获得的信息。工作者应告之并反复提醒组员，保密是他们的义务，而且需就此与组员达成正式的协议。当然，在小组中的保密也有例外，例外情形包括：(1)当工作者确认有组员或确定的其他相关人，正在遭受或将遭受某种伤害时；(2)征得组员或他的法定代理人同意时。此时，工作者可以透露有关信息给相关当事人，但即使这样，工作者也必须坚持最小化原则，在可能的最小范围内、透露最少的信息，尽最大可能保护组员的隐私。同时，必须说明的是，保密是组员的义务，工作者可以和组员订立协定，并一再重申，但工作者却不能担保所有的组员都信守协议。

上述几条原则只是工作者领导小组时的一些基本伦理原则，这些原则给工作者提供了一些实施专业行为时的依据，也可以说是工作者领导小组时的行为准则，其意义与所发挥的作用不容忽视。

四、领导的技巧

领导是将小组作为一个整体，把自己当成小组一部分，对小组产生影响的过程。这其中，技巧不是最重要的，但成为一位优秀且有效能的领导者，是一定要具备一定的技巧的。格瑞斯曾说过:"领导小组最基本的技巧是在小组内建立关系。你需要有一种能力,让你自己在小组中感觉放松,能觉察到小组内个人和集体的所有行为序列,并享受小组中成员的相互影响。"[①]这句话说得非常经典。

我们按照崔克尔的分类,将小组领导的技巧介绍如下:

(一) 反应方面的技巧

反应的技巧是工作者对组员发出信息的反应,目的是协助工作者成为一位感受性敏锐的领导者。

1. 积极倾听

【意义】藉由领导者生理、心理的专注与聆听,来了解和理解组员表达的语言和非语言内容。

【实务要点】认真倾听不是被动接受信息的过程,而是一个主动过程。倾听时应注意:(1)倾听的过程也包含着对非语言的关注,包括组员的表情、肢体语言、声调变化等。语言是一种传递信息的符号,非语言也是一种传递信息的符号,有时还是一种更重要的符号,应注意非语言符号中所隐含的真正意义,有时这些信息还会透露出与语言符号相反的信息,工作者对此要有敏锐正确的觉察;(2)不但听组员说他的故事,而且听他的感受。一个健康的人,在经历生活的同时,也一定在感受生活。感受是事件发生作用于人的实际后果。组员对某种感受的诉说,传递出来其对该事件的真实反应以及该事件对组员最终的影响结果;(3)倾听时内心尽量不做评判。一是评判容易产生情绪,带着情绪带领小组,会使工作者产生困扰,影响他的专业能力,阻碍工作者与组员的心理接触;二是人是情境中的人,在没有充分掌握情境和脉络之前所做的评判会影响工作者对整体事件的评估;(4)工作者在倾听的过程中要注意结构化。结构化是指尽量使组员的发言围绕主题进行,按一定顺序和结构陈述,目的是把组员的陈述导引向一个正确的方向。

【示例】

组员甲:哎,不知道为什么,最近我总是感到没来由地有一种紧张感,我的前两次模考(高三模拟考试)都考得不好……(眼睛看着工作者)

工作者:噢,真的很糟糕。(眼睛注视着他,身体前倾,表情自然,眼神鼓励。)

组员甲:是啊,还有最后的一次机会,再考不好,我真的没希望考上大学了,我怎么对得起父母?我觉得自己真是太失败了。

工作者:考大学对你很重要,模考不好让你很担心,甚至让你对自己产生了怀疑。(看着他,点点头。)

组员乙:不奇怪,当年我高考前的感觉和你也有点像……

【功能】给予组员关注,倾听到他们的想法,尊重他们的表达,鼓励他们自我开放和自我审视。

2. 澄清

【意义】组员的表达不清楚时,工作者协助他们理清让人困惑、混乱的表达。

【实务要点】因为组员传达的信息有时不完整、模糊或过于繁杂、混乱,如果根据这些不确

---

① Helen Northen, Roselle Kurland, Social Work with Group(3th). Columbia University Press, New Nork,2001.

定或错误的信息去沟通，很容易造成误解和沟通过程的不畅，所以澄清就显得非常重要。澄清的内容包括：不清楚或不熟悉的词语；抽象或不明确的具有象征意义的话语；模糊或令人费解的内容等。澄清的时候，工作者不但要澄清组员所说的话，还要澄清组员的感受。概念的确认可通过提出简单的问题，以澄清组员的概念；或是将澄清的意图融入同理反应的句子中。工作者实践中可以这样表述："你的意思是……"，"你是说……"，"你可以再说一遍，或者举一个例子说明一下吗？""我有点困惑，我试着把我听到的说一遍，你听听看是不是这样？""你看起来很不高兴，不仅是因为爸爸没有答应你的要求，而且是他好像根本就没有听你讲话，你感到自己被忽视了，是吗？""虽然你们是在一个小组里，但是因为你们对这件事的看法不同，所以你们好像分成几派，我试着说一下我听到的，然后听听你们的看法"。工作者澄清时要注意语气和表达，要让组员感受到工作者的真诚和了解的诚意。

【示例一】

组员甲：我不知道为什么，为什么我妈妈就不能理解我呢？

组员乙：我妈妈和你妈妈一样，大概天下的妈妈都一样。

工作者：乙，我知道你很关心甲，但让我们来听听看，到底发生了什么使得甲这样想的。甲，你说妈妈不理解，你指的是哪方面呢？是学习上，是与人交往上，还是其他方面？

【示例二】

组员甲：这个世界一直都是个男权的世界，女性永远得不到认同，得不到理解，找工作，在家庭中，到处都是这样，这叫她们如何去面对？

工作者：乙，我看见你皱紧了眉头，看起来很困惑，我不太确定你是否理解甲说的话，你能不能把你听到的说一遍，并问问甲是不是这样想？

【功能】协助组员更具体、明确地表达，厘清组员谈话背后隐含的情绪及思考的本质，整理出问题或困扰的焦点，同时帮助组员重整自己对事件的想法和感受，间接地增进组员的自我觉察和成长。

3. 摘要

【意义】对组员间的互动予以整理和归纳，帮助他们更好地把握话语中的意义。

【实务要点】当组员之间的讨论陷入"死胡同"，停滞不前或无法动弹时；或者组员间的讨论杂乱无章，零零碎碎，抓不到重点时；或者组员互动到一定阶段时，工作者可用摘要的技巧介入。运用摘要技巧时工作者需要摘述的是：(1)重要事件和内容；(2)能促发小组新方向的事件和内容。

【示例一】

组员甲：真不好说，我也没什么可说的。

工作者：乙，你有什么想说的吗？

组员乙：没有。

工作者：那么，丙，你呢？

组员丙：(摇摇头，又低下头)

工作者：好，刚才我们小组讨论了情绪给你们各自生活带来的影响。甲和乙都说情绪来时，他们根本控制不住，容易发火，往往把事情弄得很糟；丙说她常常陷入一种负面的情绪出不来，令自己非常难受；而丁、戊还有辛他们几个都表示自己在与人交往时，不能控制好自己的情绪，不但得罪人，也令自己不舒服。看来，无法很好地控制自己的情绪确实给你们的生活带来很大的困扰，下面我们做个角色扮演，来看看这些情绪到底是如何产生的。

【示例二】

工作者：到这里，我们今天的小组活动已经基本结束了，请各位用一、两句话概括一下你的感受。

组员甲：这是我很快乐的一天，谢谢大家给了我这么多的鼓励，我从没有发现自己有这么多的优点。

组员乙：其实这件事困扰了我很多年，今天终于有机会说出来，我要回去好好想想大家给我的建议，不过不管怎样，能说出来我已经很开心。

组员丙：……

工作者：很高兴大家能有这些积极的反馈，今天我们的小组目标是重拾自信，我们总共进行了两个活动，一是周哈里窗的评估与分享，二是目前没有自信的一件事分享和回馈。甲同学刚才分享时指出他们在本次小组中发现了自己很多的优点，乙同学也说原来最没自信的事说出来并不是那么可怕，其他同学也都认为自信是一种很重要的品质。下一节小组我们将讨论如何从认识转变到行动，即我们要如何做才会让自己更有自信。

【功能】工作者的摘要，提供给小组一种稳定感和意义感，一方面帮助组员掌握讨论的重点，并将不同阶段的讨论联结在一起，另一方面可以给组员指出下一个阶段讨论的方向。

4. 同理

【意义】同理是指正确地了解组员所传达的信息，而且能够敏锐地觉察出组员信息中的感受，然后将这些了解和觉察，以组员能够了解的语言传达给组员。

【实务要点】同理不是我们对事物的认识，而是放下自己认识世界的参考框架，进入组员的认识世界，了解他如何看自己，看周围的世界，同时体验他的感受。同理的假设来源是："我了解，在你那种情况下，你的感受是……"，可见，同理即是对他人主观经验的了解和体验。同理技巧的使用，除了要求领导者应具有关怀、开放、尊重、接纳的人格特质外，还必须具备较高的社会敏感度，有能力随时注意到组员的不同反应和特别的需要，而在后一个方面，丰富的经验和阅历起着至关重要的作用。同理又分初层次的同理与高层次的同理。初层次的同理是指工作者了解组员明显表达出来的经验和感受并将其表达给组员；高层次的同理是指工作者不但了解组员表达的表面意义，而且将其内在的感受与行为背后隐藏的目的和意义也表达出来。在小组中，同理的运用是贯穿始终的，期间的差别只在于高层次的同理在小组形成阶段的运用是谨慎而保守的，但到了小组成熟和维持阶段，它将备受重用。

【示例一】

组员甲：我的儿子越来越难管教了。昨天，我又被老师叫到学校狠狠地训了一顿。还不敢告诉他爸爸。他一犯错误，他爸爸就用皮带抽他，有时候还特意当着别人的面，好像不是自己的儿子，一点儿也不顾及孩子也有自尊心。我只好拼命地护他。一护他，他爸爸就把矛头对准我，说"就是你太护孩子，孩子现在这样，眼中根本没有父母，都是你宠的。"

工作者：（初层次同理）孩子难管教，你和他爸爸在管教孩子的方法上又发生了冲突，真的很糟糕，难怪你这么困扰。大家一起来看看，如何才能帮到甲。

工作者：（高层次同理）我同意乙的意见，你很困扰，你觉得丈夫的管教方式不当，又不知该怎么办。但不知你有没有发觉，你们的管教态度不一致，这样会对孩子产生影响吗？对此，其他人有什么意见？

【示例二】

组员甲：我真的爱他，一天没有他的消息，就觉得做什么都没劲，但是我已经有三科不及格，明年还要高考，老师要处分我，爸妈要打断我的腿，他们一定要拆散我们，你说，我该怎么办？

工作者：（初层次同理）你说你很爱他，但是老师和父母却不赞成你们的事，你很难受，不知道怎么办。还真的挺难办。大家来说说看。

工作者：（高层次同理）你为他们的不理解而困扰。可是你是否想过，是否是因为在这事发生之后，你生活态度和功课上有了很大的改变才导致他们的反对？乙，你点头了，你是不是也是这么想的？

【功能】初层次同理的功效包括：(1)组员知道工作者认真听了他刚才所说的话；(2)认为工作者不但听而且听懂了他说的意思；(3)知道工作者不但听懂了他的意思，而且明白了他的感受；(4)因工作者对看法和感受的理解，产生信赖和温暖感；(5)部分地相信工作者有能力帮助处理问题。同理心的表达，可以帮助工作者赢得组员的信任，并在小组中酝酿出和谐、温暖的气氛。

高层次同理不但具有初层次同理所具有的所有功能，而且随着小组的发展和工作者对组员了解的深入，能反映出组员经验边缘的感觉，帮助他们更好地完成自我探索和自我觉察。具体来讲，高层次同理可以帮助组员扩大下列的五项觉察：(1)觉察隐藏较深的感觉。组员对于某些情绪的觉察通常有限，抑或有但却很模糊。运用高层次的同理，可以确认隐含于组员语言信息中和表面情绪之下的感受，澄清组员模糊经验处感受的本质，确认非语言所传达的情绪与感受；(2)觉察感受、思想及行为的根本意义。即协助组员了解，当他们做事时，是什么促使他们这样去感受、思想和行为，并且辨别自己想法、感受和行为的模式以及与现有问题的关联，提升组员对知觉扭曲的觉察，协助其对认知进行重构；(3)觉察需要和目标。将组员在陈述中隐含的需要和目标凸显出来，并协助组员产生改变的行为；(4)扩展对行为背后动机的觉察。其他人可能误解组员的动机，组员对自己的觉察也常是模糊的，高层次的同理可以协助组员对自己的行为动机做更深刻的觉察；(5)觉察隐含的力量和潜能。组员通常认为自己能力很弱，高层次的同理能使组员觉察到自己的能力，唤起他们的希望并使他们有勇气冒险去尝试改变。①

（二）互动方面的技巧

互动方面的技巧在小组过程中主要扮演联结、调解、促进的功能，通过运用相关技巧可以使工作者顺利引导组员间的互动。

1. 解释

【意义】工作者针对组员的一些行为、想法或语言的表述提供可能的解释和说明。

【实务要点】工作者相信小组组员自身是有能力的，很多时候小组组员可以依靠自身的理解力对他人的想法和行为做出适宜的解释，此时，工作者不必干预。工作者不必对组员所有行为或想法都提出解释，正确而适时的解释才是重要的。解释时要注意：(1)太早，则会造成组员的依赖心理，致使组员事事依赖工作者提供的解释和说明；太晚，则失去了解释的时机，再做出解释其意义也不大了；(2)对问题有了充分的了解，获得足够支持的信息后再去解释；(3)解释

---

① Dean H.Hepworth, Ronald H Rooney , Jo Ann Larsen，张宏泽等译．社会工作直接服务的理论与技巧．洪叶文化事业有限公司，1999．

时尽量避免将自己的价值观、生活经验、对事物的理解或感受强加给组员；(4)最重要的一点是，解释只是假设，它只能以试探性和尝试性的方式提出，工作者应该给组员留有回馈的机会，以检验“解释”的有效性，否则比不解释的效果还坏。

【示例】

工作者：刚才乙说话时，甲一直在皱着眉头摇头，记得以前他说过，他认为贫困是社会问题，不一定是个人不努力的结果。那么甲，看来你是不赞同乙刚才的表达，对吗？

【功能】用一种试探性的解释来确定差异，化解困境，并刺激组员进行自我探索，以达到与其在更深层次上的联结，引发小组朝向新的、适宜的方向发展。

2. 支持

【意义】在小组过程中，工作者提供鼓励、赞赏，帮助组员增能。

【实务要点】在组员分享一些个人深层次的感受，面对自己的创痛经历，或正冒险尝试一些新行为时，工作者的支持显得尤其重要。支持的表达可以是语言的表达，如口头的赞美、鼓励和回馈；也可以是非语言表达，如眼神、手势、微笑、点头或身体的接触。当然，过多的支持，反而会带有负面的效果，就像过多的赞扬已使其失去意义一样。工作者的支持不是形式化的外交辞令，是以对他人的尊重和接纳为前提的。

【示例】

工作者：我很高兴，甲带着极大的勇气和真诚与我们分享了他婚姻上的一次痛苦经历，我也很欣慰，其他组员给了甲那么多的理解与鼓励，这显示我们的小组是一个相互关爱，大家都愿意真诚付出的小组……

【功能】工作者的支持是一种强劲的力量，可以协助组员去面对各种情境的挑战，也增加了小组的和谐、温暖的气氛，在小组中有人际示范的作用。

3. 促进

【意义】工作者推动组员与组员之间进行明确而直接的互动，也推动组员愿意为小组的运作承担更多的责任。

【实务要点】促进的技巧具体表现在：(1)协助组员公开地表达他们失望与期望的情绪；(2)积极地创造一种安全与接纳的气氛使小组组员相互信任，并克服直接沟通的一些障碍；(3)尽可能地邀请绝大部分的组员加入到小组的互动中来，对于个别组员可以用挑战的方式激励他们加入；(4)协助组员减低对领导者的依赖；(5)鼓励组员公开地表达冲突和矛盾；(6)当组员在进行自我探索或分享时，协助其他组员给予支持与鼓励；(7)引导组员关心自己和别人的感受。

【示例一】

组员甲：为什么会是这样？天，我真的不能理解。

工作者：甲，我知道这件事令你很不舒服，如果你愿意，它很重要，不妨把你的感受表达出来，我们愿意倾听你的想法和感受。

【示例二】

工作者：谢谢大家的分享，真的是太好了，你们的表达让我很感动。现在我们要往前再进一步，你们每个人手边都有纸和笔，请你们写出你们各自面临压力时三个自己的应对措施，然后我们大家一起来分享。

【功能】创造小组和谐、温暖的氛围，疏通阻碍小组沟通的障碍，发展出有效能的小组动力。

4. 回馈

【意义】基于自己的观察和感受，工作者对组员的行为给予具体而诚实的反应。

【实务要点】回馈的时机要适当，不是所有组员的行为都要回馈，要避免过分地干预和不必要地打断组员的分享及小组的进程。回馈不仅包括工作者给予组员的回馈，还特别强调促进组员对其他组员的行为给予回馈，后者对形成小组动力更为重要，工作者的回馈是一个很好的示范。

【示例】

组员甲：上了高中后我的功课下降得厉害，我也不知道为什么，我已经很努力了，但爸爸老是咬牙切齿："我看，你这个孩子一点都不努力，是没指望了。"妈妈老是语重心长："你能不能懂点事，妈妈这么辛苦的工作不都是为了你，你这样做怎么对得起妈妈。"我真的好烦，一烦我就想打游戏机，一打我就什么都忘了。

组员乙：我也有这样的经验，不过，打游戏机的时候我是兴奋的，但一下游戏机，什么都没有改变，只是功课更差，爸爸骂得更狠，妈妈的眼泪更多。

工作者：谢谢乙给甲的回馈。甲说他是因为生活太烦才去打游戏，乙说打游戏虽然是一种逃避的方式，但打过游戏机后情况并没有改变，反而变得更糟。甲，你赞同乙的说法吗？

【功能】回馈协助组员自我觉察，自我探索，同时协助所有组员更加自我开放，并在小组中找到支持和力量，使小组的动力自然地呈现出来。

5. 阻止

【意义】有效遏止小组中一些反效果甚至有害的行为。

【实务要点】小组中必须阻止的行为有下面几种：(1)喜欢询问过多的问题，且问题与小组目标相差甚远；(2)私下对其他组员评头论足；(3)长篇大论，喋喋不休，又抓不住重点；(4)否定小组现行的规范，歪曲小组已取得的成效，打击组员的信心；(5)侵犯他人隐私；(6)选择小组中的某一位组员作为小组的"代罪羔羊"，将其变成大家攻击和发泄的对象；(7)其他可能造成组员身心伤害的行为。

【示例】

组员甲：其实一直以来，我们的婚姻生活都不太幸福……

组员乙：你丈夫有了"第三者"？

组员甲：不是。

组员乙：那是你的问题，你不爱他？

组员甲：不是。

组员乙：那，那……我想想，是你们的性方面有问题？

工作者：乙，我知道你很关心甲，很想帮她，但请你等一等，我们来听听甲自己怎么说。

【功能】领导者对于小组可能产生的伤害，以及影响小组氛围与动力的行为有责任警告和阻止，以降低小组的危险性，保护组员并促使小组动力顺利发展。

6. 沉默

【意义】一种控制小组的技术，工作者通过有意识地等待，促成组员以更专注的态度来运作小组。

【实务要点】很多初学工作者都害怕沉默，一有沉默他们就紧张，就急急地想打破沉默。事实上，沉默是一种相当特殊的技巧，当小组碰到"死角"或组员对小组过度依赖时，工作者可以用沉默来回应。只是不宜出现过度的沉默，过度的沉默会导致小组迷失方向。

【示例】

小组已经进行三次，但是组员仍然很被动，总是依赖于工作者挑起话题，回馈也不及时。这次，工作者邀请大家表达意见后，就不再作声，静静地等待着。

【功能】提供给组员思考的空间，固定小组焦点，促使紧张情绪的整合，协助组员开发自身的潜能。

（三）行动方面的技巧

行动方面的技巧指在小组中，领导者采取的一些促使组员产生积极行动的方法技术，它包括：

1. 面质

【意义】工作者直接指出组员言语与非语言信息间的矛盾、逃避或不一致，促使组员直面问题并接受挑战。

【实务要点】面质的技巧是所有领导技巧中最具挑战性的一种。面质是以尊重和接纳为前提的，粗俗无礼，尖锐刻薄或过度的面质只会使组员更加防卫、敌对和抗拒。因此，卡马尔(Gumaer，1984)认为面质必须把握下列原则：(1)面质要具体正确；(2)面质时强调此时此刻，不翻旧账；(3)面质需在建立关系后；(4)面质需对组员有足够的了解，避免工作者个人的成见；(5)面质的是组员有能力改变的行为，不去面质组员的价值观和人格；(6)面质时态度要关怀尊重，呈现助人的意愿。①

【示例1】

工作者：我记得，你说过你到小组来是为了交更多的朋友，提高自己人际关系方面的能力。可是，刚才大家活动邀请你时，为什么你只是站在一边看，却不愿意参与呢？

【示例2】

组员甲：我不知道为什么要学英语，我天生就不喜欢学英语，记记背背单词，太简单、太乏味了，我喜欢做一些有挑战的事情。

组员乙：你认为有挑战的事是什么？

组员甲：比如下象棋。

工作者：你下得怎么样？

组员甲：班级是没有人下得过我，学校的比赛我也是第一名。

组员丙：那学英语呢？

组员甲：我总也学不好，进大学后，英语好象就没及格过。

工作者：那么，挑战？挑战是否是把自己做不好的事想办法做好呢？下象棋和学英语，哪个对你来说更有挑战性呢？

【功能】面质可以迫使当事人更直接、诚实地面对自己，觉察自我矛盾的地方，看到自己行为的盲点，去面对一些自己不愿面对的感觉、经验和行为。

2. 目标设定

【意义】工作者协助组员选择及澄清他们各自和小组的目标。

---

① 徐而森. 团体动力与团体辅导. 心理出版社，1997.

【实务要点】目标的设定是小组社会工作者一项最基本而且重要的技巧。有了目标，小组的发展、个人的改变才可能有方向，而不致迷失。目标的设定一定要符合下列原则：(1)目标要明确而具体，切忌抽象和含糊；(2)目标要有达成的可能性，要符合实际，切忌大而空；(3)目标要能衡量和评估。

【示例】

工作者：我们是一个帮助网络成瘾青少年的志愿小组。我们小组目标是希望通过我们的合作，帮助区少工委转介过来的网络成瘾的青少年降低每天网络游戏的时间，重返课堂，下面我们来讨论一下我们具体的分工和大家各自认为有效的方法。

【功能】目标设定有助于帮助组员聚焦在小组中的行为，并把握好小组的方向。

3. 自我袒露

【意义】在小组社会工作中，工作者在适当的时机刻意地有建设性地分享一些经验、感受和想法。

【实务要点】自我袒露要注意时机，不能太早，如果太早组员间彼此还不熟悉，关系还没建立起来，这时的自我袒露会使组员感到很不自在；如果太晚，就会失去引导组员开放的作用。自我袒露也不能太多，这样有宣泄自己情绪，从小组获益的嫌疑。同时，自我袒露时，情绪要把握好，避免情绪失控，反而增加小组成员的负担。

【示例】

组员甲：越临近毕业，我的压力也越来越大，我从农村来，父母“面朝黄土，背朝天”供我读书真的不容易，到目前为止，为供我读书，我们家还欠着几万元的债。我们家就靠我来改变这个状况了。我没有什么社会关系，现在就业的压力这么大，我学的专业又不热门，我真的不知道能不能找到工作。越想越害怕。

工作者：(点头)我理解，我当年也和你一样。毕业时，我到处投简历，开始一共投了 32 份，一点回音都没有。我急坏了，压力越来越大，有一段时间天天晚上失眠。

【功能】自我袒露是工作者真诚的表达，有助于小组信任关系的建立，有利于促进小组和谐、温暖的气氛。同时，自我袒露往往具有示范的作用，帮助组员更加地开放自己。

3. 认知重建

【意义】认知重建是指改变组员原有错误的、非理性的、阻碍他们积极行为的社会认知建立新的、积极的、正向的认知。

【实务要点】人们很多的情绪和行为问题都来自于他们对周围世界混乱和错误的认知。工作者提供组员看待事物的另一个角度或用通过将某些认知合法化、正常化的方式来达成认知重建。认知重建可以是工作者自己完成，也可以是工作者借助其他组员的力量共同完成。

【示例】

组员甲：我那个儿子我是越来越不理解了。小时候很乖的，现在我说东他非向西。我让早起他偏晚起，睡到九点才起床；我叫他晚上 10 点必须回家，他非得 10 点半；我让他穿这件衣服，他偏穿那件；我让他睡前喝杯牛奶，他却喝咖啡……

组员乙：你儿子多大啦？

组员甲：21 岁。

工作者：是啦，我听起来怎么好像你儿子才 5 岁？你能告诉我们 21 岁的孩子自己能做些什么吗？

【功能】认知重建主要协助组员打破原来令人困扰的对自己、他人和社会的看法，以一种新的知觉来觉察和理解自己、他人与周围的环境。

4. 建议

【意义】建议是为协助组员在思考和行动的发展上具有更多的选择，而提供一些信息、方法和意见。

【实务要点】建议，提供的只是信息和资源，以供当事人做适当的选择。组员是自决的，他可以选择接受也可以选择不接受，还可以从中选择某部分不选择某部分。工作者应很谨慎地运用该技术，因为事实上，组员对自己的情境最清楚，他才真正知道适合自己的是什么。如果自以为是，好为人师，把情境简单化，提出的建议不但没有建设性，反而可能引发危机或使组员形成过度依赖。

【示例】

组员甲：我一直都不明白，为什么宿舍里的同学要这么对我，他们本来热火朝天地讨论着什么事，我一推门进去，他们就不说话了，我拿了奖学金请他们吃饭，他们一个个推三阻四都不肯来，我真不知道我做了什么。

组员乙：你问过他们原因吗？

组员甲：没有。我想他们不会告诉我，我觉得是他们不喜欢我。

工作者：这是你想的，对吗？

组员甲：是。

组员丙：对啦，都是你自己想的，你怎么确定他们就是这么想的。

工作者：丙说得对吗？你自己是不是也不能确定？也许找个机会，你可以问问他们。大家看看，关于这一点，你们有什么好的建议？

……

【功能】协助组员发展多元性的思维和更多的选择空间，适当的建议有助于组员发现问题和解决问题。

5. 普遍化

【意义】协助组员将个人的经验与小组共同的经验联结起来。

【实务要点】组员在刚入小组之初，都会有一些共同的感受，即觉得自己的问题是独特的，是与众不同的，还有的人会觉得自己的问题比任何其他人的问题都要严重，自己是世界上最惨的人。通过普遍化，可以让小组组员认识到自己的问题与其他人之间的相似性，促使他们重新检视自己的问题，进而协助组员从周围环境和社会结构的角度重新审视问题产生的原因，并找到更有效的解决办法。

【示例】

组员甲：我很困惑，来到大学已经快半年了，我不知道做什么，一会儿想把英语弄上去，一会儿又想专业课要抓紧，一会儿又想到社团去锻炼锻炼。结果每天好像也很忙，但是到晚上的时候发觉什么也没做。这样下去，怎么得了，我看周围同学好像都比我好。

工作者：其实不是这样，这是所有的大一新生都会面临的成长中的问题。从高中刚刚进入大学，面临着生活的巨大转变，很多同学都不适应，都会有这样的困惑。

组员乙：是啊，我也常常这样……

【功能】普遍化是对组员个人认定的一种支持，可以帮助某一位组员和其他组员产生联结，提升他们改变的信心。

五、避免技巧的误用

我们介绍了这么多的技巧，但需要记住的是，技巧不仅是学的，更重要的是要用的。有的工作者说起所谓的技巧滔滔不绝，用起来却抓耳挠腮；有的工作者用起技巧来，一招接着一招，但评估起来，效果却并不好。为什么？下面我们就来谈谈如何避免技巧的误用。

（一）不能只注重技巧

任何一位优秀的领导者都应该清楚，单凭技巧并不能保证有效的结果。领导者若只注重技巧，那么他最多完成的是一个“工匠”的角色，他跟组员的接触或许会客观、单纯，不过也只限于一种表面化的关系。更严重的是，他可能会为了个人权力而操控组员，这样会令组员产生抗拒，运用再多的技术也不会有太大的成效。所以，技巧只是手段，而不是目的。事实上，领导者对于工作的态度、领导者的人格魅力及其服务理念、他对组员的了解、他与组员间建立的关系，很多时候都比技巧重要。因为成长和改变是在许多需要被满足时，才成为可能的。当组员被要求只信任技巧，而没有其他的关怀与信任融于其中，他们是会产生抗拒的。

（二）要弹性地运用技巧

就像同样一本菜谱，不同的厨师读了以后，却能烧出不同的菜一样，我们给大家介绍了这么多的技巧，不是要大家去记忆模仿，而是要根据小组中的具体情境去弹性地运用。工作者必须根据组员提供的资料去获取技巧运用的线索，并随着小组情境的改变，随时做出修正，放弃那些无用的或无法改善目前状况的技巧。比如在一次小组中，一位组员一直坚持认为小组出了问题，领导者请他具体讲出到底出了什么问题，他无法表达，领导者只好将注意力转开，如此重复循环，到第三次，组员已经很愤怒了。事实情况是，组员坚持小组出了问题，是因为他有感受要表达，而领导者一味地强调事情，忽视他的感受，令他非常气愤，也令其他组员感觉茫然。

（三）运用技巧时，常常要考虑小组正处在哪个阶段，不要干扰小组的自然发展

在小组的初期，组员们相互都在探索，可能多少有些沉默或小心翼翼，这时候领导者若是过多地运用促进的技巧，强迫小组前进，反而会使小组变得不成熟，组员间也容易产生疏离感，干扰小组的自然发展。所以，技巧的运用只是用来协助小组动力的产生和发展，而不能干扰它，更不能忘记小组本身才是最有力的资源。

（四）运用技巧时，要考虑到小组的类型、组员的人格特质并尽量适应组员的文化背景

小组的类型在很大程度上决定了可适用技巧的种类。比如在一个家庭暴力受虐者的治疗性小组里，就要避免使用一些会引起激烈情绪的技巧，免得组员出现过激的情绪反应，影响小组的进一步发展。自愿性小组与非自愿性小组，在小组初期所使用的技巧肯定是有区别的。青少年小组、成年小组和老年小组，在一些技巧的使用上也会不同。技巧的选用还要与组员的人格特征相适应，如果忽略这点，极可能造成组员与小组的疏离。如有的组员很自我，过快的面质可能不适合他；有的组员自我价值感比较低，激励和支持的方法可能更好；有的组员很敏感，不断地同理可能是一个好方法。认为一套技巧能适合小组中的所有组员，而不去了解他们的文化背景，也是不恰当的，如有一些组员，他们从小的家庭规则就告诉他们，在他人面前谈论自己的家庭是不好的；有些组员，他们的文化则告诉他们，在别人面前表达自己的负性感受是不被接受的。因此，在小组中运用技巧时，这些因素都要考虑在内。

(五) 技巧的运用需与领导者自己的人格相适应

领导者也是人，他也有自己的独特性和独有的内在能力。正如肯尼斯所说，当你运用一种不属于你特质的技巧时，那么你是在引进一件不属于你的东西。[①] 如果你是一个很严肃的人，那些很轻松和活跃的技巧，你运用起来会觉得不自在；如果你属于比较柔性的人，而你运用一种攻击性的技巧，那么这种奇异性将有可能抑制小组的发展。将技巧与工作者的人格特质结合起来，形成自己的风格，运用起来才会最为得心应手。

一般来讲，技巧运用的最高境界应是，在掌握了这些技巧并将它融会贯通后就把它忘掉，而将整个领导看成是一种艺术创造的过程，即领导者进入小组系统，在小组容忍的范围内，根据观察和感受到的事实，自在地探索、反应和表达，这会是一个很令人享受的过程。

六、协同领导

协同领导是两个领导者共同带领小组的过程，但它并不仅仅意味着领导者人数的增加，而最终聚焦于因人数的增加出现了新的角色。协同领导是一种良好的工作方法，也是一种良好的学习方法，在欧美地区越来越受到专业工作者的认同。它的优势在于：(1)主带者获得协同工作者的支持。表现在：主带者在事前做准备工作时，在小组运行过程中的角色扮演、模拟训练及活动执行时以及事后跟进转介时都能得到适当的帮助；(2)合作推动小组发展。协同带领小组时，其中一人可专注地带领小组，另一人则可留心观察所有组员的反应，藉此保持更敏锐的洞察力，同时借助彼此的交流互动，可以拓宽彼此的视野与看问题的角度；(3)为组员提供了良好的行为示范。领导者们之间的互动可以让组员学习如何沟通、互动及如何解决争执与冲突。(4)提供了一个相互学习的机会。领导者通过彼此的回馈，从而获得一个发展专业素养的机会。尤其对于初学者，一位经验丰富的领导者可以用这种方法来持续不断地督导初学者。

小组社会工作中，一个领导者面对的是一群人，不论是观察还是反应都难免有所疏漏，如果小组的规模再稍微大一些，这样的疏漏就会更多；再加上社会文化的多元，小组组员行为和背景越复杂，问题处理起来也越有难度，有的时候协同领导是一个更明智的选择。尤其是在目前的国内，小组社会工作刚刚发展起来，不论是教的人还是学的人都缺乏经验，而这种相互学习或师徒式的督导学习，对增加工作者的专业素养以及训练初学者有着很重要的意义。

当然，在协同领导时，有一些问题是必须注意的：(1)在决定协同领导之前，领导者应对彼此的领导风格要感觉到舒服，有最基本的彼此认同，在个人价值、政治观点、宗教信仰、人格特质方面没有严格的冲突；(2)决定协同领导之后，小组开始前，两人应尽可能就小组的事务进行相互沟通，如果有不同意见，在进入小组之前一定要协商处理好；在小组的发展过程中，双方要全力配合、相互适应，如果出现两人在技巧或处理问题时意见不一致或小组组员支持一位领导者而反对另一位领导者等情况，领导者应相互尊重，努力协调，合力面对；(3)在协同领导者的组成上，一般情况下，不需要向组员明示正负和大小之分。有的时候根据小组的需要，两个性格互补的人共同带领小组效果会更好；有的时候带领的是夫妇小组，那么由一男一女协同领导为好。不论如何，协同领导的目的是为了让小组运作得更好，它应以不伤害组员的利益为限。

---

① Gerald Corey 著，曾华源、胡慧安译. 团体技巧. 扬智文化股份有限公司，1998.

七、领导的陷阱

有时，工作者会因为一些自身特质、理念、工作原则或技巧上的问题而陷入领导的困境，也连带着小组陷入了困境，我们将这些现象总结出来，希望可以引起工作者的警示。

（一）自恋的陷阱

工作者甲：我费了很多力气，成立了这个小组，我已经做了我能做的一切，可是竟然有个组员直接地说，他不喜欢我带领小组的方式，这让我很沮丧，我做错了什么？他怎么可以这样对我？

工作者乙：在小组中我一直小心翼翼，照顾每一个人的感受，我告诉自己我要爱他们每一个人，让每一个人满意，但是小组并不如我想象的那么成功，我感觉很累……

工作者丙：教科书告诉我们，小组社会工作者只要在适当的时间，使用正确的方法，就能够协助组员解决他们的问题。不知道别人怎样，可是我根本无法使我带的小组有这样的成效，我不得不承认有些人离开我的小组并没有明显的改变，我感到很困惑和挫折，也对自己产生了很大的怀疑，我不知道自己是不是真的适合再带小组……

工作者丁：有了这么多年的带领小组的经验，我对自己的能力一直毫无怀疑，每一个组员只要他们一到小组，不用很长时间，我就能对他们的问题和表现说个八九不离十，我的组员也常常说我很厉害，不用他们说，我就能读出他们的心理和感受……

这些小组社会工作者，不论是沮丧也好，得意也好，实际上他们都陷入了小组领导过程中的自恋陷阱，即甲希望所有人都喜欢他，乙希望令所有人都满意，丙希望帮助所有人，丁则自认为自己了解所有人。实际上，这些工作者在带领小组时，其真正的目的都是为了满足自己的需要。为了适应这样的工作者，组员总是说他们已经改变很多，但是，事实上他们的改变很少。

甲忘记了组员发泄自己的愤怒和不满常常是自己内在需求的反应，有时候他们也会抗拒、防卫社会工作者并与工作者产生一定的合理的距离，这种现象是很正常的。如果工作者把这些当作是蓄意的，就失去了与组员一起工作，了解他们行为背后真实原因的机会。

乙的问题在于，虽然他（她）想使所有人得到满意的结果，但却使所有人受到仁慈和关怀的束缚。组员无法表达生气，无法应对挑战，相反，为了维持一派和气，工作者和组员都在刻意避免讨论具有潜在危险的主题，而只讨论安全和可预测的主题，大家小心翼翼不去"碰雷"，不但使组员和工作者双方都累，而且也使小组一直停滞不前。

丙渴望帮助所有人的想法令他忽视了任何助人方法都是与案主自身改变的动力和能力相关联的。过重的负担使他产生了对自己的专业能力和专业本身怀疑和困惑的态度，在这样的情形下，丙自然无法很好地带领小组。

丁可能确实是一位很有洞察力、非常敏锐的工作者，但丁的问题是他自以为了解小组的所有组员，以至于出现在组员没有完全表达自己的意见之前就替他们说出来的情形，这是一种十分不健康的领导方法。其不良后果体现在：一方面，组员会形成依赖，依赖工作者替他表达，并经常顺势把工作者的表达当成自己的表达，工作者也被诱惑相信这是真的；另一方面，组员期待工作者知道所有的想法，一旦他们不知道，组员就会对他们的工作能力产生怀疑，而工作者也会因此产生很大的压力，无法集中全部注意力在整个小组的发展上。

小组社会工作者，尤其是初学者非常容易陷入这些自恋的陷阱。一旦将这么多的包袱加在自己的身上，工作者是无法带领小组朝真正健康的方向发展的，因为他们真正的目的是满足自身的需要，而这些内在需求会使他们的感觉、观察、思考、判断、解释都产生扭曲。所以，工作者要认真地审视自己，看看这些自恋的陷阱是否出现在自己身上。

（二）过度的反情感转移

工作者：我来自一个非常保守的农村家庭，我们的文化里孝顺是一件很重要的品质。我的父母对我的控制也很严，我从来没有违背过他们的意志，没有对他们说过不，包括我的婚姻。听了他们的话，我离开了我最爱的女友；听从我父母的意愿，我娶了一个我不爱的人，婚姻生活很不幸福，我一直都很后悔。一次，在小组中，有一个组员说起他儿子有个女朋友，他不喜欢，正在想办法拆散他们。当时，我首先感觉到一种莫名的悲哀，然后带着极大的愤怒和莫名的冲动暗示、鼓动组员，告诉这位父亲，他这样做是如何愚蠢，如果这么做了会有什么样的危害，结果整个小组被煽动得忘乎所以，直到这位父亲看着我，茫然地问："是这样吗？我是这样的吗？后果这么严重？"这时我才猛然惊醒……

很显然，这位工作者是在反情感转移。反情感转移是指工作者被组员所激起的意识反应或潜意识反应。在心理治疗发展的早期，反情感转移被认为对治疗过程是有害的，经过最近几十年的发展，反情感转移被当作一个总称，即助人者对案主的情绪反应来自于工作者自己的生活经验。[①] 当反应适当时，反情感转移是一项了解个人和小组动力，以及支持个人和小组的有效工具，但是如果这种反应过度，就可能对小组造成伤害。柯瑞尔和柯尼（Corey & Coney，1992）总结了反情感转移的一些表现，如工作者做出诱惑组员的行为，利用工作者特权得到小组或组员的感情；或者为了扮演慈祥的替代父母的角色，过分地保护组员；或是轻视一些自己的特质，并将这种感受投射到某位组员身上；也可能是在组员身上看到自己，而对他产生过分认同。[②] 这些过度的反情感转移都会成为小组领导的陷阱，影响工作者的助人能力。避免过度反情感转移的最好的办法是在小组过程中，持续地对自己的情绪反应进行体察，并控制自己的情绪反应。当我们开始了解自己个人的反应时，我们对自己和小组组员的了解就会增加。

（三）领导过程中的焦虑

一位小组社会工作者在工作总结中这样写：这次小组的经验真是糟糕，我觉得我已经找到了小组的方向，我试图把小组向这个方向引，但是尝试了几次，组员好像都没有明白，我很着急，急着要解决这个问题，组员再说什么，我已经没有心思再听，后来觉得想听时，也没法集中注意力……

领导小组实际上是一项非常累人的工作。做个案是一对一；做小组则是一个人面对几个，甚至十几个、数十个组员，所付出的体力脑力可想而知。所以偶尔的失误，在小组中被有些组员抢了"风头"也是正常的，但如果工作者希望自己一直是小组的中心，需要无时无刻都做正确的事，想一下子解决小组所有的问题，认为小组必须按照自己引导的方向走，这是不现实的。有些工作者，一旦出现偏差就会产生焦虑，一旦体验到挫折，就会造成自己自信心的下降和情绪性分心——他不停地抬头看钟，皱着眉头，不停地搓手，眼神游离，笑容越来越僵硬，越来越轻易地打断组员的表达。通过工作者的这些非语言行为，这份焦虑和挫折就会很快地被传递出来，而这也会很快地被组员所觉察并扩散开来，从而使整个小组

---

① Kenneth E Reid 著，刘晓春、张意真译. 社会团体工作. 扬智文化股份有限公司，1987.

② Corey M, Corey G Groups. Process and Practice. Pacific Grove ，CA Brooks/ Cole，1992.

也不可避免地掉进了陷阱。

(四) 工作者不能表达自己的负性感受

工作者：一次小组里，有一位男性组员以非常侮辱性的口吻说起女性，当时我感到很愤怒，非常生气，但是我想一位好的小组社会工作者最好不要在组员面前表现自己的这种负性感受，所以我忍着，但我真的很生气，这种生气使我的情绪越来越低落，无法集中注意力，有一种想赶快结束这个小组的愿望……

这位工作者陷入了小组领导的又一个陷阱，即作为工作者不能表达自己的负性感受。其实，对于小组，工作者不仅是一个观察者，也是一个参与者。作为人，他不可避免会有自己的感受，过度地压抑这种感受反而使自己丧失了觉察和带领小组的能力。所以在小组中，如果工作者感受到了这种负性的感受，在不是为自己得益，不损害其他组员利益的情况下，他是可以通过真诚的自我分享和自我表露把他的负性感受表达出来的。

工作者的领导带动组员沟通、互动，继而形成动力。动力的存在是一种力量，它的形成和发展就是小组实际运行的过程。如果把小组比喻成一条小河，那么组员就是小河上的扁舟，小组动力就是小河的河水，河水自西向东流淌，扁舟则可顺势而行，舟借水势，一路向前。

第六章 影响小组发展的主要事件

小组的实际效能等于小组的潜在效能减去小组的过程流失。如果小组的过程是有缺失的，组员无法将注意力集中在小组发展中的主要事件上，那么这种有问题的小组过程必定会影响到小组的表现。

——罗宾斯（Robbins，1991）

在小组的发展过程中，有些事件是小组动力运作的结果，这些事件的出现与解决直接影响到小组走向、问题的解决和目标的达成，对小组有着非常重要的意义。如果这些事件处理不好，就会导致过程的流失，进而影响到小组的实际效能。所以，本章将对小组焦点、小组决策、小组问题解决这三个主要事件进行详细的阐释。

第一节 小组焦点

焦点是小组目前正在发生的事，是工作者和组员在小组某一个阶段的关注点。聚会中，焦点可以在一个话题上，一项活动上，也可以是在一个人身上。一个优秀且有效能的领导者，懂得如何建立与小组目标一致的焦点，在适当的时机从一个焦点转向另一个焦点，并且知道如何将一个焦点的问题深化下去，这对小组社会工作者来说是一个关键的技术性问题。

一、建立焦点

小组社会工作的结果是工作者与组员有目的有计划的社会行为的结果。所以，每一次会期都需要建立起小组的焦点，使小组的互动和任务开展围绕着这一焦点展开。建立焦点的方法很多，一般来说，建立焦点是工作者主动的行为选择。

(一) 通过评论建立焦点

在小组中，常常通过工作者直接向组员阐明接下来要进行的话题和分享的内容来建立焦点。

- 今天，接下来的时间，我们大家来分享一下离婚后，你认为你在生活中碰到的最大问题是什么。
- 小组一开始我们讨论了人际交往中如何看待自己的缺点和优点，下面我们将小组的注意力放在人际交往中如何处理与他人的冲突上。
- 好，现在大家把注意力集中到乐天身上，我们试着帮他走出目前的困境。

● 来，所有组员注意，我们不可能一下子讨论那么多的问题，现在我们回到刚才的话题上，关于如何帮助网络游戏成瘾的孩子认识到网络的其他功能。

（二）利用活动或习作来建立焦点

有的时候，利用一些设计好的活动或需要写、画的习作作为辅助工具建立焦点，可以将组员的注意力很快地集中起来。

● 来，请大家用你手边的笔和纸画一张自画像，下面的小组活动中我们要通过每个人的自画像来分享一下你是如何认识自己的。

● 请看白板，这里有三个大小不同的圆圈，请大家仔细地想一下，把你们在戒除毒瘾过程中可能碰到的困难分成三部分写在这三个圈中，最大的困难写在最大的圈中，依次类推，然后我们一起来分享。

● 好，刚才大家已经分享了照顾智障儿童的种种艰辛，现在我们发给每位组员一篇一位母亲如何照顾智障儿童的文章，文章不长，大家看完后，我们来分享一下，除了艰辛，你在照顾智障儿童方面有哪些成功的经验。

● 现在，请每位组员写下三个形容词来描述你现在的退休生活，然后回到小组中，我们一起来讨论。

● 下面我们将完成一个“信任跌倒”的游戏，做完后，请各位组员分享一下你在游戏中和游戏结束后的感受。

这些活动和不同习作的运用，会有助于工作者建立起小组的焦点。需要注意的是，这些活动和习作的运用要与小组焦点的建立起必要的联系，找到最合适与最自然的方法。

（三）用轮流法或二人小组法建立焦点

轮流法是工作者要求每个组员依次对某个刺激做出反应。二人小组法是二人一组配对对小组中提到的问题进行私下的讨论和分享。这两种方法都需要组员直接地参与小组，通过参与提高组员的注意力，是在建立焦点过程中常用的方法之一。

● 让我们作一个快速的轮流练习，考虑一下这个星期发生在自己身上的最好或最糟的事情，每个人只能说一个，让我们听听大家这周的情况。

● 我们这个小组是关于高考压力疏解的小组，在1～10等级中，10代表压力最大，1代表压力最小，来，让我们每个人说说看你们的压力是几？

● 小组就要结束了，我想你们每一个人用一两句话概括一下你在小组中的所学，并再用一两句话告诉我们在未来五年内你的设想。

● 我们已经做完了练习，你们感觉如何？大家轮流用一个词或短句，描述一下你目前的感受？

或者：

● 下面请两人一组，分别扮演施与方和受助方。由受助方请施与方为他做件事，例如：“请你为我唱支歌”“请你为我编一个辫子”等可行的事。在接受帮助后，受助方可以以任何方式表达谢意，然后双方互换角色后，进行同样的活动。最后再回到小组中，我们来讨论你在这过程中的感受。

● 我们都同意性是一个重要的话题，在我们小组中讨论这个话题也有非常重要的意义。现在分成两人一组，谈谈你在性方面想探讨的话题，主要集中在你认为对于性比较重要的话题或你提出希望寻找到一些更好解释的话题。然后回到大组中，我们一起分享。

在用轮流法建立焦点时要注意，整个过程要简短，不能占用小组太多的时间，组员的反应只是一些简单的确定性的词或短句，工作者的指导也要明确具体，使得整个轮换的过程可以迅速完成。其实，从某种意义上来说，有时用轮流法建立焦点还有另外的一个目的，在于它可以帮助工作者获得必要信息，发现小组中的潜在话题，建立起下一个小组的焦点。

在建立焦点时要注意，二人法分组讨论和活动可以持续5～10分钟，讨论的话题还需回到大组中再讨论。时间太短，问题还没有展开，组员会产生挫折感，但如果太长，该说的已说完，组员会因厌倦而走神或走题。用两人小组法建立焦点，可以使组员热身，整理和加工出有用的信息，增加组员的投入，创造出适宜的小组氛围。

二、固定焦点

建立起焦点，有助于将组员的注意力集中起来。但小组是多个人的组合，每个人都有自己的想法、期待和目标，如果不加控制，小组的焦点很快又会游离出去，所以，对于工作者来说，不仅要建立起小组的焦点，而且还需要根据小组发展的需要，将小组的焦点固定一段时间，以便对小组焦点的内容进行充分讨论和分享，找到解决问题的方法。

(一) 何时固定焦点

小组建立起焦点，工作者在焦点清晰地呈现出来后，就需要判断是否将这个焦点固定下来。那么该如何判断呢？

当焦点集中在一个话题上时，工作者需要思考下面的问题：

- 这个话题小组过去讨论过吗？
- 这个话题与小组目标有关吗？
- 组员有兴趣讨论这个话题吗？
- 这个话题值得再继续讨论下去吗？
- 组员有能力将这个话题深入下去吗？

对于这些问题的回答，将有助于工作者做出是否固定焦点与何时固定焦点的判断。如果工作者的回答都是“是”，那么就需要将焦点固定下来。如果对这些问题的回答有些是“是”，有些是“否”，那么工作者就要根据小组情境作出适当判断，再决定是否固定该焦点，但在这种情况下即使固定住焦点，后续领导时也要非常谨慎。

有时，小组的焦点集中在某一个人身上，这时工作者就要判断，这是否符合小组的目标。如果小组是成长性、治疗性和支持性小组，那么小组的焦点可以集中在某个个体的身上；但如果小组是社会行动性的小组，小组的目标是以任务为取向的，那么将小组焦点过多地集中在个人身上是不合适的；如果小组焦点集中在一个人身上，且只有这一个人获益，其他大多数或所有组员都无法从中获益，那么焦点固定在这位组员的身上是不合适的；如果焦点集中在某个组员的身上，而这位组员在小组内一直很少发言和表达，那么这样的关注是有益的；但如果该组员在小组内一直很活跃，也一直受到小组的关注，那么将焦点固定在该组员身上也是需要斟酌的。①

(二) 焦点固定的时间

当小组将焦点固定在某个话题或某个人身上时，工作者对焦点要固定多长时间必须有一

---

① Ed E Jacobs 等著，洪炜译. 小组咨询的策略与方法. 中国轻工业出版社，2000.

个判断。一般来说，在小组初期，不要轻易地将焦点固定在某个人身上太长的时间，这样会减轻其他组员的参与感和对小组的投入，使他们产生厌烦情绪而对小组失去兴趣。当然，在小组初期，将焦点过长地放在一个沉重的或对于组员来说，理解起来有一定难度的话题上也是不明智的。通常，焦点固定的时间与小组的性质有关，如果是成长性、治疗性或支持性小组，小组将焦点放在某个人身上的时间一般在30分钟以内，特殊情况下，也可以适当延长，但这显然只是小组的特例性行为。对于那些任务性或社会行动性的小组，小组的焦点停留在一个人身上的时间一般不要超过5分钟。当小组以共同的主题为焦点时，工作者根据小组目标的需要适时地安排时间，不过当小组组员对主题的兴趣开始消退，小组已无能力继续该主题时，适时地转移主题是一个明智的选择。

（三）如何固定焦点

固定焦点像建立焦点一样，是工作者的主动性的行为选择。当组员的注意力不集中，话题游离时，工作者就需要使用一定的技巧将焦点固定下来。工作者可以用直接打断组员的对话或间接地通过澄清、摘要等技术将组员的注意力固定在焦点上。

● 等一等，立新，我知道你很关心启龙，但刚才启龙的话题还没有讲完，我们再听听。启龙，关于你刚才说的，可以告诉我们再多一些吗？

● 我想，我还是提醒一下，现在我们讨论的是社区中的治安问题，不是社区环境卫生问题，还是回到我们的主题上，这样，我们才会有效地完成小组的任务。

有时，工作者可以通过评论或重新联结的方式固定焦点。

● 刚才亚明和紫玲已经对这个问题发表了他们的看法，这非常好。对这个问题的探讨将有助于我们整个目标的达成，我们不妨来听听其他组员的意见。

● 如兰，你提的问题也很重要，但也许我们要等一等再讨论这个问题。刚才大家发表意见时，我看到森木一直在摇头，彩珍也一直紧锁住眉头，也许他们还有意见要发表，那个问题还值得我们继续讨论下去。

在有些小组中，工作者可以与组员达成共识，通过一个手势或一个表情提醒组员，将组员已分散的注意力集中起来，避免话题的游离。如在一个任务性的小组中，每次小组话题分散，组员注意力游离时，工作者都会击掌两下以提醒组员。几次以后，每次这样做后，组员就会自觉地回到小组焦点上来。

三、深化焦点

固定焦点并不一定能将焦点深化下去，深化焦点是从焦点涉及的内容来说的，是对焦点涉及的内容进行深层次探讨。一个产生效能的小组一定不是像“蜻蜓点水”一样，从一个话题跳到另一个话题，也不是总在话题的表面打转转，使话题无法深入下去。这样的结果是，小组似乎什么问题都涉及了，但似乎又什么问题也没解决，组员从小组中获得的收获也很少。所以重要的是，对于一些与小组目标相关及有价值的焦点要深化下去，深化到一个能让组员有所收获和有意义的层次。

工作者深化焦点的技巧包括：(1)问一些引人深思和富有挑战性的问题；(2)请组员在一个更个人化的水平上交流；(3)请组员直面干扰小组的某种力量。[①]

---

① Ed E，Jacobs 等著，洪炜译. 团体咨询的策略与方法，中国轻工业出版社，2000.

继宁:我觉得我自己真不应该来到这个世界上,从我懂事起,我父母就一直吵,我夹在中间左右为难,我实在觉得自己活着没什么意思。

工作者:让我们试试来帮你。其他组员,你们对继宁的想法怎么看?(建立焦点)

智勇:他们吵架时,为什么你不走开?

玮文:是啊,那不是你的错。他们吵架,但你的生活还得继续。

继宁:可是他们是我的父母,我也不想管,是他们非把我扯进去,每次吵完了都会拉我去评理,我不说,妈妈骂我没良心,爸爸说他白疼我了。

工作者:智勇,你为什么觉得继宁可以走开?(固定焦点)

智勇:因为我也有过相似的经历,我爸妈也老吵架,每次吵完了都要跑到我面前说一大堆对方的不是,直到有一天我告诉他们:我不想再听了,我再也不愿意听到他们说对方的坏话。以后,他们一说类似的话,我就立即走开。还真管用,他们说得比以前少多了。

继宁:可是,我很担心他们,我怕他们吵到最后会离婚,我想帮他们。

心兰:你夹在中间这么多年,你觉得状况有改变吗?

继宁:可是……

工作者:(以温和尊重的语气说)来,大家听听看,你们已经第几次听继宁说"可是"了?这是我们很多人面对困境时都会玩的把戏,"可是"的实际结果是逃避问题,继宁,你真的想我们帮你吗?(深化焦点,让组员在一个更个人化的水平上交流。)

继宁:(轻轻地饮泣)是的,我想你们帮我,我很难受。

工作者:好的,我们都很真诚地想帮你。大家看看继宁的问题到底出在哪儿?我们要如何才能帮他?(深化焦点,问一些引人深思和富有挑战性的问题。)

丹红:你父母都是成年人了,他们应该对自己的行为负责,如何修复他们之间的关系是他们自己的事,这个包袱不应该你来背。

继宁:但每次看见他们吵架,我就会很害怕,然后就觉得都是我的错,是我让他们吵起来的。

工作者:来,我们不要再在"该不该"的问题上纠缠,把问题深入下去。继宁,在你印象中,你印象最深的,童年时父母争吵时的情形是怎样的,当时你的感受是什么?(深化焦点,让组员面对干扰小组的某种力量。)

……

工作者:相信大家都看到了,继宁仍然用她童年时的眼光来看待这个问题。而她的童年自我是一个很想取悦父母的小女孩,即使今天,当她成年时,面对父母,她仍然是那个想取悦的小女孩。这个童年自我给她造成了很大的麻烦。你们每个人想想看,你们是不是也有一个这样的童年自我呢?(再一次深化焦点,问一些引人深思和富有挑战性的问题,将小组中某个组员的问题与其他组员联结起来。)

深化焦点需要和小组的阶段结合起来,在小组的初期和结束期一般都不太适用深化焦点,深化焦点主要运用在小组的中期。如果小组初期就贸然讨论一个很深入的话题,通常因组员没有充分的准备,导致探讨起来有难度。即使探讨进行下去,组员也很快会为对在没有充分信任情况下的自我表露感到后悔,甚至因此受到伤害。另外,还需要注意的是,在工作者还没有做好充分准备情况下的深化焦点,因工作者知识、经验和临场反应的欠缺,可能会出现组员已深入到一个层次,但工作者却没有能力跟上,而将整个问题"吊"在那里,令组员和整个小组都觉得不舒服。

四、转移焦点

任何一个焦点的固定都是一段时间内的事情，在一段时间后就涉及焦点的转移问题。焦点的转移是多方向的，可以是从话题到话题，话题到个人，也可以从个人到个人，个人到话题，或者是在话题与活动和个人与活动之间相互转移。

当下列情况出现时，工作者就要转移焦点了。

● 焦点集中在一个人或话题上的时间过长。

● 组员的兴趣下降甚至已经显露厌烦情绪。

● 焦点与小组的目标出现冲突。

● 焦点已经固定一段时间却没有任何新的进展。

● 工作者觉得小组需要一些新的变化，希望引入新的话题与活动。

焦点转移的技巧包括：

(一) 将话题从一个人、一个话题或一次活动中移开。

● 大家已经用15分钟讨论了这个话题，已经讨论得很充分了，下面我们需要进入一个新的话题了。

● 今天我们有许多内容要谈，让我们进行下一个吧！

(二) 将话题引入一个人、一个话题或一次活动中。

● 好了，对这个话题的讨论暂时告一段落。东诚，在刚才的讨论中，你提到常常会觉得自己是别人眼中的"垃圾"，可不可以告诉我们多一点，这是怎么回事？

● 刚才我们已经分享了各位组员在生活中感受到的最主要的负面情绪，下面我们将注意力转入对这些负面情绪产生后我们的应对策略上。

● 刚才在分享的进程中，有好几位同学提到，他们在找工作的过程中碰到的一个重要问题是来自父母的压力，我们下面就来谈一谈这个话题。

(三) 在小组中事先将焦点转移的线索设定清楚

● 今天我们的第一个话题，讨论一下下次去老人院探访的时间和各项准备工作的分工问题，讨论时间15分钟，15分钟后我们进入下一个话题。

● 下面我们将讨论一下在孩子中存在的你们感觉绝对不能容忍的行为问题。这个讨论进行20分钟，20分钟后我们将讨论其他问题，所以请大家注意时间。

第二节　小组决策

小组决策是小组组员之间经过充分讨论与互动，为满足小组组员的需要，就小组的问题共同作出决定的过程。小组决策是小组运作的结果，对于小组的走向，小组目标的实现有重要的影响意义。

一、小组决策的形式

小组决策的形式包括：

1. 决策是由多数人形成。这种方式多以组员投票或以民意调查的方式来完成，最终以多数人的选择为准。它考虑到了大多数人的意见，但无形中制造出了“多数者”和“少数者”的对立，少数者会有被忽略或被抛弃的感觉，因而执行的过程中并不能获得完全的支持。

2. 决策因权威者的指定而形成。这个权威者一般是小组社会工作者，也可能是小组中的其他权威象征者，这种方式可以经过也可以不经过小组的讨论。这种决策水平的高低直接取决于权威者个人的能力和他对信息的把握。执行的过程顺利程度，也视其他组员的认同而定。

3. 决策是由小组组员一致同意的。小组的决策获得了全体组员的一致同意，这是一种最理想的状态，在执行的过程中一般能获得完全的支持。

4. 决策的形成是因为没有任何的答案。小组组员每个人都有自己的意见，每个人都将自己的意见提出来，但是小组却没有充分地讨论，草草地讨论过后，小组似乎有了一个“答案”，没有经过任何的质疑和批判后就执行了。在执行的过程中，组员的兴趣不大，也不会很投入，最后也只能草草收场。

二、小组决策的技术

一个有效能的小组总是希望通过小组决策的实施，帮助小组在最短的时间内作出最适宜的决定。协助小组完成决策的技术有：

（一）头脑风暴法和反头脑风暴法

头脑风暴法和反头脑风暴法也被合称为脑力激荡法。头脑风暴法是小组组员围绕着所要讨论的问题发表意见，但不得重复与反驳他人意见的一种决策方法。需要注意的是工作者在讨论前要将问题界定清楚，并且一次只讨论一个单一主题，工作者不发表自己的意见，也不事先定下基调，对于要修改与补充自己意见的人，给予优先发言权。

反头脑风暴法是小组组员围绕着所需要讨论问题的已有意见发表看法，但只能反驳与质疑他人意见的决策方法。需要注意的是，工作者一开始就要宣布已有意见，但不定基调，讨论必须紧紧地围绕这些已有的意见和设想，组员反驳与质疑的是他人意见和设想不成立的理由，不能重复他人的质疑与反驳，但可以补充和讨论他人的质疑与反驳，工作者鼓励组员提出新的质疑和反驳。

小组社会工作中通常将头脑风暴法和反头脑风暴合起来并用。通过头脑风暴法收集小组中的信息与想法，再通过反头脑风暴法质疑后进行决策。这种技术在小组决策时已被广泛地使用，组员可以非常自由地发表意见、表达看法，所以，小组能够在很短的时间里搜集到很多独特和创新的想法，而每个组员都参与了小组决策的过程，对小组决策的认同性也较高。

（二）名义小组决策技术

名义小组决策技术是由第白克（Andr'e Delbecq）和威德温（Andrew Van De Ven）在1971年提出的。很多学者认为：在一般的互动小组中，该技术对激发组员思考、解决问题及建立起一致性决策都非常有功效。

名义小组决策技术的具体实施步骤是：(1)让组员按排成U字座位坐好，座位开口处放置黑板或白板；(2)小组领导者说明需讨论的问题主题，对主题中的重要概念进行清晰地界定，让组员完全熟悉所要讨论的问题；(3)给组员5～10分钟时间，让组员安静且个别地针对问题用简单的字句列出他们的意见和想法，彼此之间不准有任何互动行为；(4)组员安静思考后，一次一位，每位组员将自己的意见与想法列在黑板或白板上，让每位组员都可以看见，直到所有组员的意见全都列出为止。此过程中不准质疑和批驳，也不为自己的意见辩驳。组员如没有自己的意见可跳过，以留给他们充分的思考空间；(5)进入讨论阶段。组员依图表上所列的意见依序澄清思考。此时，每个人可以对自己或别人的意见公开地表达同意或不同意的看法，经过争论后，所有的意见可以被修改，整合或增减，直到意见确定为止；(6)经讨论之后，根据组员投票票数的多少，按重要性排出先后次序；(7)对初次投票的结果进行再讨论，以提升判断的正确性。尤其是对投票之后显示结果有很大矛盾或投票率太高或太低的问题都要进行再讨论；(8)依据再讨论的结果再投票，这次投票的结果就是小组的最后决策。

名义小组决策技术使每位组员都参与了决策过程，都发表了自己的意见，充分利用了组员联合的共同智慧。但它程序复杂，又比较耗时，组员照表操作，投票决定，有被强迫之嫌。但依据实验的结果，名义小组技术在“意见”方面显现出“高品质”和“高明确性”的结果，且在“决策过程”部分，也表现出“高终止感”和“高成就感”①，因此，从体决策技术的层面看，它还是值得推荐的。

三、小组决策时可能出现的问题

（一）小组决策的极化现象

小组决策的极化是指小组所做的决策会比个人最初的行为有更偏向极端的现象，这些决策一部分更冒险，一部分更保守。有学者把这种现象称为“小组极化现象”。

小组决策极化产生的主要原因是：(1)通过小组的分享，理念、思想一致的组员更紧密地结合在一起，并且这种结合被小组强化；(2)在小组中，具有说服力的组员，通过左右其他组员的观念和想法，将自己的观念和想法推向极致；(3)小组的决策是由全体组员共同完成的，所以责任由大家共同承担，因为是共同承担，分散了个人应负的责任，这促使个人进行冒险，导致极端化行为的产生。

小组决策的极化可能导致的后果是决策的合理性受到质疑，或者为强势的一方压制弱势的一方而埋下冲突的种子。此外，决策在执行的过程中也肯定会碰到困难，因而对小组的影响很大。

处理小组决策极化的方法是在小组刚刚出现决策极化时，就敏锐地觉察出来，立即采取相应的方法干预。如只讨论对方的优点，求同存异，尽量消除彼此的紧张和敌意，从而达成共识。如果双方分歧太大，可以要求双方做出妥协，选择一个折中方案，或由双方或一方对双方的决策进行试测，根据试测的结果再讨论出一个双方都能接受的方案。如果这两点双方都不能接受，那么领导者可以利用自己的权威，在充分考虑后做出选择。

（二）小组的迷失

小组的迷失，一般都发生在凝聚力较强的小组中。在这样的小组中，为了避免冲突并寻求一致性，组员不能作任何批评和评价，结果影响了组员正常的判断力和表达力，忽视了许多有用信息，使小组决策失去了健康发展的方向。

根据詹尼斯(Janis)的研究，小组的迷失具体表现在：(1)组员过于自信，觉得他们的决策是无懈可击的，为此，他们会冒险采取极端的行为；(2)小组强大的压力，在这种压力下，任何不同的意见都被排除在外，小组组员也不能容忍任何不同意见；(3)小组组员不愿意面对现实，对

① 李郁文. 团体动力学：群体动力的理论、实务与研究. 桂冠图书股份有限公司，2002.

于任何已经出现的警示，组员都会有意无意地忽视，或对其做出合理化的解释；(4)组员有了自己的不同意见，但是他们却不敢公开表达；(5)组员中也有表达不同意见的，但这些意见的表达一直没有被组员真正听到，所有组员都陷在“我们全体一致”的错觉中。

小组如果出现这样的迷失，就会对小组的决策品质造成严重的影响。詹尼斯提供了一些处理方式来预防小组迷失的发生，比如：告诉每位组员，他们可以提出批评性的意见；领导者要客观公正，不应有任何偏好；可设置几个独立的次小组来研究一些共同的主题；在小组最后决策之前，对有关问题再重新思考等。小组迷失意味着小组处于生病状态，这时就特别需要工作者开出适当的“处方”，来帮助小组和组员从迷失中走出来，找回正确的决策方向。

(三) 小组效能的流失

19 世纪的法国农业工程师瑞格曼(M. Ringelman)曾做过一个实验：用一个、两个、三个甚至八个人去拉一条绳子，看他们各花了多少力气。结果他发现，如果一个人单独拉，会用 100 个单位的力气；当两人拉时，花的力气不到 200 个单位，只有 186 个单位；当三个人一起拉时，结果不是 300 个单位，而是 255 个单位；当八个人一起拉时，却只有 392 个单位。这就是所谓的“瑞格曼效应”，即当小组的人数增加时，个人的付出会相对减少。在这种情况下，小组的实际效能往往少于它的潜在效能，有一部分效能流失了。这也是社会心理学中著名的“社会责任分散效应”。

当组员在小组中感觉不到自己的价值，认为自己在小组中只不过是一个微不足道的小人物，个人的所作所为对小组不会产生任何影响时，小组的效能就有流失的可能了。当小组效能流失时，组员感觉不到自己在小组中的价值，也不会真正投入小组，表现得对小组的决策兴趣不大，责任模糊，懒懒散散，拖拖拉拉，进而对小组的决策和执行都产生消极的影响。

所有的领导者都希望通过努力，将小组的潜在效能尽可能地发挥出来。预防小组效能的流失，实践证明，较好的方法是：强调组员个人的责任；对组员的工作成果进行认定和评估；强调个人的努力对小组产生的影响；强化组员间的信任等。以上努力都试图聚集于一点，即让组员在小组中感到自己的价值，让他确认他的存在对于小组的意义。

第三节 小组问题的解决

小组问题的解决是指将组员的想法和资源有系统地加以组织排列，找出有效的行动步骤，协助组员解决问题的过程。每位小组社会工作者都应熟悉一套问题解决技术，用来协助小组组员处理小组与日常生活中的一些技术性的问题。

问题的解决，往往会有一套既定的程序，不同的学者依据不同的问题，创造出了不同的问题解决模式。这些问题解决模式各有各的特点，我们取其中比较实用的三种加以介绍。

一、恩盖的三阶段问题解决模式

恩盖(Egan)的三阶段问题解决模式，相对而言较为简单。它将问题解决分成循环的三大阶段，如图 6－1 所示。

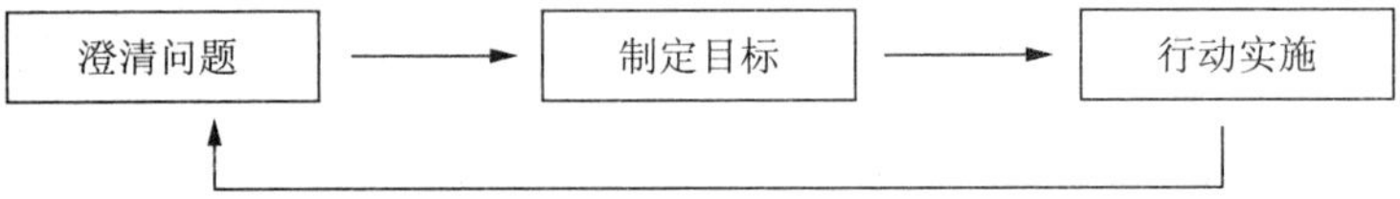

图 6－1 恩盖的三阶段问题解决模式

(1) 澄清问题阶段：该阶段的主要任务是协助组员将问题产生的过程与问题有关的一切经验和感受具体、清楚地表达出来。

(2) 制定目标阶段：根据已被界定清楚的问题，协助组员弄清楚希望问题被如何解决，并制定解决问题的切实可行的目标。

(3) 行动实施阶段：根据目标找到最切实可行的达到目标的方法，协助组员付诸实施，最终达成目标。

这三个阶段是可以循环往复的。如果第三个阶段结束后，问题已经获得圆满解决，那么整个过程终止；如果第三个阶段后，问题还没完全解决，那么再回到第一个阶段重新开始，进入澄清问题阶段。

二、卡克霍夫的四阶段问题解决模式

卡克霍夫(Carkhuff)的问题解决模式分四个阶段，每个阶段与一定的专业技术结合起来而形成一套独特的处理方式。如图 6－2 所示。四个阶段的主要步骤如下：

(1) 投入陈述阶段：组员通过语言及非语言的方式向小组表达问题和感受，请求小组的协助。

(2) 自我探索阶段：组员开始探索自己此时此刻的处境，描述事件的状况及了解自己此时的感受和看法。

(3) 自我了解阶段：经过自我探索阶段，求助者对自己及事件的本身有了较深入的领悟之后，开始了解自己真正的感受，以及应如何面对问题和解决问题。

(4) 采取行动阶段：组员有了改变的动机之后，在最后的阶段，工作者带领组员促成行动的完成。

这个问题解决技术最大的特点是强调组员的自我领悟，提升组员的权能，并且每个阶段都有清晰明了的专业助人技术与之相辅。四个阶段分别与专注技术、反应技术、个人化技术和促成行动技术相适应，使组员不但可以在小组中获得问题解决的技术，还能将此技术顺利地推广到小组以外的环境中去。

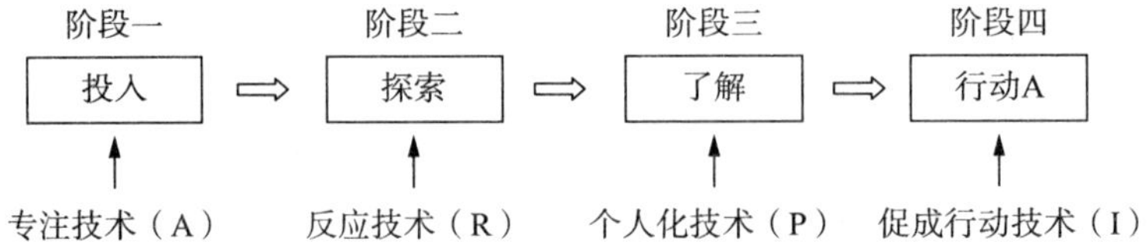

图 6－2 卡克霍夫的四阶段问题解决模式①

① 徐西森. 团体动力与团体辅导. 心理出版社，1997.

三、系统化的问题解决模式

解决问题的方式若是愈加系统则愈有效。下面我们以示例的形式，着重介绍系统化问题解决模式，它的步骤如图 6－3 所示。

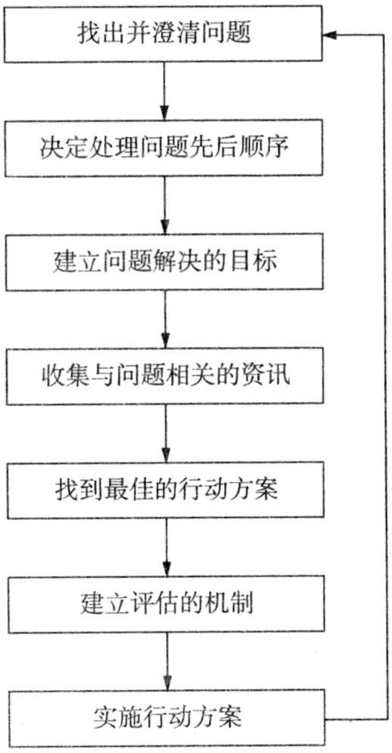

图 6－3　系统化的问题解决模式

(一) 找出并澄清组员生活中的问题

萨提尔提出了一个著名的观点：问题的出现不在于问题本身，而在于你如何去看待问题。找出和澄清问题的过程实际上是协助组员以一种新的眼光看问题。

1. 协助组员以一种可解决的方式来叙述问题

组员甲：我下岗了，丈夫和我吵着离婚，儿子和我的关系又不好，所有倒霉的事都让我碰上了。当年我以一分之差没有考上省重点中学，我们那里除了那所省重点就没什么好中学，没有考上省重点高中决定了我没有考上大学，没有考上大学我就没法找到好工作，没有好工作所以我下岗了，我的一生从我没考上重点高中的那一刻起就决定了……

组员乙：过去我一直抱怨自己没有机会考上重点高中，然后去读大学，实际上从一分之差没考上重点高中，我就一直在放弃自己的人生，除了抱怨，我真的没做过什么……

这是两种不同的叙述问题的方法，组员甲对问题的叙述是一种不可解决问题的方式，他把问题固着在过去，将问题视为超出自己的能力范围之外，而组员乙的叙述是可解决问题的叙述，他关注的是此时此地。

2. 协助组员承认问题是他自己的

组员甲：我承认我的英语太差，可是你没看看，我们老师上课的水平有多差，不但是我，我们班有一半同学不及格，我还算好的啦。

组员乙：我本来英语底子就差，这个老师讲得又太快，我跟不上，课后又没有好好地补，现在想来，不及格也是难免的。

组员甲的叙述是在将问题归结于他人，一味地为自己的行为找借口，逃避自己的责任，根本没有改变的动力。组员乙承认问题在自己，而他必须负起改变问题的责任，也因此有了改变的动力。

3. 协助组员具体地叙述问题

组员甲：我和我丈夫的关系一直不好。

组员乙：我什么事情都喜欢自作主张，和我丈夫在一起的时候，我常常要他听我的，我认为如果他爱我，就应该让着我。一开始，他确实让着我，但慢慢地，他让我的次数越来越少，我想是不是他不爱我了，于是就不停地和他吵，吵到最后我们都觉得没意思了。

组员甲的叙述很模糊，组员乙是用自己的行为来描述问题的，描述得很具体。实际上，组员将问题描述得越具体，解决起来就越有针对性、越容易。

4. 协助组员把问题分成可以处理的小单元

组员甲：我的生活一团糟。

组员乙：我失业了，一直找不到工作。找不到工作，我的压力很大，晚上老是失眠。我和丈夫的关系也一直不好，下岗后，我们的关系更糟，我觉得他应该体谅我，可是他一点儿反应也没有。我和儿子的关系也遇到了麻烦，我们之间总是无法沟通。

从组员甲的叙述中，我们找不到任何解决问题的线索，但组员乙的叙述，把问题看成是一个系统，它是由许多要素组成的，把这些要素一一列出来，解决起来会比较有系统性。

在小组中，工作者首先要从这四方面着手，协助组员以新的眼光看待自己的问题，做一些对问题解决有建设性的陈述。

(二) 协助组员决定处理问题的先后次序

运用小组的动力帮助组员分析自己的问题和已有的可以整合到的资源，如图 6－4 中对组员乙的资源分析。然后将问题按一定的原则先后排序。选择的原则是：(1)先选择可控制的问题；(2)先选择压力最大的问题或危急的问题；(3)先选择比较容易处理的问题或比较小的问题；(4)先选择一旦处理完毕就能造成全面性改变的问题。选择好之后工作者排列出问题的先后顺序，系统性地协助组员处理。

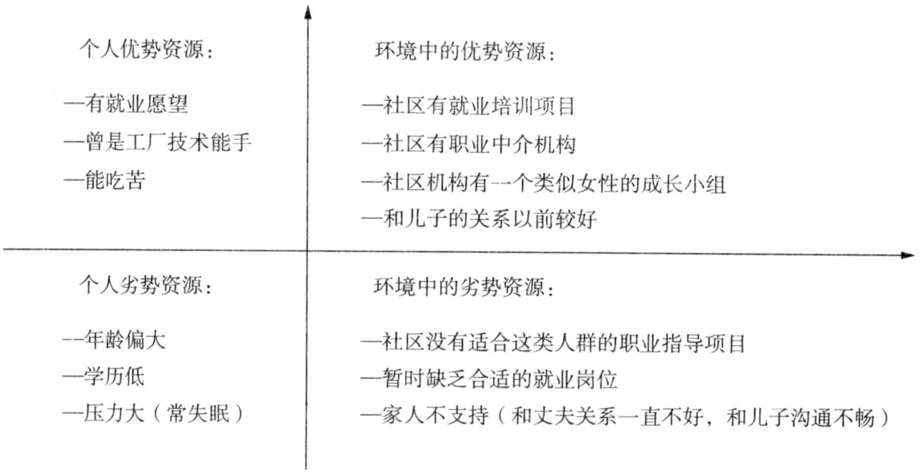

图 6－4　资源评估图

如，针对上述组员乙的问题，工作者和组员一起分析，认为失业问题是个关键性问题，也是对全局都会有影响的问题，因此要排在首位；然后是和丈夫及儿子的关系问题，应排在次位；排在最后的是自己的失眠问题，因为这个问题是前面问题引起的。

(三) 建立组员同意的具体的目标

组员是自决的，小组的目标应是组员自己选择的结果。建立目标时应注意：(1)目标必须具体可行；(2)应当与组员的资源及能力配合；(3)把目标分成可行的小单元；(4)请组员具体地叙述目标。

不是：我要立即找到一分好工作。

而是：我要立即尝试去找工作，一开始的工作不必太好，主要集中在服务领域，为此我准备接受一些培训，为找工作打下基础。

(四) 收集与问题相关的各方信息

问题和目标一旦确定下来，下一步要做的便是收集与问题的本质、重要性、存在等有关的各类信息。具体的方法可以运用勒温和米德(Myrdal)所提出的立场分析的原理分析问题存在的阻力和助力，如图 6－5 所示：(1)协助组员列出阻碍他达到目标的所有阻力；(2)协助组员列出能帮助他达到目标的所有助力；(3)协助组员列出可以减少或消除阻力的所有行动方法；(4)协助组员列出可以加强助力的所有行动。

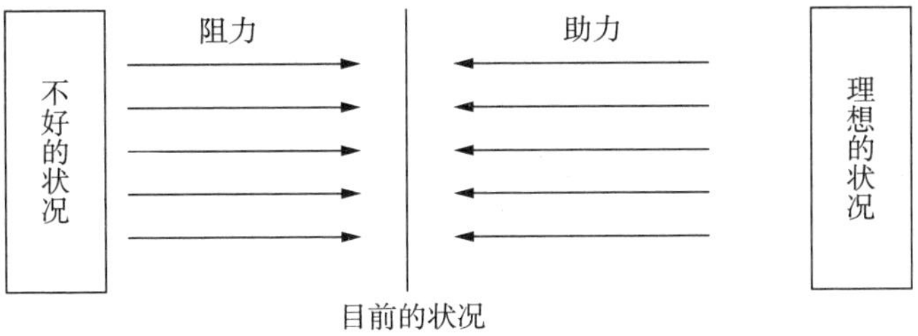

图 6－5 勒温和米德的立场分析图

阻力	动力	行动
失业	想再就业	尝试去找工作
没有技能	有以前的工作经验，想继续学习	接受职业培训
与丈夫关系差	双方都有改善愿望	与丈夫沟通，改变两人的冷战状态
与儿子关系差	亲子关系基础好	学习亲子沟通技巧，改善亲子关系
……	……	……

(五) 系统地陈述各种选择行动方案

资料收集完后，接下来便是系统地陈述及评估各类选择方案。在列出可能遇到的所有阻力和动力后，将两者结合起来，从中间找到最有效的方法。可以将小组分成几组，各指定一组选择论点进行小组讨论，选定行动方案。注意：(1)协助小组选择符合小组价值观的方法；(2)协助小组选择所遇阻力最小的方法；(3)协助小组排出行动计划的顺序，使其逐渐地有系统地达到目标。

行动	具体行为
尝试去找工作	增加对市场的了解，去职介中心登记，筛选工作范围
确定具体工作的定位	参加就业培训
与丈夫关系的改善	参加女性成长小组，舒缓压力，习得与家人沟通的技巧
	在家中练习在小组中所学，改善与丈夫和孩子的沟通
	……

(六) 建立评估行动计划的标准

为了使组员在实行行动之后得到回馈，则需要工作者在行动之前建立具体可测量的行动标准，以判断组员是否已经采取实际的行动，行动实行到什么程度，其效果如何，行动过程中又碰到了哪些困难。比如在上例中，组员在改善与丈夫的关系时，遇事要尽量多与丈夫沟通协商，不过多地将自己的意志强加给他人。小组和该组员达成协议，要求她在小组开展期间每晚与丈夫沟通一次，与丈夫争吵的次数由几乎每两天一次减少为每星期两次。

(七) 协助组员实施行动计划

即帮助组员获得系统内的支持。譬如工作者在心理上引导组员，告诉组员慢慢来，不要操之过急；若组员碰到困难，又回到小组之中，工作者要鼓励其他组员再给予其回馈，并提供同理和支持，协助其分析困难所在以及克服的方法；当组员有建设性的表现时，小组应给予鼓励，激励组员继续朝目标努力。行动方案实施后，工作者要进行专业评估，如问题解决则结束，如问题没有获得实质性解决，则回到问题并澄清问题，然后重新开始。

在本例中，我们举了一个组员个人问题解决的案例对系统化解决模式进行说明，但需要注意的是：(1)对组员个人问题的解决利用的是小组的动力，而不是工作者与组员个人之间的关系动力；(2)这个组员个人问题的解决对小组其他成员有示范和助益作用；(3)在小组任务完成的过程中，其问题解决同样适用此技术。

以上三种问题解决模式各有特点，作为一位小组社会工作者，如果能熟悉掌握解决问题的各项技术，对于小组问题的解决将大有帮助，同时也会在不同程度上提升小组的效能。

第四节　环境的改变

依据生态系统理论，小组社会工作者认为，所有人类的行为都是人与环境互动的结果，而每个人的生存发展与环境是否能提供给他一个合适的"栖息地"息息相关。当"栖息地"无法提供个体所需的资源，个体因需求的不满足或与环境的适应不良就会产生问题，所以小组社会工作者的一个重要使命就在于通过小组改善人类的生活环境，追求经济与社会的正义。

一、影响人类的环境元素

每个人都是一个值得系统分析的有机体，但是任何一个以人为系统的分析，都必须考虑到个体界线以外的环境。个体界线以外的事物对个体产生的影响被我们称之为环境影响。环境包含地理、物质、人文、社会组织等。对于某些人而言，环境可能具有压力、妨碍作用，而对于另一些人来说，环境却是无束缚或起促进作用的。

人们会发现他们存在于一个与自己或近或远的多重复杂环境中，但几乎所有人都会与下面的环境元素进行互动①：

1. 核心家庭、原生家庭或家族：我们被这个初级环境养育成人，在其中完成初步的社会化。

2. 一个直接参与的小环境或参考小组：如学校、街坊邻居、朋友、同辈群体、职业小组等，在这个环境中人们经验到了仅次于家庭的初级关系，获得了最为重要的支持网络。

3. 当地的社区：社区环境的元素也是提供初级关系的元素。但它对个人的影响与其经济、社会地位直接相关。如果你是政府机构中很重要的官员或社区中的有钱、有声望的人，你可以认识市长，可能是学校家长委员会的委员，你会受邀参加社区的重要会议，在各种社会小组中有头衔，是社区事务的决策者之一；但如果你是贫困的低收入户，你的社区参与可能相当有限。

4. 文化、社会或国家：包括政府、法院、政治意识形态、军队、社会福利服务、时尚文学、文化传统、大众传播，是决定社会服务标准的重要决策所在。以上要素有的离个人很远，有的遍布于日常生活的方方面面，但都会对我们的生活产生持续性影响。如个体去认同一种意识形

① Benyamin Chetkow Yanoov 著，江佩玲、潘美英译．社会工作实务：系统取向．五南图书出版公司，2001.

态，成为某个党派的组员，支持一种地方性法规的建立，热衷于一个地区性的活动，在不相干的人群中建立起一种参与感，如在微博与人互动，在微信上加一个公众号等行为，都是与文化、社会或国家环境进行互动的具体体现。我们会通过这些方法与这个世界建立起某种联系，以满足个体社会性需求。

5. 国际性场所：天气、战争、灾难、联合国、奥林匹克、各种新技术的出现等。对于个体来说，上述场所似乎十分遥远，然而，随着全球化时代的到来，伴随着自媒体的发展，这些环境的影响已经渗透到我们生活的方方面面。

6. 宇宙：宇宙虽然离我们很遥远，但每一个人都受到宇宙的影响，如每一个人都会受到地心引力、太阳黑子等的影响一样。

任何一个系统分析中，这六个环境中的每一个都可以被视为一个系统，而且它们之间是相互影响的。事实上，社会工作者时常必须和组员一起去处理各层环境对个体和小组带来的多样影响。

二、选取干预系统

工作者和组员面临的首要任务是，为了达成组员和小组的目标，必须选择需要改变的系统。

1. 家庭环境系统

家庭本身可分析为一个开放的系统，与环境中的许多要素进行稳定的交换。家庭无疑也是对个体影响最深刻的环境系统。核心家庭通常包括双亲与他们未结婚的孩子，在中国还可能存在与祖父母或外祖父母共同生活的三代或四代同堂的大家庭。在家庭系统中发生着夫妻、亲子、手足、婆媳、翁婿、祖父母(外祖父母)和孙(外孙)子女间的内在关系，还发生着家庭与其他家庭、同事、同学、老师、医疗人员、邻里之间多样的内外关系。父母收入、家庭所认同的社会规范和期待、电视节目、社会改革都是家庭重要的输入。因这些互动和输入而形成的家庭信念、家庭规范、家庭互动关系、家庭权力系统、家庭氛围、家庭的生活风格都会对个体的行为产生深刻的影响。

现代社会，随着工业化的发展，家庭虽然仍然担负着重要的个体社会化的责任，但是家庭的许多功能已经外移，它受到了社区中心、学校、老人院、幼儿园、医院、福利机构的重要影响。在社会工作中，家庭是一个重要的干预系统，有时为了有效地解决组员的问题，工作者需要将家庭纳入整个服务体系。如在青少年小组中邀请父母一起参与对孩子行为规范的约束；或者在社区矫正对象小组中希望获得家人的支持；也可能是在老年人小组中，邀请子女一同探讨，随着老人生理机能的退化如何更好地照顾老人等。

2. 人际次系统

所有的个人与家庭都会与无血缘关系的朋友、邻居、同事、同学产生联系。如在戒毒的青少年小组中提供正向的同辈群体的影响；在有厌学情况的青少年小组中，与其学校联络取得老师的支持；在独居老人的小组中取得社区志愿者的支持等。

3. 社会组织次系统

人的一生中，都会与一些正式组织以及跨小组的集合组织如学校、医院、公司企业事业单位、政府部门等产生关联。这些公共服务或社会行政机构，每一个都是一个复杂的组织系统，都会对个体产生影响，所有个体都要以有意义的方式与这些部门和机构互动，从而成为环境单位的产物。如在高校的贫困生小组中，与有关学校部门联络，协助他们获得勤工助学的机会；在刑满释放人员小组中，与社区工作人员联系获得必要的就业支持；在残疾人小组中，与政府福利部门联系，协助他们获得必要的康复支持或适当的经济援助等。

4. 社会环境次系统

社会环境次系统包括整个社会的政策、制度、结构、文化因素对个体产生的影响。社会工作者不只是协助个人适应环境，而且主张对现实环境进行挑战，鼓励组员参与环境的改变。与此相适应，小组社会工作者通过小组与环境的互动，直接影响社会政策的制定，并且同相关社会福利服务部门一起，为某些需求未被满足的群体获得相应的权利，从而利用小组达到影响社会变迁的目的。如在一个民工社会适应性小组中，民工们提到他们的子女在城市就学需要收取高额赞助费，令他们不堪重负，工作者带领小组组员与有关方面协商，呼吁社会的关注，希望政府能出台某些社会政策，让民工子女获得与城市孩子同样受教育的权利与机会；再比如在一个妇女小组中，工作者协助小组与地方妇女联合会等组织联络，希望整个社会关注大众传媒中出现的对女性歧视性和侮辱性的语言及对女性群体造成的伤害；在一个青少年家长小组，向当地文化部门呈请，对未成年学校周边地区的网吧进行严格管理，保护未成年人的权益，在地震灾区的援助中，帮助当地人重建社区，协助他们恢复生产，重建家园等。

三、选择环境介入的具体对象

选择了具体介入的环境系统，接下来的任务就是选择在介入的环境系统中具体的介入对象。佳文(Garvin，1981)将环境系统中具体的介入对象分成了四个层次：(1)系统中的个人，如家庭中的母亲或父亲，学校中的某位老师，邻里中的某位邻居，公司中的某位主管；(2)系统中扮演相同角色的一群人，如父母、青少年中心的所有服务者、养老院所有护工、学校里的一部分老师、单位里的有某种特征的一群同事等；(3)整个系统，如整个家庭系统、学校系统、残疾人康复中心等；(4)系统的权威机构，如主管托儿所的某个后勤实业中心，主管学校的教育局、主管社区老年人中心的街道办事处等。

小组社会工作在环境层面所要介入具体对象的层次，应是工作者与组员一起商量确定的。确定时要注意的是，首先要理清对组员产生影响的环境中的决定性因素，从对个体产生决定性影响的环境因素着手；其次，要对现实环境进行必要的评估，以确定介入层次的先后顺序，从较为容易，或一个层次的改变能引起其他层次改变的对象入手。

四、选择合适的改变策略

在选择合适的改变策略前先要对组员进行必要的评估，这些评估包括：(1)组员是否有改变环境的动机。只有组员想要改变环境时，这样的介入才会提上小组的日程。组员参与改变的动力来自于改变的结果会给他们带来某些利益的满足。当然，组员也可能在参与改变的过程中经历失败和挫折，并可能丧失某些现有的利益，那么组员就需要自己分析，然后做出选择；(2)组员是否有能力参与改变。这些能力包括组员是否能清楚地认识到目标的价值，是否能有效地合作，是否能完成小组交予的任务，是否能承受参与过程中所体验到的压力，是否有能力排除改变过程中所碰到的障碍等；(3)小组是否做好充分的准备。包括小组是否就改变的目标、介入的行动方案达成一致，小组的凝聚力如何，小组是否就介入的程序和策略进行过仔细的协商等；(4)评估介入的过程可能出现的阻力和风险。尤其要评估介入是否会触及相关的法律和规范,理清相关的法律和规范与自己所要改变的环境之间的关系,评估其中的风险,并预测未来行为的后果;(5)评估介入的时机。就事物或事件发展的成熟度,来选择最佳的介入时机。

根据以上的评估,工作者和组员一起设计改变环境的策略。参考佳文的观点,我们将改变环境的策略概括为:

(一) 与不适当的环境隔离

即协助组员离开某个环境的控制范围,将其与不适应其成长的环境阻隔开来,而进入另一个环境系统。如协助戒毒者从充满诱惑的吸毒环境中离开;协助正遭受家庭暴力的女子暂时从家庭中离开;让被虐待的儿童进入寄养家庭等。

(二) 通过组员自身的改变来促进环境的改变

任何系统都是开放和不断变迁的,系统内的要素是相互影响的,组成系统的某一要素发生改变,也会引起其他要素的改变,进而引起整个系统的改变。每个组员都是其所属系统的要素,工作者可以协助组员通过改变自己而带动环境的改变。如一个组员生活在一个宠溺孩子的家庭中,其在父母的过分保护下变得非常依赖父母,缺乏独立生活的能力,工作者和小组协助其改变过分依赖父母的行为,学会“长大”,从而引起整个家庭系统的改变;在一个人际关系的训练小组中,一个组员总是抱怨她宿舍的环境很差,其他室友都排斥她,这令她很痛苦,工作者和小组协助其改变以往的以自我为中心的人际交往方式,结果令整个宿舍的环境明显好转。

(三) 直接改变影响组员的物理环境

直接对组员产生影响的物理环境进行有利于组员的调整。如:对于独居老人在其住所内安置紧急呼救铃;改变老人浴室和卫生间的设施以方便老人使用;在公共场所设置残疾人设施,方便残疾人使用;改变民工子弟小学的硬件设施,让孩子有个较好的读书环境;投资建设社区的青少年活动中心,帮助孩子们在课外建立一个有利于身心成长的好场所等。

(四) 改变影响组员的社会环境

可以通过沟通、教育、说服、协商、抵制、联名抗议、大众传媒等途径来改变影响组员的社会环境。如小组代表个别组员与其父母沟通,或个别组员自己直接与父母沟通,告诉他们,他们不停地争吵并不断地向组员寻求支持的举动对他是个很大的伤害;小组说服企业,如果合适的话给那些刑满释放人员一次重新就业、重拾自我的机会;或者出面去寻找一位有权威和影响力的人来将小组完成的调查报告呈给政府机构,从而影响某项政策的制定;或使用谈判的方法,使组员与环境相互妥协;如果必要也可以利用新闻媒体来申诉或直接进行抗议等。这一系列策略的直接目的就是改变影响组员的社会环境。

小组在改变环境的过程中既可以直接以小组的名义来实施相应的策略,也可以和其他机构或小组组成联盟或进行相应的合作,以促进寻求共同的利益。工作者在小组中促进环境改变的目的不仅仅是为了小组组员个人的利益,同时也希望借此促进整个社会的变迁。从长远且更广泛的范围来看,环境的改变与个体的改变是一个相互作用的过程,环境的改变直接影响到组员后续的改变,而组员持久性的行为改变也会对环境产生影响,从而进一步地促进环境改变,使更多的个体在其中获取更多的利益。小组的使命与此并行不悖。

第七章　小组社会工作与个人改变

小组社会工作对帮助人们改变和成长，有很大的效能，而且，其中的部分效能，是个案工作所无法达到的，也就是说当人们参加到小组中，其所得的帮助是在个案中无法得到的。

——佳文(Charles D. Garvin，1997)

小组社会工作的助人方式是否在某些方面优于其他方式？这个问题是所有小组社会工作者都想回答的问题。有人认为工作者采用小组而非个案的形式介入只是因为用小组比较节省时间。其实，这是有失偏颇的。小组在帮助个体成长与改变方面有着不同于个案工作的独特优势。那么，是什么使参加小组的人得到帮助呢？又是什么使小组发挥其独特的助人功能呢？在这一章，我们将详细阐述这一问题。

第一节　小组中的治疗性因素

小组中的治疗性因素是小组互动所产生的一种能改善小组组员心理行为，具有治疗与促进组员成长的功能性因素。大部分治疗性因素都可应用于所有治疗情况，包括个人、家庭或小组，而我们这里讨论的治疗性因素是在小组情境中产生，也是在小组情境中运用的治疗性要素。

小组治疗性因素与小组产生、改变因素不同。小组产生与改变的因素是工作者增进小组治疗性因素的途径。工作者通过产生与改变小组，创造并尽力维持小组中的治疗性要素，再通过这些治疗性要素发挥作用，从而促进个体的改变与成长。

不同小组产生不同的治疗性因素，不同的治疗性因素对不同类型的小组的重要性也不同。在很多的实证研究中，工作者证实他们的确在小组中观察到某种治疗因素，并且这些治疗性要素确实对小组中的个人产生了影响。

一、植入希望

组员在与环境的互动过程中，常常因为自身或环境的问题陷入困境。在困境中产生焦虑、愤怒、沮丧的情绪，进而体会到失望、绝望。或许曾经也挣扎过，但情况没有得到显著的改善；或许曾经也寻求过外在的资源，但遗憾的是没有获得很好的支持系统。这样的组员来到小组中，在小组最初互动时，往往会陷入自己曾经的体验中，对自我和人性充满疑虑，对工作者和其他组员也缺乏必要的信任，他不知道自己的问题还有没有救，不知道自己还能不能走出这个困境，他也没有做好准备去改变自己。

这时，植入希望就成为小组一个很重要的任务。植入希望是组员经由小组的经验后，而对自己的问题、自己的改变、自己的将来重新保持乐观的态度。

希望的获得有助于激发组员的动机，增进组员对小组的投入。当小组结束时，因为有这份希望在，也会协助组员更好地与环境互动与协调。

在小组经验中，植入希望可以通过工作者提供，也可以由其他组员提供。在植入希望的过程中，工作者通过点头、微笑、同理的表达传递他的关心，也要求组员自己表达他的感受和想法，并开放、倾听、冒险尝试新的行为，工作者须让他明了，如果他愿意，那么他的问题至少在某些程度上是可以被解决和修正的。植入希望的主要来源还包括组员倾听到处在类似情境中其他组员的想法，观察到处在类似情境中其他组员的改变，以及来自小组内其他组员的鼓励和支持。比如当一位组员陷入困境时，工作者可以邀请与他有类似经历的组员分享他克服困境的经验和想法；再比如当一个组员发生改变时，工作者告之其他有类似问题组员，让他们仔细感受这种改变并一起分享，这种做法会使他们了解到，如果他们愿意，他们也会达成类似的改变；工作者还可以邀请其他组员对陷入困境的组员给予真诚的鼓励，激发他们正向的感受。

需要注意的是，植入希望时工作者需要做一些评估和判断，不要把一些不可能实现或不切实际的希望传递给组员。当这种情况出现时，工作者需要直接而坦率地告诉组员，不切实际和无法达成的希望对组员的改变是没有任何帮助的，并提醒所有的组员注意这一点。

心萍：还有四个月就要高考了，我感觉还有好多没复习，拿起英语，想看数学，拿起数学，又觉得语文还没背，整个一团糟，脑子里成天昏沉沉的，白天没精神，晚上睡不着，我都快疯了。

雪丹：心萍，你别着急，还有四个月，还来得及。你就因为太着急才会这样的。

志林：这个高考真是魔鬼，折腾死人，前一段我也有这种感觉。

工作者：志林，那你是怎么走出来的呢？

志林：后来，实在不行了，我索性扔了书本，好好出去玩了一天，什么也不想。回来以后，我调整心态，制订了一个计划，把一天复习时间分成块，一段时间就看一门，现在情况好多了。

心萍：四个月，太短了，我还来得及吗？

如诚：四个月可以做很多事情的，心萍，越是困难，越要坚持，你基础那么好，没问题的。

跃男：心萍，你因为太着急，所以复习的效率不高，如果你把心态平和下来，情况会有所改变的。

心萍：真的吗？看来这个情况还可以改变，我要试试。

二、普遍性

当我们陷入生活的困境时，通常我们都会认为自己是天下最倒霉的人，别人都活得那么好，只有自己一个人在这儿独自斟饮生活的苦酒，结果越喝越惆怅，越喝越孤单。但是，在小组中，因为有相似问题或感受的人聚在一起，通过分享，组员了解到原来其他人和自己一样，也有这样的问题和经历，这让组员感觉自己并不孤单。普遍性的感觉可以让组员放松下来，以一种较中立的观点，更客观地看自己和他人的问题。

近年来，随着自助和支持性小组的发展，人们开始对普遍性的概念有了更深入的了解。尤其是自助小组的组成，就是希望借着组员共同的经验，提供给组员支持。甚至有小组治疗学者认为，“普遍性”是自助小组中最重要的治疗性因素。

在小组中，工作者可以通过下列方式协助组员产生普遍性感受：(1)在小组形成时期，组员就小组目标和个人期待进行讨论时，工作者就强调他们之间问题的相似性与共同性；(2)在组员进行分享时，工作者持续强调组员间问题与经验的相似性；(3)在组员间进行一些联结，请与组员有相似性问题的其他组员提供回馈，分享共同的经验。

倩如：我不知道为什么今年的工作这么难找，我已经投了近30份简历，赶了不下10场招聘会，没有一点儿效果，真是失败。

工作者：倩如，不只是你一个人，亚光、小玉、丽华在前面都表达过同样的经历和感受。

小玉：是啊，我跑过北京、上海，最远的去了广州，一样没有结果。

丽华：你才30份简历，我都60多份下去了，面试也参加了近10个，一样没有什么大收获。

亚光：不是我们失败，是现在就业竞争太激烈。自从1999年大学扩招后，一下子这么多毕业生涌向了市场。

工作者：倩如，不仅是你，找工作难，这是我们这个小组所有组员共同的感受。

三、信息和建议的告之

信息和建议的告之作为一种治疗性要素在小组中的运用由来已久。许多技能训练小组、支持性小组和自助小组都是基于这个目的建立的。小组社会工作与个案工作不同，在一对一的个案工作中，信息的告之和建议只能单纯地来自工作者，而在小组中，信息和建议更多的是来自小组中的其他组员，尤其是那些有着相同问题和经验的其他组员的信息和建议对于组员的意义就要更加实际和有针对性。弗劳沃斯(Flowers)对一群性犯罪者做过一项研究，该研究以不同的方式给组员提供信息和建议：直接地建议、提供可供选择的行动方案、给予组员详细的辅导，研究结果证明后两种方式最有效。①

信息和建议的告之是在组员愿意接受的情况下才会使用。在组员还没有做好准备的情况下，工作者不要匆忙给予信息和建议。尤其需要注意的是，除非对组员行为及问题的原因有了充分的了解，否则不要过早地给予建议。即使给了信息与建议，因为每个组员的生活情境不同，这些信息和建议也只是一种可能性的空间，最后是否接受在于组员自己。另外，信息和建议的告之最好运用小组本身的资源，让组员自己相互表达最好，工作者不要提供小组已有的信息和建议，并且，信息和建议告之的方法要针对组员的特点和能力，让他们易于接受。

在一个糖尿病患者支持小组中，工作者协助组员接受并讨论一些关于糖尿病患者的营养搭配、运动和保健、药物治疗的信息，并提供糖尿病患者如何预防并发症的知识。这些信息和建议的告之让患者获得了许多相关的知识，并从其他与自己有相似问题和经历的人那里获得了支持和信心。

组员甲：以前听人说这个病有很多并发症，自己感到很害怕，也很焦虑，但是在小组中，看到你们有人得这个病也20～30年，还活得这么好，我真的放松了好多。

组员乙：是啊，上次你们针对我的情况，告诉我的一些信息，我听了，心里踏实多了。

组员丙：对的，还有上次老王、小钱给我的一些建议，我回去照着做，对饮食做了很大调整，适当运动，这几次血糖检测下来，情况与以前相比真的有好转。

---

① Charles D Garvin 著，曾华源译. 社会团体工作. 台湾洪叶文化事业有限公司，2000.

四、利他主义

著名心理学家罗洛梅说过：健全人的特点是能发现对社会有建设性的和可以接受的活动方式，并以这些方式来表现他的存在。也就是说，一个人要想更好地成为他自己或实现个性化，就必须与他人建立联系，与社会相互依赖，在一个能创造自己健康人格和发现生命意义的世界中完善自我。[①] 充满生命意义的世界是一个能对他人有所贡献，并感觉到自己被他人所需要的世界。

给与得是相互循环的，一个人在给的同时也必将有所收获。小组社会工作中的小组是互助的小组，组员在帮助他人的同时，也发现了自己的价值，从他人的回馈中重新找回或进一步提升了自我的价值感，增进了自我形象。

根据布劳赤与柯瑞尔赤(Bloch & Crouch)的看法，当组员表现出以下行为时，利他的状况就会产生：(1)提供支持、建议、鼓励给小组中其他组员时；(2)愿意将自己的问题、经验与感受与其他人分享时；(3)感觉自己被需要并且有能力帮助其他人时；(4)为了其他组员的需要暂缓自己需要的满足时；(5)觉得自己希望为某位组员做些事时。[②]

小组社会工作者需要在小组中寻找一切合适的机会发展小组中的利他因素，如持续性地强调小组的功能在于组员间的互惠与互助；支持与鼓励在小组中做出的利他行为；对于已经做出利他行为的组员，给予积极的回应与赞赏；请组员叙述自己在做出利他行为后的感受等。

组员甲：我一直觉得自己的生命已经没有什么价值，只是个负累，所以做什么都没有兴趣。但在这次小组中，小组有个活动，每个星期三下午去社区的青少年中心做志愿者。我试了两次，很快就喜欢上了这个“工作”。我在那里为孩子们整理整理书，扫扫地，孩子们看书时，碰到不认识的字也会来问问我，有空我也为他们讲讲故事，孩子们一口一个爷爷，叫得我很开心。

工作者：是的，大爷，我发现了您的变化。您的精神状态似乎比过去好多了。

组员乙：老李做得真不错，每次都尽心尽力，孩子们也都说他讲的故事特别好听。

组员丙：老李是真的投入，每次都到的比我们早，那些孩子的家长也很信赖他。

组员甲：谢谢大家。我突然觉得自己还是有价值的，不再是个负累。这件事给了我很大的启发，现在我还参加社区老人的安全巡逻队，还是社区橱窗的抄写员，每天有很多事要做，我觉得自己精神好多了……

五、自我表露

自我表露是指组员在小组中将与自己有关的事表达出来与他人分享。自我表露的资料对于个人来说，很多是自己平常不愿意或无法说出来的事情和感受。组员说出来是需要一定勇气的。

一些不能说、无法说的东西，在心里淤积，慢慢会变成一种心灵的负累。把它表达出来，对一些人来说是打开了自己精神的“逃生门”，也许不是为了得到解决或评价，只是想放下这个包袱，再轻松上路。对于组员而言，这样的分享是健康而有自信的表现，这样的自我表露，常常引发组员重要的改变。当然，从另一个方面来说，自我表露也是与他人建立关系的途径之一。

---

① 叶浩生．西方心理学的历史与体系．人民教育出版社，2002．

② Charles D Garvin 著，曾华源译．社会团体工作．台湾洪叶文化事业有限公司，2000．

根据柯兹伯艾(Corey,1973)的说法，一个心理健康的人，可能会对极少特殊的人，做出高度的自我表露，对其他有些人，做出中度的自我表露；一个适应性差的人，则倾向于对每一个人，都做出偏高或偏低的自我表露。①

工作者在引导组员自我表露时要注意：(1)自我表露是以一个随着小组情境的发展产生的自然过程，组员只有在感觉到自己被尊重和被接纳，并对小组产生充分信任的情况下，才愿意做自我的表露。所以，工作者不可强迫组员做自我表露，那样对组员是一种伤害；(2)如果工作者从小组的角度出发，发现组员做自我表露的时机还不成熟，可以适当提醒组员，免得组员在表露后，因无法产生他所预想的期待而后悔；(3)组员在自我表露时，工作者应给予积极的回应，并鼓励其他组员给予回馈。工作者需要提醒组员不是被动的听众，如果他们表现出接纳且非评判的态度，会增进组员健康的感受；(4)如果在组员自我表露后，有其他组员试图去探寻组员不愿说的隐私部分，工作者应立即制止，还要提醒其他组员，在小组结束后，最好不要再和表露者私下讨论他不愿讨论的话题；(5)当组员自我表露后又感觉不舒服的，工作者要适当介入，并尽量协助他消除产生这种感受的原因；(6)工作者有必要提醒组员，自我表露不是隐私的暴露，不需要"将自己的灵魂完全的裸露"。不是特别的情况，一般不需要做太深的自我表露，以防给组员造成不必要的伤害；(7)提醒组员，对其他组员在小组中的自我表露应严格保密，没有表露者的同意不应在小组外的其他场合谈论这个话题或泄露这个隐私。

在一个治疗小组中，枫林一直是这个小组的旁观者，很少说话，偶尔说话也很尖刻，其他组员都感觉很难和她发展友好的关系。工作者一直在创造情境促使她进入小组，却没有明显好转。在第八次小组时，一位组员分享后，她突然说出了自己的一段经历：她是一家报社颇有影响的记者，五年前在一次深夜采访后回家的途中被歹徒强暴。她说得泪流满面，她说这么多年来她一直不敢对任何人说起这件事，怕说出来会影响自己的家人和事业，她说她不停地工作，但一停下来就会想起那个晚上，会觉得自己整个心都在颤抖。在枫林说完后，其他组员都表示了支持和接纳，并且引发了一位组员说出自己童年被邻居性侵的经历，她表示很理解枫林，也是因为怕，这么多年都没有说出来，感觉心里很苦。工作者和组员一起给了她们足够的支持。经过这次分享之后，枫林逐渐开始投入小组，虽然仍不多说话，但很少再刻薄别人，人也放松了许多。

六、互动中的学习

互动中的学习是指借着其他组员的回馈，或在小组中通过观察和模仿其他组员的行为而产生新的想法和学习到新的行为。

相对于个案工作，小组是一个"我们"的集合，它呈现出比个案多样的思维方式和解决问题的方法，极大地提高了小组组员系统解决问题的能力，而这些来自非专业人士的意见和行为对组员具有很强的说服力。

布劳赤和柯瑞尔赤认为小组互动中的学习包括：(1)通过对其他组员或工作者的观察，得到对自己有益的经验；(2)肯定工作者或组员的某些正向行为，并加以模仿；(3)从其他组员或工作者的正向行为中找到行为示范，并将这个行为示范当作行为的目标；(4)对小组中某位组

---

① Gerald Corey. Theory and practice of group counseling,(5 th ed),Wadsworth(Thomson Learning),2000.

员的成长产生认同，从中获得领悟，尝试新行为并以正确的方式与其他组员互动。[①]

除此，肯尼斯认为从组员的相互回馈中，从组员对某一组员所给予的语言与非语言反应中也可以进行相互的学习。当一个组员从他人的回馈中产生了新的思考，而改变自己过去错误的认知，尝试新的行为时，互动中学习的治疗因素也会随之产生。

在小组中，工作者促使组员在互动中学习的技术包括：(1)在组员做了表达和发言后，请其他组员给予建设性的回馈；(2)当某个组员产生正确性行为，提醒其他组员注意，鼓励其他组员模仿和学习；(3)不仅仅是描述，有时可以邀请组员以角色扮演的方式将组员期待学习的行为表现出来；(4)在组员尝试新行为的过程中，邀请其他组员分享讨论，并在其中相互学习。

岩新在小组中很活跃，他不停地表达，常常打断别人的话发表自己的意见。很多时候，因为他并没有仔细听别人在说什么，所以表达的东西令其他组员感到很困惑。终于有一位组员面质他："我弄不明白你在说什么。"岩新对于这位组员的回馈很愕然。工作者请其他组员进一步给他一些建设性的回馈，并建议他不需要立即作出回应，如果他愿意，他可以在小组中观察一段时间再说。岩新同意了。在以后的小组活动中，工作者在其他组员积极倾听他人意见，给予真诚回馈时，会给予赞扬和支持，并提醒岩新注意。两次小组后，岩新终于表示，他自己一直太爱表现自己，根本没有认真听别人说话。现在他从其他组员的行为中明白了，他会很努力地尝试去改变。此后，岩新很少再打断别人的话，有一、二次他已经准备这样做了，但是工作者给了他一个手势，他很快发觉，就立即停了下来。在后来的小组活动中，工作者提供一些机会，让岩新去尝试学会倾听和表达，岩新的表现很好。小组结束时，其他组员就岩新后来的表现给了许多正确的回馈。

七、接纳

接纳是小组组员感到自己被小组和其他组员承认和接受，能够发展自己的个别性并归属于小组的一种经验。有实证研究证实，在小组中感到有所属和被接纳是一种很重要的治疗要素。

尤其是那些在日常生活中总是处于被排斥和被拒绝地位的人，小组的接纳会让他重新发现自己的价值，组员也会因自己被他人认同和接受而产生一种正向的感受。在这样的小组情景和自我体验中，组员更愿意投入小组，接受小组的规范，并努力实现自己和小组的目标。

布劳赤和柯瑞尔赤认为，当组员在小组中感到：(1)组员可以自由地表达自己，并对小组产生归属感时；(2)被其他组员认为自己有价值时；(3)感到被关怀，被支持，被了解和认同时。以上三种情形出现时，接纳就作为一种治疗要素产生作用了。[②]

在小组中，工作者应以下列方式促进组员间的彼此接纳：(1) 向小组组员说明接纳的意义，告诉他们接纳对小组很重要，并表示接纳的是组员作为人的存在，并不一定需要接纳他的行为；(2) 当组员对其他组员表示支持和关心时，应积极鼓励这种行为；(3)在组员表现出其他组员以前认为无法接受的想法和行为时，如果可以，工作者可以首先从正向或积极的方面对该行为进行解读，为其他组员的接纳创造条件；(4)很多研究证实，接纳与小组凝聚力的关系密切，所以要使组员彼此接纳，工作者要努力促进小组凝聚力的形成。

---

①② Charles D Garvin 著，曾华源译. 社会团体工作. 台湾洪叶文化事业有限公司，2000.

在一个女性角色认同小组里，一次小组分享时，荷丽突然谈起她是个同性恋者，在大学里和一位女舍友曾经有过一段同性恋的经历，那段经历即使她现在想来，也是她一生中非常美好的。荷丽说完后，其他组员虽然感到很错愕和惊讶，但是都平静地接纳了她。一位组员表示：能说出来，表示她很有勇气；一位组员很真诚地说：她不喜欢同性恋，但她理解她；还有一位组员表示：看你说话的语气和表情，说明你内心也充满了挣扎，希望我们可以帮你。后来，在小组结束期的一次发言中，荷丽表示，她来参加这个小组前一直很犹豫，即使进入小组后，她也很难受。她觉得应该把这件事说出来，否则她到这个小组中来是没有意义的。但她实在不知道其他组员会有什么反应。后来。小组的发展让她感到很温暖，犹豫再三还是说了，也做好了退出小组的打算。但是，其他组员的反应让她打消了这个念头，也让她很感动。她说，在那一刻起，她放下了心灵的重负，感觉到一种从没有的被人理解的轻松，也就是在那一刻起，她觉得自己真正属于这个小组，她决定在小组中好好努力，把那些一直困扰她的问题梳理清楚。很感激这个小组，她做到了。

小组的治疗性要素是促使小组组员成长和改变的要素，也是工作者和组员以及组员之间互动时所产生的功能性因素。在整个小组发展的过程中，工作者需要对这些治疗性要素有很好的体察和认知，并运用自己的领导尽可能地促成小组中治疗性因素的产生，以推动小组和组员实现他们的目标。

第二节　通过小组改变个人的技术

小组社会工作的目的之一就是协助个人社会功能的恢复和发展。大部分的小组社会工作者都认为，只要创造出适宜的小组情境，就能使小组组员或多或少地从中收益。那么在小组中，除了小组的治疗性因素外，还有什么功能性因素与技术会促使组员的成长与改变呢？

一、工作者与组员一对一的互动

很多人会有这样的困惑，既然是小组社会工作，那么在小组社会工作中，工作者与组员之间一对一的互动是否必要？如果有必要，那么这样的一对一互动，与个案工作又有什么区别呢？

有些人认为，小组社会工作强调的是组员之间的互动，着力培养的是因组员互动而产生的小组动力，工作者与组员间一对一的互动会危及小组组员的互动协议。事实是，小组是一个系统，工作者与组员一对一的互动是在这个系统中完成的，他们在互动时必须考虑其他组员的“在场”，“在场”是互动发生的情境，“在场”的事实无疑会对互动的效果产生影响，互动中发生的事实也会引起系统中其他部分的改变。这一点是小组工作与个案工作完全不同的地方。

尽管如此，在小组中使用一对一的工作方法仍是较为谨慎的。佳文认为，在下列情况下，工作者可以考虑使用一对一的工作方法，以协助个别组员：(1)当小组已经准备好对某位组员的行为进行介入，而这种介入确实对这位组员有助益时；(2)当危机情况出现，如果不即刻处理而造成不良后果时；(3)当小组帮助某一组员而伤害到其他组员时，对受伤害的组员要进行个别介入；(4) 当工作者以专业精神和技术判断协助个人比协助小组更有利于解决问题时，如某个组员面对的问题，因小组中缺乏相应的资源和经验，无法对其产生协助时，或有个别组员孤立于小组之外时。[①]

在以上四种情况下，工作者都可以通过解释、澄清、面质、支持与提供简易的方法来协助组员解决问题。

只是在个别介入时，工作者要考虑到这种介入是否会对小组产生负面的影响。如：工作者在协助个别组员时要考虑到让组员在小组中维持足够的独立性，不要让其产生依赖或对工作者产生不合理的信任，阻碍他与其他组员发生信任关系，影响到他对小组的投入，也不要让其成为工作者的“宠儿”，而引起其他组员的不满与敌视。无论如何，工作者的个别介入是期望增强小组的资源，促成组员和小组的成长与发展，不可基于个人偏好或私利。另外，要注意不要在小组中产生较多的一对一互动，把小组社会工作变成了“在小组中进行个案工作”。当在一对一互动中讨论问题时，如果牵涉到小组中其他组员，应该在那位组员在场的情况下讨论；如果合适，可以说服组员，将这个问题带进小组与所有组员一起讨论。有时，虽然讨论的是某个组员自己的问题，但因其是在小组历程中发生的，所以有必要在下次小组开组前做一些必要的说明，以免其他组员产生误解和不满。

一对一互动中，工作者是核心人物，是组员个别目标的界定者，也是一位计划的策划者、技术的实施者和组员角色的控制者。在其中，工作者会运用许多个案工作的技术。

（一）协助组员改变错误和负性的认知。认知有理性和非理性之分，工作者须协助组员改变一些非理性的想法。如：“每个人都应该爱我，并且赞同我所做的一切，否则我就受不了”“我应该是全能的，每件事都应该做好”“我的家庭，我的过去，都一败涂地，这决定了我的一生，我不可能有幸福的生活”“我天生就是一个运气不好的人，我不可能轻松地做好任何一件事，这件事也不可能”，这些非理性的想法通常导引出许多非理性的感受和行为。除了一些非理性的想法，还有些人总是从负面来看待问题，如“这么晚了还不回来，肯定是外面有情人了”“今天上楼和老总打招呼，他没吭声，他不满意我”“我脸上又长了一颗青春痘，蔓延开来，我就会越长越丑了”，这种负性地看问题的方式总是会带来负性的感受。工作者有必要协助其认识到人的困扰，通常不是基于客观事物本身，而是基于我们对事物所形成的观念。可以运用艾利斯的理情认知治疗或积极心理治疗方法协助组员找出自己的非理性观念，代之以比较理性或更积极的想法。

（二）处理组员的情绪。每个人的情绪都是一种真实的存在。一旦形成，任何的否认和压抑只会产生负面的影响。尤其是在我们的文化中，生气、愤怒、恐惧这些负性情绪的表达通常是不被允许和鼓励的。工作者可以利用同理、接纳、具体化、结构化的技术，协助组员确认自己的情绪，把情绪与有关的情境联系起来，真实而清晰地表达自己的情绪，并在表达后对其进行相应的处理。

（三）协助组员进行行为改变。行为改变是个体自我意志增强的结果，也是个体在与他人的互动过程中相互学习的结果。工作者可以利用行为治疗、提供示范、技巧训练等方法协助组员行为的改变，如提供正增强物、利用赞扬、换取有价值东西的“代币”等技巧来促进组员某一行为的产生；用惩罚、嫌恶等负增强物来抑制某一行为的表现等。

这些个案技术的有效运用都会对组员的成长和改变产生积极的影响，但在运用这些技术时一定要考虑到小组的情况和对其他组员造成的影响。再次强调，这个过程只是在小组中运

---

① Charles D Garvin 著，曾华源译. 社会团体工作. 台湾洪叶文化事业有限公司，2000.

用个案技术，而不是在小组中做个案工作。

二、运用小组协助个别组员

运用小组协助个别组员是工作者通过小组过程协助某位组员的过程，它是成长性小组、支持性小组、治疗性小组和自助性小组社会工作最为核心的部分。在这个过程中，小组成了组员获得改变与成长的工具。那么，工作者运用小组过程协助个别组员成长和改变中的功能性要素有哪些呢？

（一）分享和回馈

分享与回馈是小组过程中很重要的一个功能性要素，通过分享与回馈可以改变和修正组员的认知，使组员的认知更接近事实。如在一个青少年问题的小组中，一位组员说他很讨厌上学，因为他以前冲撞过老师一次，结果老师老是找他的碴。工作者用具体化的技术，请这位组员举例说明事情的经过，再邀请其他组员对这个问题发表看法，给他一些回馈。结果，其他组员中有人认为，不是老师故意找他碴，而是他确实有不好的行为在先，老师只是正常批评他而已；也有组员提到，他也有过这样的行为，老师对他惩罚还要严厉；还有组员认为，他总是以为老师在找他碴，所以老师批评他时，他的态度很不好，又引起老师更多的愤怒和更严厉的批评。通过这样的分享和回馈，有利于协助组员改变已有的认知，从新的角度新的层次对问题产生新的看法。

在分享与回馈的过程中，工作者可以利用小组活动的安排协助组员表达自己的感受，也可以通过不同的方法促进组员的学习。其中，"此时此地"的技术常常被用到。如"刚才甲这么说的时候，你的想法是什么？""你对乙的行为，有什么看法？""刚才丙这么对你说话，你的感受是什么？""为什么每次甲对你说话时，你都会做出很不耐烦的表情？""为什么你那么喜欢攻击乙，好像她说的所有话，你都认为不对？"之类的表达，因为小组内外的行为和反应是相关的，工作者可以通过对组员在小组内部的行为产生反应，增加其对自己在小组外的互动关系的审视，促进组员的自我觉察，鼓励组员尝试新的想法和行为。

（二）角色扮演

组员常常处于"当局者迷"的情况，有时候仅以讨论与分享的方式并不能帮助组员澄清他内心的迷惑和冲突。这时，角色扮演可弥补讨论与分享的不足，协助当事人通过"身临其境"的方式对自己、他人及问题的症结有更好的了解。在小组中，角色扮演可在下列几种情况下使用：

1. 协助组员澄清自己的感受。组员对自己在某个情境中所表现的行为感到困惑时，其他小组组员可以模拟该情境中与该组员有关系的角色，将当时的互动情形展现出来，使该组员再次经历发生该冲突和困难时的情境，进而对自己的认知、情绪和行为产生新的领悟。如：一位女性组员在小组中表达出她不知道为什么这段时间对孩子有很大的脾气，尤其是晚饭前那段时间特别容易发火，常常会劈头盖脸地把孩子训一顿，有两次还动手打了孩子，事后又很后悔。小组协助她将那个时间段的家庭互动情境演出来，结果大家很快明白，原因出在最近她的工作很忙，上了一天班回家已经很累，还要忙着洗菜烧饭，而先生是一回来就坐在沙发上看报纸，她真正生气的不是孩子，是先生，痛恨先生不帮一下忙，不知道体贴自己，而把火都发在了孩子身上。

2. 协助澄清他人的感受。组员常常不知道自己的行为对他人所造成的影响，便可以通过小组中的角色扮演，重新将他所经历的互动关系呈现出来，让该组员深切地了解自己行为的影响力，以及他人对其行为可能有的反应与感受。一位女大学生组员在小组中表达，她很喜欢和别人讨论一些问题，但每次讨论的结果都是大家不欢而散，事情发展到后来成了大家起初若是在一起讨论问题，一看到她就一哄而散，对这样的情形，她实在感到困惑和痛苦。工作者请小组组员和她进行一次角色扮演，将当时互动的情形呈现出来。结果大家很快发现，她与别人讨论时太强势，总是把自己的观点强加给别人，弄得别人很不舒服。大家把自己的想法与感受坦率地告诉她。她表示，没想到问题出在这里，自己以后会好好注意。

3. 协助组员预演行动计划。当组员通过小组的互动获得一些解决问题的策略和技能时，为了帮助组员将这些策略和技能更好地实施，在小组中可以提供一个情境，让组员将其预演出来，然后组员之间进行分享和回馈，并对计划进行修正，以增强组员的信心和实际处理问题的能力。如：一位组员提到，她每次去面试的时候都会很紧张，不能把自己真实的水平呈现出来，组员给了他很多建议，他决定以后多多改进。这时，小组模拟了一次招募的情境，让他将自己的应对方案预演出来，组员再给出反馈和意见，以协助他完善自己的行为计划。

角色扮演通过情景再现的方式，协助组员在互动过程中产生新的了解和领悟，是小组社会工作中协助个人改变的一项重要的技术。工作者在使用角色扮演技术时，应在开始前告知该组员自己所需要扮演的角色，协助他们理解在角色扮演中所要实施的具体行为，这样才能使角色扮演真正起到协助个体的效能。

（三）行为改变的技术

当在小组中通过组员的讨论、分享以及角色扮演，促使组员产生新的认知和情绪体验，进而产生改变的动机后，往往需要一些具体的方法引导组员改变旧有的不良行为，加强已有的良好行为，这时行为改变技术就派上了用场。运用行为改变技术的具体过程包括①：

1. 分析起点行为。小组需具体了解当事人的行为现状，客观地评估当事人具有何种不良行为，此种行为出现的频率如何，以及能力的限制所在。小组可以在工作者的带领下，收集到尽可能全面的资料，对其行为做出评估。

2. 确定终点行为。根据对组员目前行为改变的动机与能力的评估，确定协助组员进行行为改变的目标。目标设定的越具体明确，越有针对性，也越容易找到改变的途径。

3. 选择适当的增强物：根据行为主义心理学的观点，个体产生行为反应之后若得到愉快、满足的结果，则该行为反应出现的频率将增加，反之则减少。此种增强作用包含正增强和负增强两种，前者使用正增强物，如食物、赞许、微笑等；后者使用负增强物，如惩罚、嘲笑、责骂等，其作用都是增加个体某一行为的可能性。工作者可以运用小组的资源选择合适的增强物，并与个别组员或全体组员订立契约，增强或削弱组员的某一行为。选择增强物时要考虑：每次增强物的选择应依当事组员的需要而定，应找到当事人需要的适当的增强物；每位组员所需的增强物也将因时间、空间、当事人喜好的改变而改变，工作者在选择时可适时地调整。

4. 采用渐进式的方法养成行为。工作者和组员将组员的起点行为与终点行为之间的过程分成几个阶段，每当组员达到一部分目标时，即对行为给予增强，待此行为得到巩固后，再向下一阶段过渡，这样一步步循序渐进，以达到最后的终点行为。不要一下苛求组员的行为有很大的改变，那样很可能使组员感到压力很大，无法达到目标而选择放弃或重新回归原来的

---

① 黄惠惠. 助人历程与技巧. 张老师出版社，1985.

行为。

5. 评估改变后的行为：经过以上四个步骤后，小组需要对改变后的组员行为进行再一次的评估，评估它是否达到终点目标，并且评估达到终点目标后，该行为是否获得巩固。如果没有达到终点目标，则须分析存在的障碍和原因，并找到改进的措施。

（四）家庭作业

小组过程是一个时间有限的过程，真正有效的小组是可以将小组的思考、领悟和改变延伸至小组以外的现实生活中。为此，在小组中可以使用一些家庭作业，一方面增加组员在小组之外行为的责任感，另一方面使组员学习在日常生活中掌握自己的行为，提供给他一个经验性学习的机会。

家庭作业有的是促进组员思考、领悟，提高组员的自我认知的，如在一个自我认知的小组中，我们要求组员回去完成这样的家庭作业：

三个“我”的协调一致

理想的我：
父母眼中的我：
其他人眼中的我：
真正的我：

在另一个自我认知小组中，要求组员回去完成这样的家庭作业：

> 下面一条线是你的生命线，是你从出生到死亡的整个过程。请你在适当的位置上画上☆号，代表你今天所在的位置，然后在☆的左右两方，左边写出你认为的过去两三项最大的成就或难忘的事，右边写上未来的日子里你最渴望做到的三件事或想达到的三个目标。
>
> 出生 ________________________________ 死亡

有些家庭作业的布置，是为了协助组员将在小组中的所学推广到现实的环境中或是在日常的生活环境中巩固在小组中的所学。如：

在一个父母角色训练小组中，我们要求组员按照在小组中所学的与子女的沟通方法，回去完成一个与孩子30分钟的沟通，然后把大概的过程记录下来，并写下自己的感受。

在一个情绪管理小组中，我们要求组员在小组外的生活中用积极的观点去看待周围的事物，要求他们在一周的时间内，将每天遇到的不开心的事情换一个积极的角度，找到问题积极的一面，记录下来，并写下这样做的感受。

工作者在布置家庭作业时要注意以下两点：(1)布置家庭作业必须是组员所需要的，并且与组员共同协商后确定的；(2)布置的家庭作业必须明确、具体、可行，要包含具体的行为描述、实施的时间以及实施的方法等。

(五)结构化组员的角色

任何一个小组中,组员都会因为自己在小组中的位置而承担起相应的角色。工作者可以通过指派某一组员在小组中担任某一角色并促成其很好地扮演该角色,而达到协助小组组员改变和成长的目的。小组组员对自己扮演好角色的期待,也就成为引发组员改变动机的工具。

在一个任务取向的小组中,小组组员决定让行之担任小组对外事务的联络员,负责小组的对外联络工作。行之一听便立即拒绝,因为他生性是一个内向的人,最怕与人打交道,他认为小组这样做是为了让他难堪。工作者于是协助其他组员与行之一起分享,他们告诉行之,他们知道他说话不多,但是他们觉得他每次说话都很有针对性,能够一下说到问题的实质,而且大家一致认为他考虑问题比较全面,推举他做小组的联络员是大家对他的信任。至于他怕与人打交道,和人说话会脸红,会紧张,大家都知道,但是来到小组就是希望获得成长的,其他组员表示会和他一起克服这些问题,协助他完成任务。行之听后很感动,愉快地接受了小组的"任命"。此后,行之顺利地完成了任务,并在完成任务的过程中发生了很大的改变,变得更加开放,与人交流和沟通的时候也更加自如。

小组组员的角色,有些是组员在小组互动中自然发展出来的,这些角色一般是不正式的,有的即使它们已经存在,也不容易被察觉出来。这些角色中,如果与组员个人的目标一致,就会对组员产生正面的影响,比如说小组中的"公证人",小组冲突的调解者,小组组员认可的行动领袖等,工作者可以通过支持、鼓励的方式,增强其他组员对该组员的反应,并通过小组的互动,协助该组员进一步完善自己的行为。但是,在小组中,也可能出现一种情况,即有些组员在小组互动中发展出了一些具有破坏性的角色,如小组中的"代罪羔羊""说大话者"等。这些角色与该组员的个人目标是不一致的,这时工作者就要协助小组帮助该组员从这个角色中脱离出来,并在这个过程中帮助其成长与改变。

除了小组自然发展起来的角色,还有些小组组员的角色是工作者为组员特意创造的。比如工作者发现一鸣总是自信心不足,在小组中的表达总是畏畏缩缩,所以在小组讨论时,工作者可以说:"来,我们听听一鸣怎么说,他有时会有很好的观点。"再比如,工作者在小组中发现亚明因为几次的建议被否决而受到打击,情绪有些低落,工作者便在下一次活动,请了亚明做了主持人,让他重新投入小组中来,以提升了他的信心。

结构化小组角色是协助组员成长和改变的工具,组员一旦承担起小组的角色,就会受到该角色的影响,这些影响包括遵守相应的规则、表达部分被压抑的自我、发展新的技巧、学习控制某些行为以及改变组员的自我形象等。①

我们在上述部分提到了五种通过小组协助个人改变的途径和技术。需要注意的是,在运用这些技术时事先要做评估。每个组员的改变是有阶段性的,不同阶段的改变性任务也是不同的,工作者需要协助小组对组员的行为不断地进行评估,并依据评估的结果协助组员排除成长和改变过程中的障碍与挫败,选择最合适的技术运用到某位组员身上。当然,有时不是一种技术就可以解决所有的问题,我们需要几种技术整合起来共同使用。

三、从环境层面改变个人

任何个体的行为,都是个人与环境互动的结果。代表组员或与组员一起去积极地影响周

---

① Charles D Garvin 著,曾华源译. 社会团体工作. 台湾洪叶文化事业有限公司,2000.

围的环境，并通过环境层面的改变进而促成个体的成长与改变，这也是小组社会工作者的一项基本技能。组员的环境包括家庭、同辈群体、学校、单位、社会机构、社区等。

工作者直接干预环境的前提是环境的改变是个人改变的前提，且组员缺乏能力去改变它。

在具体实施前，小组组员必须被清楚地告之，自己改变环境或与小组社会工作者一同改变环境两者间的差异，然后由小组组员自己来选择。在有些情况下，组员可能不希望工作者去处理自己周围不适当的环境，因为他担心会因此受到惩罚或他觉得介入的时机不成熟等。

在具体的介入方式上，如果干预的是社会机构、社区组织这样的大系统，小组会比工作者单独行动产生更大的影响力；如果只是介入组员的家庭、同辈小组这些较小的系统，工作者可以选择单独的行动。

当小组介入组员的环境以改变小组组员的行为时，他扮演的角色如下：

（一）倡导者

当组员与社会环境发生冲突，为组员的利益着想，工作者代表组员与相关的机构辩论、协商，帮助组员争取权利和资源时，便承担起倡导者的角色。如为虽有子女但经济困难的老人申请政府的经济援助，为家庭生活贫困的孩子要求学校减免相应的费用，坚持社会保险机构应重新评估一位治疗小组组员的不合理收费，为残疾人诉求平等的就业权等。要特别提醒的是，组员可能因工作者的倡导而遭到报复，因此，工作者要事先与案主拟定一份双方同意的契约，并将其纳入到工作者与组员的正式契约中。

（二）调解者

当组员与环境中的重要他人之间有矛盾和争议时，小组便充当了调解者的角色，帮助双方协调，并找出对双方都有益的方式。如：在一个青少年小组中，调教一位因父母总是忙于事业而很少关注他的愤怒的少年与父母之间的关系，或调解女性小组中，一位组员与婆婆之间就如何教育孩子产生的矛盾等。调解的技巧包括倾听、沟通、说服、安慰、支持等。需要注意的是，工作者应在调解的过程中避免不适当地支持任何一方，而是应站在双方当事人的角度，以尊重、接纳的态度，就问题本身存在的意义进行调解。

（三）中间人

中间人角色的实质在于工作者是社会资源的联结者，其任务是将有关社会资源的信息告之小组组员，并协助组员通过有效的途径去获得这些资源。如：为一个单亲妈妈小组组员的孩子安排社区青少年中心的活动；为一个老年小组的组员联系社区提供的免费家务劳动；为一个小组中的残疾人联络合适的康复机构等。工作者需要对社会的资源很熟悉，以保证提供组员所需要的最适当的资源，从而使组员获得稳定的社会支持。

（四）资源整合者

有时，小组组员所面临的问题需要两个或两个以上的人或部门在一起共同商讨，以便结合各方面的力量找出协助组员的最佳途径，这时，工作者的角色就是资源整合者。如：在一个青少年治疗小组中，解决组员的问题就需要将家庭、老师和社区的力量整合起来共同努力；在一位医疗社会工作者成立的小组中，一位组员的问题需要患者家属、医疗保险机构、社会救助组织和医院共同解决等。工作者将他们聚集在一起，共同商讨，达成共识，找到最佳的解决问题的途径。需要注意的是，这个过程应是在组员参与的情况下完成，应避免在组员不在场的情况下做出重大决定，在做决定时更应避免将各机构相互冲突的需要置于组员的要求之上，从而侵犯到组员的利益。

这一节，我们从组员与工作者一对一的互动，通过小组和环境协助个体改变三个方面阐述了在小组中协助个体改变的技术和方法。在这个过程中，小组的焦点是个别组员。不过，即使如此，工作者必须考虑到这样的介入对其他组员可能造成的影响。工作者在介入个别组员时，需注意到将这些问题与其他组员联结起来，使关注焦点与其他组员关注的焦点具有相似性，从而引发其他组员对这个介入过程的兴趣，并且促使其在这个过程中有所成长。我们不主张在小组过程中占用大家太多的时间去解决一个个别性太明显的问题，这样会引起其他组员的不满，影响小组的动力与进程。同时，当小组处在小组形成阶段时，除非有组员发生紧急情况，否则不论在何种情况下都不应考虑将小组时间花在解决个别组员的问题上。当小组组员间彼此产生信任、支持、关怀，小组处在一种温暖、接纳的气氛中时，工作者将小组焦点放在个别组员身上时将更受欢迎。①

当小组的规模不是很大时，如只有 5 至 7 位组员，那么小组组员比较愿意将焦点集中在某位组员身上，因为他们每个人都可以有机会获得小组的聚焦。但是如果小组规模较大，比如超过 11 个人，那么小组每个组员被分配到的时间是有限的，他们较不愿意为某一个人的问题花费太多的时间。这时，如果需要，可以将小组分成几个次小组，在次小组中解决个别组员的问题。

---

① Charles D Garvin 著，曾华源译. 社会团体工作. 台湾洪叶文化事业有限公司，2000.

第八章 小组历程

相对于无规则变化的不可预测性，小组历程的有顺序的连续改变模式蕴含着较多的可预测性，人们可以基于发展过程中，前一个发展阶段的行为或顺序，而预测下一个发展阶段的行为和顺序。

——肯尼斯(Kenneth，1997)

小组是一个有机体，任何有机体都有一个动态的变化过程，呈现出一种顺序且连续的变化模式。运用小组历程的概念，可以帮助我们了解小组发展过程中可能面临的障碍和困难，同时可以给领导者提供一个参考框架，以评估需要采取的行动。数十年来，关于小组发展的顺序和可能经历的阶段，一些理论家和小组领导者一直争论不断。从 1950 年，早期的小团体理论学者贝尔斯(Bales)提出说明、评估、做决定三阶段论，到 1997 年，肯尼斯的概念形成、出生期、儿童期、青少年期、成年期、死亡的六阶段理论，有许多学者对此做过研究，我们将他们的研究中经常被人们提到的几种观点分列下来，如表 8－1 所示。

其实，将小组分成不同的阶段做讨论，只是便于分析不同阶段的任务和特征。实际上，小组的历程是连贯的，阶段与阶段之间的界限是不明显的。我们这里讨论的只是小组的一般状况，将小组历程划分为准备阶段、开始阶段、中期、结束期，但是必须记住的是，每一个小组都是不同的，都有其自己的特质，而这些特质与一般性有时是有差异的。

表 8－1　小组不同发展阶段的划分

理论提出者与提出时间	阶段划分	理论提出者与提出时间	阶段划分
塞伦 狄克曼 1949 年	● 适应 ● 挫折与冲突 ● 安定与和谐 ● 维持	崔克尔 1972 年	● 开始 ● 小组感觉 ● 凝聚力 ● 目标达成 ● 兴趣衰退 ● 结束
米尔斯 1964 年	● 邂逅、试探界限、模塑角色 ● 协调出小组的规范系统 ● 生产 ● 分离	葛利德维尔 1975 年	● 谨慎地试探纳入 ● 冲突 ● 团结 ● 工作

续表

理论提出者与提出时间	阶段划分	理论提出者与提出时间	阶段划分
塔克曼 1965 年	● 形成小组 ● 小组风暴阶段 ● 小组规范形成阶段 ● 实现阶段	诺森 1988 年	● 计划招募 ● 小组说明会 ● 尝试试探 ● 问题解决 ● 结束
沙瑞 葛林斯基 1967 年	● 小组形成 ● 中间阶段Ⅰ ● 重整阶段 ● 中间阶段Ⅱ ● 成熟 ● 结束	雷文 1991 年	● 平行关系阶段，权威产生 ● 融入阶段 ● 亲密危机 ● 共存 ● 分离危机 ● 结束
哈佛德 1971 年	● 小组计划阶段 ● 聚集阶段 ● 小组形成 ● 整合、冲突、重整阶段 ● 小组发挥功能维持阶段 ● 结束前期 ● 结束	肯尼斯 1997 年	● 概念形成 ● 出生期 ● 儿童期 ● 青少年期 ● 成年期 ● 死亡

第一节　小组形成前的准备

俗语说“磨刀不误砍柴工”，小组形成前的准备工作是小组历程中最为关键的阶段。有的人认为，小组社会工作应从小组组员到达后，小组第一次会期开始时算起，这个观点是有失偏颇的。其实，小组从工作者开始着手准备，预备成立小组那一刻起，小组社会工作就已经真正开始了。小组形成前的准备，就像考试前的复习一样，直接决定着“考生”带着什么进入考场，会考出什么样的成绩。一个在小组形成前付出艰辛努力、经过充分准备的工作者，会因此在后面的工作中获得事半功倍的回报。那些在早期的发展阶段就被迫终止，或在发展历程中始终觉得有些问题理不清的小组，大多是由于没有做好充分而扎实的前期准备工作。

一、小组的规划

小组社会工作是一项专业活动，是有计划、有目的专业实施行为。工作者在小组开始前，需要通过小组的规划理清思路，制订好行动计划。很多小组的领导者虽然也很努力，却因为准备阶段缺乏仔细的规划，没有认真思考组员的需要、机构的期待、小组的目标和所需要的条件而面临失败的境地。所以，小组社会工作者在小组准备阶段就要将这些问题提出来，并经过慎重地考虑。

小组规划的内容包括：

> 小组的类型是什么？即指小组主要偏向成长性小组、治疗性小组、支持性小组和社会目标达成性小组其中的哪一类小组？
>
> 小组的目标是什么？机构的目标是什么？领导者希望达到什么？
>
> 小组将服务于哪些人？他们的需要是什么？有多少人会成为小组的组员？如何选择他们？他们将做哪些准备？
>
> 小组将在哪里聚会？聚会的时间、频率和长度分别是什么？
>
> 谁将带领这个小组？他是否具有带领这个小组的资质和能力？
>
> 小组将探讨的主题是什么？
>
> 是否有机构和组织的政策影响小组的发展？
>
> 需要进一步与哪些重要的人作接触，以寻求他们的赞同、建议和支持？
>
> 小组将被谁评估？用什么方法评估？

小组规划时，需要将小组作为一个系统，全面地考虑组成小组组员、工作者、机构和环境各要素。可以说，小组规划是对小组的一个基础设想，它指出了小组的方向和工作者的基本工作模式，对小组社会工作的开展具有重要意义。

二、小组的组成

成立小组前，考虑小组的组成是一项重要的工作。小组的组成主要探讨的是小组的“质”，它包含四个相对独立的分类：

（1）是同质性还是异质性组成；

（2）是开放性还是封闭性组成；

（3）是自然还是人为组成；

（4）是自愿性还是非自愿性组成；

这些“质”决定了小组在组成方面的结构和特征，在小组组成之前，这是必须确定的一个环节。

（一）小组的同质性和异质性组成

小组的同质性和异质性，主要是指组员在年龄、性别、教育程度、成长背景、问题的性质和程度等方面的异同。

同质性小组通常是指由相同特质、背景、经验或问题的组员组成的小组。同质性小组因为组员的相同或相似性，将有助于他们之间的彼此沟通与互动，也较容易产生小组凝聚力。而异质性小组通常是由不同背景、经验或问题不同的组员组成的小组。异质性小组组员的多样性也可以为小组中的组员提供互相补充、学习的机会，让小组的发展更具多元性。如果小组属于支持性小组，成立同质性小组较好；如果小组是任务性小组，则成立异质性小组较好。至于成长性、治疗性小组是同质性较好还是异质性较好，则很难说，具体应根据小组的目标、组员的要求、问题的性质综合起来考虑而定。

（二）小组的开放性和封闭性组成

小组的开放性或封闭性是以小组组员是否可以自由进入和退出小组而定的。在开放性小组中，新组员可以随时加入，旧组员可以随时退出。在封闭性小组中，组员自始至终都是固定的，新组员不容许加入小组，组员在加入小组后，若是并非不得已，则不希望他们在目标完成前退出，组员如果中途离开，小组也不再替补。

开放性小组的优点是新组员会为小组带来许多新的挑战和领悟，也给小组提供了许多新的资源，使小组充满活力。但也有缺点，即组员不停更换，使小组需要不断适应新组员的加入，新组员又不熟悉小组规范，还要重新学习，不可避免地拖慢了小组的进程，也影响了小组的凝聚力，小组的过程因此缺乏深度，组员彼此的接纳与认同也相应较低，对小组目标的达成造成影响。当然，开放性小组，运用于一些社会目标模式，或其他以讨论和任务为主要倾向的小组中，如果处理得好，是可以有信任和凝聚力的。只是，我们建议，开放性的小组中不能出现过高的流动率，新组员的加入，原则上一次一人，才不至于影响整体。

封闭性小组组员固定，小组中容易形成温暖、信任的小组氛围，小组的凝聚力较强，发展也较为顺畅。但不允许新组员的加入就没有新的资源和力量，小组的活力有时较低，尤其是小组处于停滞状态时，更难达到突破发展。一般在一些治疗性和成长性小组中多采用封闭性小组。

（三）小组是自然还是人为组成

小组是自然形成还是人为组成，是以社会工作者介入前小组是否已经组成为依据。自然组合的小组在工作者介入前已存在，是朋党、各种有朋友关系、志同道合者聚在一起的组合，多在机构或社区中心以外的地方活动。而人为组成的小组多以机构或社区服务对象为主，小组一开始便依赖工作者的引导和机构的服务目的而组成。

自然组成的小组，如“街头违规青少年小组”“网吧里未成年人游戏成瘾小组”“班级辅导小组”等，小组本身已有组织和结构，这时，工作者是“外来者”，其进入小组有一个被认识和接纳的过程，有时甚至遇到的是排斥和抗拒，所以工作者首先需要运用合适的方法与小组建立联系，“进入”小组，再深入研究小组的组合成分和结构，在此基础上开展工作。人为组合的小组在小组成立之前，工作者经过详细的方案设计，详细考虑过小组的功能目标，小组组员对小组目标也有一部分共识，因此比较容易通过小组规范和程序使组员达成共识及增加投入感。

（四）小组是自愿还是非自愿性组成

小组是自愿性还是非自愿性组成，是以组员加入小组的动机是主动还是被动而定。自愿性小组是小组组员因个人兴趣、需求而主动加入小组的，而强制性小组是用外力强迫组员加入小组。

一般而言，自愿性小组组员参与动机强，组员学习和成长的意愿较高，而非自愿性小组组员参与动机较差，改变的意愿也较低。非自愿性小组组员有一部分是机构转介而来的，如学校转介来的“学习障碍的青少年小组”和“网络成瘾青少年小组”，还有一部分是依法强制参加的，如“药瘾者的治疗性小组”“家庭暴力治疗性小组”“刑满释放人员小组”等。带领非自愿性小组时，工作者首先需要与组员建立良好的互动关系，待组员的阻抗消失，对小组目标达成基本共识后，才能引导他们，这会是一个比较艰难、需要非常小心谨慎处置的过程。

三、招募和筛选组员

并非每一个人都适合参加某一小组，不同性质的小组所招收的对象，往往有其资格限制，因此，招募筛选组员也是小组前的一项重要工作。

一般来说，成立小组都要招募组员。招募可以从机构已有的名单中招募；或以邮寄、贴海报或布告栏公开招募，让有需求、有兴趣者前来应征；或者与学校、社区或其他社会组织、社会服务机构等联络，请他们宣传、推介；也可以通过电视、报刊、杂志、微信微博等自媒体等加以宣传招募。

此外，工作者还可以通过与组员有直接相关的人接触，如家中成员、同事、同学、老师、精神科医生、学校的心理咨询员、其他社会工作者等，培养转介资源，为招募潜在组员做准备。

不论通过哪一种方式招募，招募书上的内容应包含下面几个主要方面：

小组的名称 组成的目标 小组聚会的时间、地点、次数、频率、每次的时间长短 参加小组的费用及相关的开支 负责机构的名称、公章及电话号码 小组领导者的姓名、电话、学历背景及小组经验等个人资料 小组领导者和小组组员的权利和义务 其他相关的注意事项

如果说招募是寻找申请者，那么筛选就是将申请者变成潜在的小组组员，即工作者选择组员、组员决定是否真正加入小组的过程，整个过程是一个双向选择的过程。筛选不是可有可无的，对很多小组来说，筛选是必要的，因为：一方面通过必要的筛选，工作者可借此机会与申请者进行个别接触，确认申请者加入小组的意愿与目的，了解其人格特质，判断申请者是否适合加入小组；另一方面申请者也借此机会向小组社会工作者提出自己的期望并请教一些有关小组的问题，工作者也有机会澄清有关的问题并与申请者进行初步的沟通，组员再决定是否加入小组。

组员筛选的方式有两种：(1)个别会见，这是一种最常见的方式。一般情况下，在个别会见中，工作者会问一些问题，如“为什么你要参加小组？”“你对小组的期待是什么？”“你最想从小组中获得什么？”“这个小组能帮助你达成什么目标？”“你了解这个小组吗？”“关于这个小组和我，你还想了解什么？”等问题。如果申请者较多，那这是一种很耗费时间与精力的方式。有学者认为并不是每个小组都必须进行组员筛选，有时工作者因时间和精力的限制不易实行组员筛选，但如果条件允许，这确实是一件值得做的事，即使是一次很简短的会见，也会降低不合适组员加入小组的风险，对小组的品质会很有帮助；(2)书面材料式的筛选，即设计一些问题，邮寄或通过其他方式送达申请者，请其回答后，再回收。可以问些与个别会见时相同的问题，问题不要太多，只要一两个就行。也可以问一些直接和小组内容有关的其他问题，如在一个离婚女性支持性小组中，工作者可询问“离婚后你目前的生活状况如何？你如何看待这种状况？”，在一个成长性小组中，工作者可问“你是如何看待你自己的？你认为你自己是一个怎样的人？”。书面材料式的筛选虽然不直接，但省时省力，运用得好，一样可以起到很好的效果。

在筛选的过程中，我们不可能无缘无故地将申请者拒之门外，但如果我们发现申请者有以下几种情况：(1)有自杀倾向的；(2)有较严重精神疾病的(不是精神病患者治疗小组)；(3)面对极端危机的；(4)高偏执狂的；(5)极度自我中心；(6)有仇视心理的；(7)行为做事有极强独霸性的；(8)有侵犯性的；(9)自恋狂的；(10)其他问题：如申请者根本没有改变的意愿、对小组的期望过高无法沟通的、怀有与小组目标相背离或无关目标的、与社会工作者的价值观严重冲突等问题时，工作者都应诚实但委婉地告知对方，能否转介或接受其他更合适的服务。

有的时候，工作者是被指定安排为小组的领导者或直接进入一个自然组合的小组，根本没有筛选组员的机会，但要提醒工作者的是，如果小组要涉及深层次的自我分享，组员自我卷入较多时，工作者还是要安排一些个别的接触，或 2～3 次的小组活动，让组员有加入小组的心理准备。

当然并不是每个小组都要进行组员的筛选，如有些教育性、休闲娱乐性、讨论性或任务性的小组，就不一定要作组前的筛选，这就需要工作者根据小组的性质、目标和组员的特质自己来决定了。

四、决定小组的规模

小组的规模指的是小组的大小，主要涉及小组人数的多寡。小组的大小影响小组的结构、组员的参与状况、组员间的互动关系及小组目标的达成。

影响小组大小的因素有：(1)小组的目标；(2)小组的类型；(3)探讨问题的性质；(4)组员的成熟度；(5)工作者的经验；(6)有无协同领导者等。一般而言，如果是治疗性的、成长性的小组，组员在小组中要进行一些深层次的分享，或组员的成熟度较低，投注在其他组员身上的能力较差，工作者没有多少经验的积累又无协同领导者，那么小组的规模就要适当小一些。但是，一个小组到底以多少人为佳，学者们一直存在争论，但他们基本上同意在 3～50 人之间。学者们认为不同小组也有其人数的偏好，如 4 个人比较适合组成休闲娱乐小组，8 个人的小组最容易产生任务，5 个人的小组最适合进行讨论，活动性、辅导性或教育性的小组可采取稍大规模，但超过 25 个人的小组的亲密性将明显降低。

工作者决定小组的规模大小时要注意：(1)小组要能围坐且相互看得见对方、听得到对方的声音；(2)小组大要大到所有组员依然有足够的机会进行互动并且被工作者掌握；(3)小组小要小到产生小组的效果；(4)如果小组必须增大时，可以将小组的结构分化，组成次小组，但每一个次小组的组员仍然要有足够的参与机会；(5)如果是开放性小组，要注意到小组的大小很重要，以免因组员的退出导致小组的解散。

通常我们认为，随着小组规模的增大，小组中的互动关系较多，小组因为人数众多，所以刺激较多，资源较为丰富，小组中个人的匿名性增加，组员会感觉比较安全，压力小，但也会产生一些问题，如因为人数太多，组员间的互动减少，亲密程度降低，从而产生疏离，兴趣的异化增加。当小组太大时，往往会出现次小组，不满的情绪会增强，意见一致的情况相应减少。并且当小组太大时，分散了个人可以运用和分享的时间，所以在分析和探讨问题时，常常会流于表面，不够深入。当小组的规模较小，是一个小小组时，组员有较多的参与和投入，组员间的互动增多，较容易沟通，也较容易形成亲密感和达成共识。但小组太小时也会产生一些问题，如害羞、不自信的小组组员会觉得压力较大，因人数少，小组的资源有限，对冲突的忍受力也较差。当一个小组太小降到三人或更少，小组的运作便会停止，组员之间的互动消失，工作者可能就会发现自己其实是在从事个别工作。

五、决定小组社会工作的时间

小组社会工作的时间包含四个层面的意义：(1)小组的会期；(2)小组聚会的频率；(3)小组每次会期的长短；(4)小组开始的时间。

小组的会期是指整个小组过程持续的时间。它决定着目标的范围和广度，也影响着小组的结构、小组进程的快慢和小组组员投入的程度。在小组开始时，工作者最好将小组的会期告诉组员，好让组员有个明确的时间表，并根据这个时间表做好心理准备，这样会提供他们一种具建设性的紧张，推动组员的开放和投入，也便于他们在工作和学习上做好时间的安排。小组的会期以多少次为佳？学者和实务工作者的结论不一，以治疗性小组为例，大多学者建议15～16次较为合适，至少不要少于6次。到底以多少为佳，最终要根据小组的目标，组员的成熟程度，要解决问题的难度，经费问题等因素而定，工作者可根据组员的需求和机构的需求做出适当的安排。

小组聚会的频率是指一周或一个月内小组聚会的次数。一般而言，原则上小组每周聚会一次。间隔时间太长就无法产生小组的连贯性，太短又侵占组员太多时间，影响他们的日常生活，给组员造成压力。当然，这也不是一定的，具体应视情况而定，如小组的初期是组员形成相互关系的关键期，要解决的问题较多，频率可以适当放快一些，一星期一到两次或两星期三次；到小组的维持期，小组已经走向成熟，小组的频率可放慢，一星期一次或两星期一次。在危机小组中，聚会的时间不受一般情况的限制，可视危机的程度确定小组的频率；在技巧训练和人际关系训练的小组中，因需要小组外的练习和巩固，所以聚会的频率不要太快。

小组每次聚会时间的长短以每个组员可分配到的时间为计算基准，一般在一个半小时至两个小时之间，太短小组组员的互动不充分，太长又必须花时间来维持组员的注意力，效果并不好。一般而言，对于儿童小组，因为儿童较好动，注意力集中时间不长，因此每次聚会的时间不宜太长，一般以40～50分钟为宜，如果是成人小组，尤其是人数较多又涉及深层次分享的小组，时间可稍微放长。

在此，必须提到一种较为特殊的小组——马拉松小组。这种小组的聚会时间往往可以从12小时持续到24小时，有的甚至会延长到两天一夜或两天两夜，因为聚会的时间持续不断，所以称之为"马拉松小组"。马拉松小组在长时间没有干扰的情况下，可以免除组员对时限的担心，鼓励组员之间进行更深入的投入和互动，使得小组的凝聚力发展较快，产生很强的即时功能，其价值是值得肯定的。但马拉松小组学习一次后完结，没有机会巩固和无法经历现实的检验，也会产生一些问题。在一些治疗和训练小组中可运用到马拉松小组，如果需要也可以在一般形式的小组中穿插马拉松小组，以发挥它的长处。

至于小组开始的时间，则要尽量适应小组组员的背景。无论什么类型的小组，也不论参加小组的是青少年还是成年人或老年人，小组聚会的时间都不要与他们日常生活和活动发生抵触，如果有可能，尽量地和小组组员协商而定。在确定好第一次会期时间后，要选择适当的方法通知组员，并确认已通知到位，如有必要，最好在开组的前一天再提醒一下组员。

六、做好小组系统内外的协调工作

从系统的观点来看，小组本身是一个系统，但小组社会工作的顺利完成不可能不与小组外的环境发生联系，一旦小组与其他系统发生联系，它将成为更高系统的子系统，这个更高系统就是小组外的工作系统。

小组外工作系统包括机构内的领导和其他工作者、案主系统的其他组织或组员、与小组活动有关的其他组织和成员等。

在整体计划运作之前，无论在哪个机构工作，如果需要，均应事先告知机构领导和其他工作人员有关你的小组社会工作计划，让他们了解小组社会工作的内容，取得他们的协助与配合。

案主系统是一个很宽泛的概念，任何个体的成长和改变都与它的环境相关，取得案主系统中其他成员和组织的支持常常是相当重要的。如儿童和少年小组须征得父母的同意，中学生小组须取得学校的配合，社区戒毒康复小组需取得社区的支持等。

小组系统经常要与其他系统发生联系，并运用它们的资源。在小组正式开组前，需要与他们做一些必要的联络与沟通，尽量获得其他系统的支持，取得小组活动正常开展所必要的资源。如中小学生小组要在学校开展，青少年小组中有去社区参加志愿者，老年人小组有去博物馆参观等，都需要事先的联络与沟通，征得其他系统的同意和接纳等。

七、小组开始前工作环境的准备

小组开始前工作环境的准备是工作者在现场实地安排，心里预演和熟悉环境的过程。它要考虑下面几个方面的安排：

检查房间的大小、温暖和舒适程度。根据小组组员的人数和方案设计中活动的内容检查房间的大小是否合适。房间太大，会导致小组组员分心，人气不容易集聚；房间太小会导致活动无法正常开展。除了大小，也要检查一下灯光、温度、通风、音响等情况。如果有可能，可以根据小组的性质、类型、组员的特征对房间作一些简单的布置，如布置一些画或照片、放一些装饰品等。

活动材料的准备：在小组过程中，小组会需要用到一些材料，必须事先准备好，以防临时“抓瞎”。如小组要用到录音、录像或投影设备，事先要演练一下，看看磁带、录影带是否准备好，线路有没有问题。包括是否要为组员准备茶水，中间休息时有无茶点等问题，都要事先准备；如果有，则要检查是否已经落实。

特别的安排：为使小组顺利地开展，工作者还要做一些特别的安排。如事先把桌椅按要求排放好，在大门入口、大楼入口处和沿线设置明显的路标，方便组员轻松找到小组地点，如需要，则要给父母小组提供小孩照顾的服务，给老年人小组提供接送的服务等。

上述安排都准备好后，组员还需要熟悉一下环境，将自己的第一次方案与环境结合起来，在心理预演一遍。

八、经验性认知的准备

如果需要，工作者可以为潜在的组员筹划一次预备会议，内容可以是：(1)说明。让工作者更详细地说明小组的目标、基本程序、参与小组过程中可能有的风险与困难、使小组有效运作的基本原则等；(2)讨论。与组员一起讨论他们的犹豫、期望及矛盾的感觉，并回答他们的问题；(3)示范。播放一些录影带向组员演示小组沟通的基本技巧，比如如何善用此时此地，如何表达感受，如何给他人回应，如何变得有更多的自我分享等；(4)再次筛选组员：在这次预备性会议上，通过对组员的仔细观察，尤其是组员间互动行为的观察，可以确定这些潜在组员是否适合继续留在小组内。那些个人价值观、需要、期望、目标和小组的其他组员明显不一致的组员，在个人特质上，尤其是社交技巧上与其他组员完全格格不入的组员，就不太适合继续留在小组内。

经验性认知的准备是小组开始前的非正式活动，是一次组员与组员、组员与工作者认知碰撞的过程，在一些研究中发现，经过经验认知准备的小组组员对小组有较大的信心，他们比没有经过经验认知准备的组员，在小组中有更多的人际间的互动和个人分享。

当然，由于时间、精力等原因，并不需要每个小组在开始前都进行这样的预备性会议，具体情况由工作者根据需要自己决定。

第二节　小组初期

小组的初期是指从小组的第一次会期到小组形成的这段时期。由于这是组员对小组产生认同，工作者与组员、组员与组员之间形成最初的相互关系的时期，所以显得特别重要，它为后来小组社会工作的展开奠定了一个重要的基础。多数小组社会工作者认为，在整个小组的生命历程中，小组的初期，通常是最困难与最具挑战性的时期。

一、有效地开始小组

就像孕育了很久，终于等到了孩子出生的那一天一样，第一次会期时，工作者和组员一样充满了期盼和焦虑。好的开始是成功的一半。第一次会期，会为小组定下风格和基调，对小组日后的发展往往产生决定性的作用。所以，任何工作者，不论经验多寡，都需要慎重对待。

如何有效地开始小组是第一次会期中工作者面对的第一个挑战，尤其是第一次会期时的开始几分钟是非常重要的。不同的工作者有不同的选择。有的工作者以独特的自我介绍开始，有的工作者以新颖的暖身活动开始，有的工作者以一首切合主题的音乐开始，无论工作者采用什么方法，一定要留意自己的一言一行，务必表达出自己对组员的尊重，真诚和接纳。如果工作者一开始就平铺直叙长篇大论，通常会将小组弄得死气沉沉，使组员拘谨或心不在焉，工作者自己也难免变成权威者和说教者，令小组的气氛紧张，不舒服。还有一些工作者，尤其是一些初学者，一开始不敢打断组员的谈话，他们礼貌地让每个组员谈 3～4 分钟，结果为小组造就了一个枯燥的开端。所以，有效地开始小组是工作者需要打赢的第一仗。

二、组员的相互认识

第一次会期一个很重要的工作就是让组员互相认识，工作者可以要求组员以不同的方式来介绍自己，如以自画像的方式、以互相采访的方式、以配对沟通的方式、以特征与组员相联结轮流介绍的方式等，自我介绍的方法有很多，工作者需要根据组员的特征和小组的类型做出一些有创意的设计，使组员摆脱老套和流于形式的感觉而很快的投入小组中来。在组员自我介绍时，工作者应积极地投入其中，他可以对组员的自我介绍给一些简单的回馈，说出他们的期待和希望，并回应他们的感受，也可说到一些自己对组员个人的感受和积极的看法，如果机会适当，还可邀请其他组员给一些简短的正面回应，促进小组最初的互动，提升组员正面的积极的力量。

三、澄清小组和组员的目标

小组的过程是一个逐渐向目标推进的过程，有了对目标的清晰解读，小组才有了方向，所以，在小组的一开始就和组员讨论小组的目标，并与组员就此达成共识是很关键的。虽然有可能在筛选组员或进行经验性的认知准备时，工作者已就小组的目标和组员沟通过，但是组员并没有在小组的层次上就小组的目标达成共识，尤其是那些没有经过事前沟通和预备性会议的小组，小组目标的澄清显得更为重要。

工作者的工作必须始终围绕着小组的目标，并且一再地把它清楚地传递给组员，如果组员一开始就对这些目标有清晰的认识，他们就能清楚地了解小组对他们的期待，及如何从小组中获取最大利益。此外，除了澄清小组的目标，组员还需要澄清自己的目标，知道自己想要从小组中获得什么，通常组员对自己的需要是模糊和过于广泛的，比如有的组员表达他来到小组的目标是更好的树立信心或更好的认识自己，可对小组而言，是很难处理这些模糊的目标的，所以工作者要协助组员将这些过于广泛的目标转换成具体明确的目标。目标的转换可以通过小组分享的方式，如工作者可以问："你觉得你在哪一方面没有信心？希望做怎样的改变？""你认为你在认识自己时碰到了哪些困难？期望为此做些什么？"或者要求组员对其他组员或自己说出他们的目标，大家一起聚焦，让组员利用这个机会，思考参加小组的理由，了解个人对小组的期待。请他们说出和写出自己的目标是十分有价值的，这样会使组员在参加小组的过程中有十分清晰的方向感，同时也可以协助组员很快地将注意力集中在他们需要的小组经验上。

四、订立小组契约

小组契约是小组社会工作者与组员之间，有关他们努力的目标及对他们将一起工作方式的一种协议约定。

小组社会工作强调的是小组社会工作者与组员之间的相互尊重与配合，为了使小组社会工作能够正常良好地运转，小组契约的签订是完全必要的。

小组契约的内容包括小组程序及组员目标两部分，小组程序包括整个会期的持续时间，出席的要求，保密的规定，集会的时间、地点、费用以及小组过程中一些其他注意事项；组员目标部分包括详细列出需要他们做到的行为表现；用来评估结果的标准等。

小组契约签订的方式，可以是工作者事先拟好，在第一次会期时征求组员意见，与组员讨论签订，也可以是工作者和组员在第一次会期时共同商讨后签订，还可以让组员在第一次会期后，回家完成这份契约，第二次会议时再带来与大家一起讨论后再签订。

小组契约的形式可以是书面的，也可以是口头的，但不论哪种形式，小组契约都是工作者和组员双方讨论协商之后共同决定的，工作者和组员双方都要遵守，不得任意更改。一般情况下，小组契约还是以书面的形式会比较有效，可以常常提醒工作者和组员应履行的义务和规则。

小组契约示例

作为小组组员，我同意：

1. 参加每次的小组聚会，不迟到不早退。
2. 遵守保密的原则，小组内发生的事件决不在小组外随意泄露。
3. 完成小组交给的任务和要求。
4. 小组聚会时，关闭手机或将手机调到静音状态。
5. 每次聚会认真投入，参与小组所有活动，如确有特殊情况不能参与某些活动，通过书面提出申请。

作为小组社会工作者，我同意：

1. 准备每次的小组聚会。

2. 保证每次小组准时开始，准时结束。

3. 小组聚会共 8 次，每次 2 个小时，星期五下午 3 点开始，地点在校心理咨询室。

4. 遵守保密原则。

5. 小组费用由学校学生工作处赞助，不收取组员任何额外费用。

组员签名：

工作者签名：

日期：

五、协助小组产生信任的小组氛围

在小组的初期，尤其是在第一次会期，组员进入一个陌生的环境，难免会表现出焦虑、害怕和疑虑，或多或少地出现抗拒，他们会产生这样的疑问：

"我来这里是不是很傻？他们会接纳我吗？"

"什么小组，说不定和我以前参加的那些活动一样，走走过场，我别太指望从这里得到什么。"

"有那么多事情要做，还跑这里来，我是不是又被他们忽悠了？"

"等等，别急，别忙着说话，这里不一定安全，先看看他们怎么说。"

"我要注意点，少说话，别给别人留下什么坏印象。"

"这些都是什么人？他们值得信赖？他们知道了我的问题，会不会看不起我？"

"这些人会比我以前碰到的人更聪明吗？他们能帮我？"

一开始，组员就是这样地彼此存在戒心，想着保护自己，对小组是否参与常常有迟疑不决的反应，以及有是否投入、投入多少的矛盾。显然，此时的小组组员间缺乏必要的信任，而信任问题常常是小组早期焦虑的来源。

缺乏信任感会有一些明显的表现，工作者可以通过观察组员的语言和非语言行为做出判断，低信任感的一些指标如下所示：

组员不愿主动参与小组活动。

当组员被问及为何有如此行为反应时，他们不愿意回答。

组员不愿意直接表达他们内心的感受。

组员小心翼翼地把话说不清楚，并且一直把焦点放在他人而不是自己身上。

组员过分安静。

组员花费更多的精力协助他人或给予他人忠告，而非分享他们个人的关心。

组员坚持没有任何小组可以解决他的问题。

组员不愿公开处理冲突，甚至不承认有冲突存在。

一旦缺乏必要的信任感，小组社会工作是无法真正开展起来的，如果此时小组急切地进行一些问题的讨论分享，那么，显而易见，是不会产生什么好的效果。小组会越来越缺乏热诚，越来越沉闷，变得没有活力。所以此时，建立信任，让组员产生安全感是小组社会工作的重点。

工作者如何才能在小组初期，建立起小组的信任感呢？

1. 工作者的示范。建立信任感的一个好技巧，就是由工作者带领示范。一个真正成功的领导者，能够在较短的时间内，创造出一种温暖信任的气氛，令组员从刚开始的紧张焦虑中放松下来，感到安全和自在，乃至可以安心参与和投入小组过程。如何做到这点，不是刻意表现的过程，而是工作者在举手投足中不露痕迹地传达出来的，他的言辞得体，幽默，活泼，明智，谦和，善解人意和他的尊重及关怀一起，是他的人格魅力的一部分。再加上他注意到组员个人的需求，以尊重真诚的方式回应他们，适当地自我表露，自然地向组员陈述他的期望，鼓励组员直接地相互交谈等，工作者在小组初期就表达出的尊重、真诚、同理是建立小组信任感的第一要点。

2. 创造机会，让组员表达自己的想法或感受。小组初期，小组产生不信任感是一件正常的事。充分地探讨组员对自己，对其他组员，对工作者的不信任感反而是产生信任感的一种方法。

协助组员承认自己有不信任感，是一件很重要的事。如果有不信任感，又不愿意承认，这些不信任感就会逐渐地扩大和加深，但是如果能公开的承认，就可以增加改变的机会，至少不会阻碍他们参与小组。如：

“宁其，我注意到你一直在摇头，你不相信我们能帮到你，是吗？”

“小远，你一直不愿意分享自己，是你还不信任我们，对吗？”

“阿玲，从你的眼神中，我好像看得出来你不太信任这个小组，你可以把你现在的感受告诉我们吗？”

协助组员将自己的不信任感表达出来，只有完全地表达和探索这些感受，才有可能发展出真正的信任。要求组员明确表达出采用什么方法，才能使他们有足够的安全感。如：

“宁其，你不相信我们会帮到你，那你觉得我们要如何做才能帮到你？”

“阿玲，你说你不太信任这个小组。你希望其他人做些什么才会使你改变这个想法？”

“小远，你有不信任，我们理解，是小组发生了什么让你产生这样的想法吗？”

也许组员会说希望其他人在他表达完意见后给些回馈，有人想要不受到他人攻击的保证，另外有些人则想得到更多的其他人的关怀和支持。此后，工作者需要求整个小组讨论影响他们相互信任的原因，并给组员充分的时间思考如何才能建立小组的信任，让组员公开表达自己的看法。万一有组员对另一个人感到怀疑和保留时，工作者要敏锐地感知并鼓励他表达，并将问题公开处理，如：“中青，你对小汉的做法感到怀疑，可以告诉我们也告诉小汉为什么吗？”

有的工作者提出用活动来建立信任，实际上，这并不是一个有效的选择。信任的建立是一个顺其自然的过程，它的焦点在于工作者与组员，组员与组员之间关系的改善上，而不能通过结构或计划性活动来人为地建立。柯瑞尔(Corey)认为经由人为的技巧，而非促进小组自己的努力来建立信任感，将会使小组信任感的发展变得缓慢，甚至不了了之。所以，柯瑞尔主张不是运用互动性活动来引发信任感，而是鼓励组员表达他们内心真实的感受，在相互的回馈、尊重、关怀、真诚中自然而然地让信任产生出来。①

六、工作者在初期的角色与地位

小组初期，工作者的地位在小组中心，他的一个小小的动作，一个不经意的眼神，都会对小

① Gerald Corey. Theory and practice of group counseling (5th), Brooks/Cole Thomson Learing, 2000.

组产生影响。

工作者在初期的主要角色之一是联结者，一开始，由于工作者的中心地位，组员都把他视为自己进入小组的媒介，所以总是倾向于与工作者对话，询问他的意见，希望取得他的好感，得到他的反馈。如果任凭这种情况发展下去，就会发展出长时间内工作者与个别组员间一对一对谈的形式，而其他组员会感觉乏味，无法参与其中，小组的动力也没法形成。所以，在小组初期，工作者需要通过各种方式使组员之间产生互动与沟通。比如在第一次会期中，工作者可以明确告知组员小组要彼此沟通，而不只是和工作者对话。在小组进行过程中，如果需要，工作者可以反复重申这一点，并且用一些具体的技巧把组员之间联结起来。例如，一个组员分享了一个观点后，在等工作者反馈其看法，工作者会看看所有组员，然后说："小组是你们每一个人的，大家都希望在小组中有所收获的，刚才阿甲说了自己的观点，谁愿意给一些意见，说说自己的看法呢？"或者这么说："噢，小辛，刚才阿甲说话时，我看到你笑了一下，还默默点头，你是不是有什么意见要表达？"或者，等阿甲说完了话，把求助的目光投向工作者，可是工作者却不说话，反而把目光转向另一个组员，微笑并用鼓励的眼神看着他。通常情况下，这些简单的引导和联结，就能很自然地将小组的注意力分散到其他组员身上，加强组员间的互动。

工作者还可以通过自己的言行适当地采用强化的方式联结组员间的互动。例如，小组中有一个组员对其他组员的问题给了适当的回馈，工作者立即用语言和非语言行为做出正面强化。小辛在工作者的鼓励下，对阿甲的话给了一个不错的回馈，工作者立即点头微笑，并指出："很好，小辛的回馈让我们感觉很温暖，希望我们小组以后这样的行为越来越多。"或者说："非常好，小辛说出了他的想法，其他人呢？你们是不是也愿意像小辛一样发表一下自己的看法？或者对小辛的话也发表点意见呢？"

在小组初期，工作者要很小心地面对一些联结中的问题，例如，有的工作者特别害怕沉默，或者没有耐心等待组员的参与和发言，于是就点名要求组员参与，可是很快就发觉，组员逐渐变得被动和依赖，小组的沉默更加频繁，组员只有被工作者点名才会回应。还有的工作者，在做完引导后，为了不冷场，要求组员轮流发言。这种做法，一方面使组员在勉强之下进行表达，而组员虚晃一枪就过去了，没有个人层次的参与，致使小组流于形式；另一方面会使组员陡增紧张和压力，每个人都在惦记着轮到自己时该怎么说，根本就没人认真听其他人的发言，而对组员间的关系产生负面的影响。

除了联结者的角色，工作者在小组初期，还要承担示范者的角色。工作者在小组中也要全然的投入，与其他组员一样，成为小组的一分子。作为小组一分子，工作者通过自己的一言一行参与小组文化和小组规范的塑造。

哪怕是一个小小的自我介绍，工作者的示范作用都是不可低估的。例如，工作者开场的自我介绍："我是李晓，社会工作专业的毕业生，我很高兴各位能来参加这次小组。"工作者这样开头，组员在以后的自我介绍中都以此为仿效对象，每个人的自我介绍也会很资料性、表面化，没有很多"人"性的东西在里面。[①] 如果工作者这样介绍："各位好，我是李晓，拂晓的晓，我出生的时候正好是早晨，爸爸给我取了这个名字，是希望我从拂晓开始上路，一生越走越亮。我不是一个特别活泼的人，但是我非常喜欢带小组，每次带完小组我都能感觉到自己的成长。为了这个小组的顺利开展我准备了很长时间，很高兴盼到了它的开组，也很高兴各位能来这里，看

---

① 林孟平．小组辅导与心理治疗．商务印书馆，1996．

到大家，我真的很开心，我相信我们一定能合作得很好。”比起上文的自我介绍，这是一个相当人性的，有一定分享的自我介绍，它让组员感到温暖，也为组员提供了一个典范。

在小组社会工作的教学和训练中，初学者常常会问一个问题：我是一个小组社会工作者，我学过小组技巧，我知道什么是同理，怎么用此时此刻，但组员他们怎么会知道呢？是的，这是个问题。我们的回答是，除了在经验认知预备会上告知和培训组员外，最重要的就是在小组初期工作者的示范。

在日常生活中，因为现代人际间的竞争和压力，人们已经习惯了戴上面具生活，戒备和不信任充斥于人们的交往中，人与人之间的距离很远，难得有机会坐下来沟通分享，也难出现亲密和有深度的关系。在小组中，要组员突然改变日常生活中的互动方式，变得开放和真诚确实有难度，所以，工作者作为小组的一分子，可以通过自己的行为，起到很好的示范作用。他须在态度上表达出真诚、投入、尊重和接纳的品质，在行为上放下防卫；对组员表达进行同理性的回馈；在有需要时，进行适当的自我表露；在组员分享感受时，为组员提供支持；在组员出现不同意见时，工作者不批评、不刻薄；在自己犯错时，能够坦然地面对。这些态度和行为给组员树立了一个榜样，并在小组中发展出一套规则和标准，对以后组员间进行互动、小组动力的形成会起到良好的促进作用。

第三节　小组的转换期

从小组最初形成到小组进入工作期这一段时期，称为小组的转换期。小组进入转换期后，面临各种防卫性的抗拒，经历各种控制和权力的争夺，出现了各种冲突，这是一段很艰难的时期，如果处理不好，小组可能进入停滞期，导致其发展止步不前。

在转换期，组员的任务一方面是面对自己的情绪和反应，并学会去表达它；另一方面必须学会用一种关怀和建设性的方式去面对其他组员，以及愿意保持开放和非防卫的态度去接受其他组员的回馈。对于工作者，他的任务是引导组员之间有更进一步的互动，处理小组中可能出现的抗拒行为，协助小组产生更高的凝聚力，如果发生冲突，帮助小组发展自己的力量面对和解决它。

一、处理抗拒行为

抗拒是使自己或别人避免对个人问题或痛苦体验深入探索的行为。人们既想探索自己，又害怕认识自己。当自己因潜意识内容被揭示而产生焦虑时，为保护自己免于焦虑，就会产生抗拒行为。

一个人的抗拒行为一般都根源于童年时期在原生家庭中尚未解决的问题或压抑的需要，如被拒绝的感受、努力寻求被关注不得而产生的负面情绪、儿童时期的创伤等。这些情绪和感受根植于组员的人格中，进入小组后，他们经常通过投射和移情重新体验到这些早年的情感和冲突，从而产生抗拒。抗拒不一定是以语言或攻击性行为表现，沉默、退缩也是抗拒形式的一种。组员的抗拒针对的可能是领导者或某个特定的组员，也可能是整个小组。

组员产生抗拒的表现有：(1)分享时停留在表面，无法深入，也无法更具“人性”。如组员小恩说：“没关系，失败乃成功之母嘛，我会总结教训的。”或组员小东说：“没什么，这是很正常的事，不光是我，我想所有人碰到都会是这样子。”实际上小恩和小东都用一些“套话”隐藏了自己，抗拒对自己的探索；(2)使用非私人性和概括性的语言。如，组员小容说：“这个小组所有的人都缺乏真诚，说了半天，大家都是在说些无关痛痒的事，都在兜圈子。”实际上小容用概括性的字句“所有的”“大家”，使得小组里没有人知道他到底在说谁，也不知道这个大家是否包括他自己；(3)总是问别人问题。如组员小洋总是在问其他组员“后来怎么样了？”“你去那里了吗？”“你问了他，他怎么回答的？”他是通过不停地问问题，从而避免小组把焦点放在自己身上；(4)将重点放在其他组员身上或说一些毫不关己的事情。如组员小晴在组员小灵说话时老是皱眉头，她说她讨厌小灵说话的方式，好像她什么都知道，手舞足蹈的。但很可能是因为小晴花太多的注意力在小灵身上，是想用这种方式避免注意自己的不投入。

针对这些不同的抗拒行为，工作者需要进行不同的处理。

对小恩和小东，工作者要告诉组员承认和表达感受的重要。工作者会这样说：“我发觉小组中有组员变得越来越主动，这实在是个可喜的进步。不过，倘若大家能够尝试弄明白自己内心的感受，并与小组分享，则对自己和小组都有意义。”或者说：“我很高兴小组已经有了组员间的回应，其实大家不用再转弯抹角收藏自己的感受，因为在小组中，大家要努力学习直接的沟通，才能令小组和你自己达到预期的效果。”

对于小容，工作者要协助其明白自己的保护行为和心态。工作者可以对小容说：“小容，我觉得你刚才说的很有意思，但是请用‘我’放在你每个句子的开头，再看看这与你刚才说的有何不同？”或者说：“小容，你一直在说‘所有的人’，是否也把自己归在这‘所有人’之列。我有个建议，你可以选择小组中的任何一个人，说说他是如何在兜圈子的。”

对小洋，工作者可以夸大他问问题的行为，请他绕小组一圈，对每个组员问个问题，问完后再询问他的感受，同时要求他告诉每位组员，他希望从他们身上得到什么，或者直接禁止小洋继续发问，并以暗示的方式告诉他，他的问题在哪里，希望他更开放些。

对小晴，工作者则直接要她说出她对小灵在小组内行为的感受，然后问她：“小灵的行为使你看到了什么？在你的生活中，是不是也曾有过这样的人？”使她转而探索自己，认清自己在小组中的角色。

当然这只是我们举的一个例子，事实上，小组千变万化，人和人之间的差异很大，行为背后的原因也很复杂，如何处理需要小组社会工作者依实际情况而定。

二、处理问题组员

在小组的转换期，组员可能因自己的成长经历和人格特质而表现出特定的行为，有一部分人因自己特定的行为而成为“问题组员”。问题组员的行为，有的不一定是属于意识性或有意要破坏小组的有效性，但是不论是有意识的问题行为，还是无意识的问题行为，如果他们的行为没有得到很好的处理，组员的小组经验就会遭到破坏，小组的动力也会受到影响。

一般而言，小组中的问题组员有：进行权力垄断的组员，尖酸刻薄的组员，表达感受困难的组员，不投入的组员，沉默的组员，有攻击性行为的组员，成为代罪羔羊的组员，爱说大话的组员，总是喜欢引起别人注意的组员等。面对这些组员，工作者都要运用适当的策略和技巧来影响他们的行为朝建设性的方向发展。

处理问题组员的一般性策略包括：

(1) 让问题组员自己看到自己的问题。工作者需要敏锐地观察组员，发现“问题”，然后引导组员看到自己的问题。如在小组中我们一再地发现小力轻易打断别人的话，不管别人愿不愿意听，说一大堆自己的感受和建议。于是几次后，工作者提供一个小组环境，让他自己看到这一点，然后再告诉他这个事实。

（2）收集资料，努力了解问题组员行为背后的目的。告诉小力这个事实，然后问他："你是个提建议的好手，但是好像大家都对于你这么快地给出意见有些意见。你平时一向都是这样呢，还是在这个小组才会这样？"必须留意的是，这样可能引起问题组员的抗拒和防卫，工作者要小心处理，比如工作者可以公开地和问题组员沟通他目前的情形，并以尊重关怀的态度聆听他们的表达。

（3）提供机会，鼓励问题组员表达自己。工作者需要帮助问题组员促进了解和成长，以尊重和关怀的态度面对问题组员，鼓励他们把自己的感受表达出来。"小力，我们不是要批评你，我们只是想和你一起探讨一下这个问题，你愿意说说你现在的感受吗？"小力犹豫了一会儿，回应说："实际上，以前也有朋友和我说起这问题，但我一直觉得那是他们不谦虚，听不进别人的意见。但是，今天想想也许这是一个问题，其实，我妈妈就是一个这样的人，她总是在我表达自己之前，就已经说出了她的意见，很多时候，不是意见是命令……"

（4）工作者或其他组员给予回馈。工作者必须以敏锐、诚实和关怀的态度给予回馈。他可以面质，但在转换期，小组尚未凝聚到可以去讨论很深入的问题，所以要注意面质不要进得太快、太深而造成伤害。除了工作者，也可鼓励其他组员给回馈，鼓励他们表达他们对问题组员行为的反应和感受。需要注意的是，只是回馈和反应，而不是联合起来批判问题组员，如果那样，工作者要出面干预。比如工作者说："小强，你在点头，看来你对小力刚才说的很有感触，可以和我们分享一下吗？"或回应："大家注意了，每个人都有自己的行为方式，我们不是要去评判谁对谁错，最重要的是我们要将自己知道的、感受到的告诉他。"

（5）支持被回馈的人对他人的意见再回馈。让接受回馈的人有为自己辩驳的机会和权利。例如，"小力，刚才大家给你了回馈，你还有什么可以再告诉我们的吗？"

（6）提供机会，让组员改变自己。小组提供一个良好的环境，让组员在不受批评、不贴标签的情况下自由地试验不同的行为，以更新的观点看待自己，尊重、关怀和接纳他们，耐心等待他们慢慢成长。

这是对待问题组员的一般原则，但在小组里，因为具体情况不同，工作者需要做出一些特殊的处理。这里，我们举四个问题组员的例子加以阐述：

（一）沉默的组员

对于在小组中沉默的组员，首先要分析的是他沉默的原因是什么。有些组员沉默是自身性格的原因，如一向较为被动、内向、迟疑、自我形象低，或者对"谦和""忍让"的界定持错误的观念，做人做事都缺乏进取，以至于在生活中不懂得把握自己，在小组中，不是较少主动发言，就是因慢热而失去了发言的机会；有些组员沉默则是与小组的过程有关：如以沉默对抗小组或某些组员，对工作者或某些组员的行为不满，对小组的讨论和分享没有兴趣等；有些组员的沉默则是在思考或想再听听收集更多的资料，虽然他们没有用语言与其他组员交流，但他在听并用非语言，如微笑、点头等与其他组员交流。

工作者不要一发现沉默，就迫不及待地进行干预。即使对于前两种沉默，工作者也不能没有探究沉默背后的原因，就一味地催促组员变得开放。这样突然地把焦点聚在沉默的组员身上，等于在他们在毫无准备的情况下，把他们推到大家面前，"晾"在那里，令他们很尴尬和难受，结果反而使他们更加沉默和抗拒。

对于前两种沉默的组员，工作者不要直接问他们为什么不说话。工作者最好不要去直接挑战沉默者，而是等待小组其他组员提出。例如，在文佳一再沉默后，中原终于忍不住说："我真的很不舒服，既然小组是大家的，为什么有的人总不说话呢？"工作者鼓励中原说出有的人是谁，中原表示是文佳。是中原而不是工作者提出这个问题，沉默者会感到自己在小组中被更多的人注意。然后工作者鼓励中原和其他人说出他们对文佳沉默的感受，再让文佳回应。如果小组中没有人及时提出，也可由工作者提出，婉转地告诉组员他们的沉默影响到其他组员，比如其他组员不知道他们在想什么，害怕被他们评判也迟迟不敢开口。不管怎样，对那些因为性格原因不敢开口的组员要给予积极的支持与鼓励。而对那些不满小组，挑战小组的组员可以给予必要的沟通和面质，让他将对小组的不满和挑战表达出来，当他表达后，其他组员要给予真诚的回馈。如，"小江，你说你对小组不满，这很正常，如果我们的小组令你不舒服，我们特别希望你可以说出来告诉我们。""谢谢小江，他很勇敢也很真诚，他说了他的想法，小组中的其他组员，你们有什么想要说的吗？"

（二）表达感受困难的组员

感受是人们行为的直接后果，促使人们行为改变最重要的前提是承认并认识自己的感受，所以，有的人认为，表达感受是帮助人们打开了精神的"逃生门"。但是，在小组中常会发现，有的组员在表达感受上有困难，有的是因为他们不愿冒险表达这些感受，有的是因为他们不习惯表达感受。如，"做都做了，事情也过去了，没什么好说的"；或者"我喜欢这样做，一般男人都这样的"这样的表达，没有任何个人的感受在里面，流于表面，无法探索自己，也无法给他人一个温暖和有建设性的回应。工作者需要：

(1) 鼓励组员表达感受，告诉组员诚实地表达感受对小组、对个人的成长都是很有益的事。

"你说了那么多，我想我们听懂了整个事情，但可不可以告诉我们，你当时的感受是什么？这很重要。"

(2) 帮助组员确认此时此刻的感受。

"闭上眼睛，想想刚才发生的事，然后说出现在浮现在你眼前的第一个感受是什么？"

(3) 协助组员用标准的语录把感受表达出来。

"当你被勇强抢白时，你的感觉是……"

"我也不知道，我都有点蒙了。"

"你没想到勇强会那样，你有点生气？"

"不，不是生气，等我明白过来，感到我被拒绝了，我很难过。"

（三）成为代罪羔羊的组员

代罪羔羊是指某些组员自己选择或被他人选择成为小组的代过者或不良情绪的发泄对象。

从个体的角度看，有些人容易被小组选择作为代罪羔羊的对象，如有些人行为或感受表现得不一致；有些人的性格像海绵一样吸纳别人的嘲笑和攻击而不会还击；有些人有某些与众不同的特征或行为；还有些人缺乏自信，不相信自己像别人一样值得接纳、尊重和爱，在偶然的机会中虽经历屈辱，仍被容纳在群体中，结果他们相信作代罪羔羊是唯一与他人建立关系的途径。当这些人被小组选出作代罪羔羊后，小组会出现众人攻击一人的情况。从个人的角度看，被众人攻击和嘲笑，会使个人受到伤害。因此，没有经验的工作者难免将注意力都集中在代罪羔羊身上，帮助他摆脱这个不利的局面。但是，长时间下来便会发现情况没有改变，小组动力有时反而出现倒退，因为从小组的角度来看，代罪的羔羊是小组减压的方法，通过诿过于人，小组找到了宣泄情绪和逃避责任的途径，而少数组员则通过攻击带罪羔羊，逃避小组对他们的注意。

所以，工作者发现代罪羔羊时，应协助小组将负面的感受和情绪从代罪者身上移开，面质和挑战小组本身的问题，协助他们客观地分辨并承担相应的问题，不以逃避、投射或嫁祸于人的方式推卸责任；对代罪者本人，领导者则需表达出对他的感受的了解，并鼓励、协助他用建设性的行为或方法与他人相处。

(四) 总是抢着说话的组员

与沉默者不同的是那些老是滔滔不绝，抢着说话的人。他们常常是第一个说话的人，而且总是长篇大论。如果有人提出问题要讨论和分享，他们马上表示有相同的经验或问题，随即抓住说话的机会，又开始他的长篇故事。他们似乎天生是一个技巧纯熟的演说者，总是用自己的长篇大论控制住小组的大局，他们对他人的反应表现迟钝，不会顾念其他组员也有分享的要求和权利。这种人，永远要“做明星”，一旦众人不注意他的时候，就会产生恐慌、不安全或被忽略的感觉。有些人也可能是用“大话或空话”占住时间，以防别人的话题触及自己的伤口，来掩饰自己不愿意或不敢真正表达的内心感受。

一开始，这些组员总是抢着说话对那些不想参与，不想说话的组员来说是件好事，从某种意义上来讲甚至是帮了他们的大忙，但渐渐地，大家看到一个人占用了大家这么多时间，会感到不满和厌烦。这对小组是有破坏力的，小组的凝聚力会慢慢地下降，不满和厌烦的情绪积累到一定程度，组员会产生抗拒和各种消极行为。

工作者对总是抢着说话组员的干预应是直接而有力的，工作者可以给他回馈，让他评估自己的行为，如：“如果你一直这样说下去，也许愈说愈多，那么你想小组内会发生什么？”同样，工作者也可以利用小组规范适度限制组员占用小组太多的时间。

三、处理小组中的冲突

当小组组员想真实地表达自己，不再戴着面具，不再维持表面的礼貌与客气时，冲突是不可避免的。转折时期的特征之一就是不断地出现冲突。冲突来源于组员向他人挑战，向工作者挑战，来源于小组内的控制与权力的争夺。冲突是小组不平衡的表现，但冲突解决后小组会重新回复平衡，并促使小组在不平衡—平衡—不平衡中不断地向前发展。罗杰斯曾说过：小组的第一个有意义的“此时此地”往往出现在发生冲突时。事实上，组员有时会通过对领导和其他组员表达负面情绪与不同意见来检测小组的信任度和自由度，看看小组对不同意见、负面感受能不能接纳，表达时是否安全。因此，处理冲突的方式对小组有决定性影响，如果小组想要前进，就必须面对冲突，并公开地处理冲突。

在转换期，小组中的冲突表现在：

(一) 组员之间的冲突

雅兰挑战永宁：永宁，我觉得你这是在自找麻烦，如果你的表达这么不清楚的话，没人能真正了解你。

永宁：雅兰，我不知道你为什么老是针对我，我没说什么呀！

或者：澄昆直接对云枫：你总是不说话，可别人说话时你又摇头，为什么？

云枫：没有啊，我只是不自觉的。

石岩立即说：不是，我也看到了，你不但摇头，嘴角还有讥讽的笑，你心里一定在批评我们。

云枫再回应：如果你们一定要那样说，我也没办法。反正我不属于这个小组，也许我到这里来，本身就是个错。

小组组员这些冲突总比虚伪的礼节好，大多数小组都会经历这样的转折阶段。工作者在处理时，一般情况下会首先回应那些被批评人，如我们回应永宁："为什么你觉得雅兰针对你？听了雅兰的话后，你的感受是什么？"再回应雅兰的表达："雅兰，你的本意是针对永宁吗？永宁这么说你，你的感受是什么？"在工作者的协调下，双方公开表达他们的感受，共同面对问题，寻找解决的办法。同时，告知组员，参加小组是为了探索自己和自我的成长，并不是想要改变别人。至于云枫，也许我们可以告诉他，对于别人说的话，只希望他思考一下，并不一定要接受，不过，澄昆和石岩是因为关心他，才注意他的。

（二）组员与工作者间的冲突

在转换期，组员增加了向工作者挑战的意愿。小组初期，组员将工作者看成进入小组的媒介，所以对工作者有很多的包涵，即使对工作者有一些负面情绪也多半会隐藏起来。但是到了转折期，组员渐渐希望将真实的自己表现出来，但又不敢很肯定、很放心地表达真正的自我，于是开始想表达不同的意见，对别人也不再那么客气与礼貌。在此阶段，工作者常常被视为是引起挫折的人物。因为在初期，组员常常期望工作者告诉他们做什么，但是工作者常常拒绝回应这个期望；有时工作者会要求或勉强组员更开放、更投入，而使组员感到压力，这些都可能引起组员对工作者的敌意。另外，如工作者在小组中表现得太专权和控制，或在过程中对问题组员处理不当，或随便批评组员，破坏规范，也都可能造成组员的不满。还有，组员感觉自己不是工作者最喜欢的组员，会感觉到失望和生气，也可能造成组员对工作者的挑战。如：

"你一直都坐那儿听故事，可是我想你告诉我们到底该怎么做。"

"你有经验吗？我想我们应该找一个更能理解我们的人一起工作……"

"为什么我们的小组总是重视负面消极的问题，每次离开小组时，我不是更好而是更加沮丧……"

"已经三次了，可是我觉得自己一点收获也没有，我不知道我是否还有必要继续待在这儿……"

"秀蓉今天早上哭时，你为什么留她一个人在那里，你应该有更多的关心，你应该安慰她的……"

有些工作者无法接受这样的挑战，觉得自己很失败，很受挫，因而感到很沮丧；而有些工作者则立即自我防卫，极力辩护，甚至予以反击。这些表现使工作者不但没有正视问题，妥善解决问题，反而影响工作者与组员彼此坦诚的交往，不利于小组信任感的建立。事实上，组员对工作者的挑战在小组中是有积极意义的，严格地说，这种挑战使小组变得有自主性，是小组继续向前发展的一种征兆。有时，组员挑战的是工作者的角色而不是工作者本人。面对挑战，工作者首先要倾听，避免太快地给予回应，更注意不要以防卫的姿态来回应；其次，工作者需要诚实地面对，先检查自己被挑战的事是否属实，再把自己被挑战的感受与组员分享，承认挑战之中事实的部分；第三，请组员检查他的挑战和假设是否真实，同时说明自己对挑战内容的看法。如针对组员想要工作者多给建议的想法，工作者回应说："我知道你们来这里真的很想听些建议，但我不想在小组刚开始时就给你们建议，那样会影响你们的思考，在没有详细资料的情况下，给你们建议也是一种不负责任的行为，我不希望把过多的责任揽在自己的身上，你们应该为自己所要达成的目标共同负责。所以现在我比较看重协助小组澄清问题，较少建议，在适当时机，我也会像大家一样表达我的意见的……”第四，工作者可以询问组员，如果他们有不满的地方，他们希望事情有怎样的改变，比如工作者可以说：“小林，你说你没从小组得到什么，那么，你想从小组得到但现在还没有得到的是什么呢？”或者说：“可不可以请你具体地告诉我，你希望我做些什么，是我现在还没做的？”

小组的转换阶段，在不同小组中出现的情况不一样。有些小组的这个过程并不是特别明显或不完全，如在领导者权威性很强的小组或控制很强的小组，这个阶段的特征就不是很明显。不同的小组，转折期在出现的时间上也有差异，有的小组出现得早，有的小组到中期才出现。尤其是以中国文化为背景的小组，特别强调“以和为贵”“含蓄内敛”，尊重权威，这个过程就更不明显或隐藏得比较深，这样的小组在表面的和谐下，也会一步步地发展下去，但经过明显转换期的小组，有经历过“风雨”后的相互理解、真诚面对，是面对过冲突后的真正和谐，对以后小组的发展是至关重要的。

第三节　小组的中期

小组的中期，实际就是小组成熟后进入的工作期。小组的历程是连贯的，它由一个阶段过渡到另一个阶段是渐进而不着痕迹的。很少有小组一经形成就立即进入工作，大部分小组都需等到小组成熟后才能进入工作期。但是怎样的小组才是成熟的呢？有的人说组员开始融合于小组而不失自我并找到自己在小组中位置的时候；有的人则认为组员通过相互探索、解决冲突、互相适应并找出他们在小组内相互关系的时候。其实，他们想要表达的是一个意思，即工作期是小组由仅仅是组员一般聚会的虚体变成由相互间关系联结而成的实体，此时小组的结构稳定，组员更了解、接纳他人，更愿意相互帮助，尝试行为改变及解决问题，以追求个人及小组目标的达成。

一、小组中期的特点

小组中期，意味着小组开始进入工作期，相对于小组的初期和转折期，小组进入了一个新的生命历程。小组中期的特点有：

（一）小组的凝聚力增强

小组发展至中期时，小组中已经呈现出一种让组员心理上安全、温暖的气氛。组员间信任感逐渐加强，每个人都可以自由地表达，组员觉得彼此间、与领导者间有紧密的情感联系，小组对它的组员来说，是有吸引力的，组员有一种“这小组是我们的感觉”，他们认同小组的目标，并且更倾向于行为上的表达，他们自由地给予回馈并且没有防卫地接受回馈。当组员之间或组员与领导者之间发生冲突时，冲突会被了解、讨论和解决，小组处于一种高凝聚力阶段。

（二）孕育希望和改变的动机

经过冲突和挣扎后，组员发觉了小组对自己的尊重和接纳，也看到了其他组员的真心表露、分享、关怀与承诺，对小组的信心由此产生，组员觉得建设性的改变是有可能的，因此，组员有一种充满希望的感觉，相信借助彼此的投入，小组会促进自己的成长及困扰的解决。此时，组员改变的动机更加强烈，他们也同时认识到必须为自己的改变负责任。为此，他们尝试更多的冒险，与以前相比，出现更多的开放性行为。

（三）组员的投入与表露

自小组开始，组员就一点点地在表露自己，但在真正的信任与安全未完全建立之前，所表露的只是浅层次的自我，或是与小组此时此刻没有什么关系的想法和意见，是属较安全、没有威胁性的内容。而到了小组的中期，组员会对小组的过程做出个人的投入，自我表露也较深入，较接近个人内在的自我，或者表露的是与小组此时此刻相关的，具有敏感性和挑战性的内容。此时，组员开始诚实而认真地探索个人的价值、态度、感受和行为，有机会把内在的情绪宣泄出来。

（四）互助合作的形成

小组的特点之一就是拥有多方面的资源，在小组中期，组员在充分信任的情况下，开始彼此关怀，通过持续不断的回馈、相互的协助、真诚的面质，分享各自的经验、知识与技能，交流与合作，帮助其他组员，也被其他组员帮助，小组互助网络形成。

（五）组员对工作者的依赖减弱

在小组的初期，工作者一直处于小组的中心位置，在转折期，工作者的位置虽然开始向边缘转移，但仍然在靠近中心的位置，组员对工作者有很强的依赖感。但是到中期后，小组的结构已经基本稳定，并形成基本的互动模式，组员对工作者的依赖感逐渐减弱，工作者逐渐从接近中心位置向外退出，有些小组角色被组员自己承担起来，组员与工作者的地位逐渐接近甚至相等，组员的独立性越来越清晰地表达出来，他们依靠自己寻找解决问题的方法和策略，小组形成自己的动力，并且依赖自己的动力向前推进。

二、小组中期的任务

小组中期是工作期，也是小组和个人目标达成的时期，小组和个人的需求都要在这一时期获得满足，所以面临着一系列的任务，需要一步步解决。

（一）维持小组良好互动

经过初期与转折期的探索、冲突与挣扎之后，小组到中期已经形成一套良好的互动模式，组员间彼此信任、真诚、接纳与关怀，行为上出现此时此刻的表达与分享及相互的协助与合作，这些在小组中期都是使小组产生效力的工具，在小组中期的一个重要任务就是维持这种互动模式，并借着领导者的示范及引导，使组员的行为与互动更为有效。

（二）协助组员从小组获得新的认知

协助组员通过自我表露，探索个人的价值、态度、感受和行为，并通过他人的回馈，组员更好地反省自己，对事物有了更客观的了解，从而对自己，对环境，对自己与环境的关系有了新的认知。

（三）协助组员把领悟转化为行动

组员在中期，借着自己的反省、别人的回馈与面质等，对自己有了新的认知和领悟，但光有领悟是不行的，领导者还需协助组员让他们意识到必须为自己的改变负责任，将领悟或认知转化为具体的行动。领导者鼓励组员不断地冒险，去尝试新行为，并且在有了被期待的新行为出现时，不断地予以增强，使当事人更有信心，更有勇气继续尝试，以备将来将这些行为拓展到小组之外。

(四) 协助组员解决问题

领导者协助组员将问题澄清，通过分析判断，协助其建立合理的目标，共同磋商，整合小组内外的资源，进行合理分工，一起寻找解决问题的策略方法并付诸实施。

三、工作者的介入

工作者在中期的主要工作是通过评估小组的现状、组员对小组的投入程度、小组是否朝着所订目标前进、小组结构与小组互动是否有利于小组的发展，并根据评估的结果，设计合适的介入方案，从个人、小组互动、环境三个层面进行介入。

(一) 个人层面的介入

以小组为媒介，要求组员在小组互动中分析自己与环境之间的关系，发现自己错误的认知，挖掘自己未被发现的潜能，体验新情感，尝试新行为，以寻求个人的成长和行为的改变。在这个层面上，工作者多用直接介入法，通常会设计一些活动，创造一些具体情境，提供一些机会。具体的介入手法依小组的特质而定。

【示例 1】 在一个成长性小组中，有一位组员小远的自我价值感较差，在与其他组员的交往中出现明显的畏缩现象。工作者针对这种情况，设计计划逐步增强他的自信心，提高他的自我价值。工作者的介入方法可以是：

(1) 在小组单元开始前或结束后找机会与小远个别交谈，评估他的家庭和过去的生活经验，进行有针对性的辅导，鼓励他开放自己；

(2) 关注小远在小组中的行为，发现积极的方面，如衣着整齐，字写得好，主动帮助他人等，并从这些小事入手，在小组中适时地给予赞扬；

(3) 在小组中如果小远表达意见，立即联结其他组员给予回馈，使他觉得自己被注意和重视；

(4) 让小远担任一些比较容易完成的事务，如通知一些特别的活动，参与一些活动前的准备，在他完成后请小组赞赏他的努力；

(5) 几次小组单元后，要求组员列出小远的长处及其在小组中的成功表现，并让小组组员交流分享，鼓励小远更进一步地表达自己。

这个个人层面的介入方案，重点在于使小远更清楚地了解自己并对自己产生信心。通过工作者的介入和小组的努力后，小远开始逐步提升自我价值，在小组中也开始逐渐地开放自己。

【示例 2】 在一个治疗性小组中，丽蓉感到非常疲惫、厌倦。在小组的某次讨论会上，她被晓雄面质，因为当他在讨论他的困扰时，她立即给了一个建议。后来在小组的分享中，丽蓉表示在她幼年时期，父母总是争吵，而她就常常担任家庭仲裁者的角色，总是想办法平息父母的争吵。另外，在小组中，在其他组员分享自己的负面情绪时，丽蓉很容易受这些情绪的影响，看起来非常不快乐。在小峰分享了自己的悲伤之后，领导者问起丽蓉的感受，她痛苦地说："我觉得自己要被压垮了，我好累啊！"

领导者的直接介入：

(1) 夸张丽蓉的感受，取一位组员很重的背包让丽蓉捧着，并要求她稍微屈膝，以增加压力的经验，告诉她：让这件重物象征性地代表你所感觉到的负担，你需要真正体会它们的重量。

（2）让丽蓉列出她所觉知的各种负担，让她捧着这个重物，站在小组各位组员面前，一次一个人完成以下句子："××，你让我感觉到……负担。"如：

"晓雄，你的生气让我感到负担很重，我的本意是想帮助你。"

"小峰，你的悲伤让我觉得负担太重，我想让你快乐。"

"玉琪，你的无助的眼神让我觉得负担太重，我想替你分担……"

（3）一圈以后，让丽蓉仍然捧着背包，站在每位小组组员面前，这次完成下面的句子："我让自己感到……的负担。"如：

"晓雄，我让自己觉得我有责任帮你解决困扰而让自己承受重担。"

"小峰，你的悲伤让我太过担忧，压得我很不舒服。"

"玉琪，你让我想起我妈妈，你和爸爸争吵了这么多年，我总是想让你们别吵，和平相处，这压得我喘不过气来。"

（4）角色扮演，请玉琪扮演丽蓉的妈妈，让丽蓉站在玉琪的面前，告诉她："看着玉琪，就当她是你的妈妈，告诉她，她和你父亲的争吵，让你承受了多么重的负担。"在这个过程中，丽蓉可以情感转移、宣泄，玉琪可以澄清、对质、支持等。

（5）请小组再回到此时此地。工作者设计活动，小组组员一起分享，使丽蓉明白，她揽这么多重担在自己身上，才使自己压力过重。

（6）分享后，请丽蓉再捧着这背包，站在每位组员面前，完成下面的句子："你给我的……的负担，我要放下。"每说完一次，从背包里拿出一件东西。

（7）留给丽蓉家庭作业，请她写一封信给爸爸、妈妈，把她一直想说又无法说的话说出来。并告诉她，在未来的一个星期中，如果你发现自己再担负起刚刚放弃的重担时，打电话请小组中一位最适当的组员，请他协助你放下那些不该有的负担。

【示例3】 在一个任务取向的小组中，仲宁被选为小组的主席，大家共同完成一个"民工子女服务计划"。小组中工作者的介入：

（1）帮助仲宁准备足够的关于民工子女的资料，协助他预备小组议程，完成小组任务；

（2）针对仲宁在小组中的责任加以个别的介入，如工作者发现仲宁在小组过程中个人能力很强，组织能力也很好，但比较主观，听不进别人的意见，从而使小组的协作受到影响。工作者可以利用评估的方法使仲宁在小组任务完成的过程中知道自己的长处和短处；协助小组讨论，分享组员对仲宁工作方法的意见和想法；创造机会，增加仲宁的视野，充实其与他人合作的知识和工作技巧等。

小组中期个人层面的介入，是工作者利用自己的专业技巧、小组的结构和程序设计并通过具体的实施，帮助小组中需要帮助的个别组员。在小组中，由于回馈来自小组中不同的组员，往往会较容易帮助一个人认识自己并承认自己需要改变，这是关键性的一步。别人的回馈，也会成为他们改进自己行为的参考。小组本身为组员提供了一个直接尝试改变自己的机会，让他们看到自己改变的直接后果，并且在小组接纳、关怀的氛围中尝试这些新行为。当然，每个人都有自己的独特性，小组的情境也不同，领导者需根据个人所处的文化背景以及小组的资源实施不同的介入方法。

（二）组员互动层面的介入

组员互动层面的介入针对的不是个别组员而是小组中的全体组员，是指在小组中期，工作者协助组员参与小组并且利用小组动力帮助组员提高自己的认知和学习新的行为。组员互动层面介入的媒介包括小组的结构、小组程序、小组决策及小组活动等。不同类型的小组有不同的介入方案。

【示例1】 在一个亲子关系训练小组里，工作者从小组组员互动层面介入以协助父母了解孩子成长过程中身心发展的特征以及发展中的阶段性任务与危机，强化父母与子女间的沟通技巧，协助父母更好地扮演自己的角色。

（1）现代中国家庭中，父母常常将自己未完成的心愿投注在孩子身上，强迫孩子按照自己的意愿行事，结果给孩子造成很大的压力。小组中，工作者要求三人一组，以角色扮演的方式演练，一人扮演父亲的角色，一人扮演辅导员，一人扮演子女，情境是：父亲因为早年教育的欠缺，失业了，遂将所有的希望放在子女身上，给孩子形成很大的压力。以角色扮演的方式扮演一次儿子考试成绩不理想，父亲痛斥孩子的情境，然后分组分享担任这个角色的感受，讨论"父母的期望与孩子成长压力"两者之间的关系。

（2）父母管教子女的态度不一致，容易造成孩子的无所适从，是非观念的混淆。提供一个情景：儿子高中了，在要不要看些课外书方面，父母意见不一致，请一对父母扮演这对因管教孩子意见不一致，需要好好沟通的父母，请他们现场沟通，然后大家分享讨论，发表自己的意见。

（3）请专家来讲授"亲子沟通技巧"，组员听完后分享、发表自己的意见，并布置家庭作业，回去尝试以新的方式与孩子沟通，记下过程和感受，返回小组时大家一起分享。

（4）小组分组讨论"当子女有不当行为表现时，作父母的如何处理？"讨论后，每个人写下自己的意见，在小组中分享，相互交换意见。

（5）孩子们有孩子们的世界，以"走进孩子们的世界"为主题，分享青少年的次文化，增进对子女的了解。

（6）定期的家庭协商会议是现代家庭增进了解、相互沟通的重要形式。在小组中，就填报高考志愿，召开家庭协商会议，组员分别分组扮演父、母、子女三方，进行家庭协商，然后全体组员就此进行分享讨论。

【示例2】 在一个自然组合的小组中，组员是嗜打游戏的初中学生，部分组员有朋党背景，功课差，经常逃学，有斗殴、说脏话等不良行为，偶尔也有小偷小摸。工作者从组员互动层面的介入：

（1）举行一些分组游戏，游戏需要分组合作，相互竞赛，以此打散次小组，建立他们和工作者间的关系。

（2）安排一次旅行烧烤，分成和上次不同的两组，分别负责预备旅行安排和烧烤，进一步打散次小组，改变他们沟通的模式，增进他们和工作者的关系。

（3）利用"行为契约法"，针对组员有意愿改变的行为及所欲达成的目标，在工作者的带领下，签订一份小组契约，建立起一套正面的价值观和规范来协助组员达成行为目标。

（4）设计一次"父母眼中的我，老师眼中的我，同学眼中的我，我自己眼中的我，理想的我"的深层次分享讨论，引导组员认识自己、了解自己，提高改变的动机。

（5）安排一次才艺展示活动，请组员展示自己各方面的能力，工作者与组员分享并给正面的回应，提高组员的自信心。

（6）安排一次角色扮演，情境是校园里的一次朋党之争，然后请组员就如何与朋友相处，武力解决争执的不良后果分享讨论，发表意见。

（7）行为的塑造或强化：运用正增强物如奖品、奖状、赞美、鼓励等来协助组员强化或塑造他（她）所想要建立的良好行为或欲达成的行为目标。

（8）自我监督管理训练：协助组员在日常生活中正确地观察和记录自己的行为，一段时间后在小组内分享讨论。

【示例3】 成立一个服务性小组，对象是大学二、三年级的学生，培养其成为志愿者，提供服务给有需要的独居老人，工作者在小组互动层面的介入如下：

（1）安排一次训练性课程，讲授志愿者的意义和一些做志愿者的技巧，组员分享讨论。

（2）再安排一次训练性课程，讲授一些老年人，尤其是独居老年人群体的特点和需要，以及服务老年群体的技巧，组员分享讨论。

（3）与组员一起筹划服务，提出社区独居老人服务计划，订立具体的实施方案，拟出分工方案。

（4）分工合作，协调小组资源，实施计划。

小组组员互动层面介入的重点是促进小组动力的发展，从而利用小组的资源，帮助组员更好地觉察自己，找到解决问题的策略与方法，发挥未被发现的潜能，并提供一个安全的“试验场”，让他们体验从未体验的情感，尝试被期待的新行为。

（三）小组以外环境层面的介入

个人目标的达成需要个人所在环境的支持，小组目标的达成也需要得到小组所在环境的配合。以系统论来讲，小组是一个系统，但系统的界线是具有弹性的，任何一个系统的发展都需要从周围环境吸收物质和能量。在小组的中期，小组以外环境层面的介入是社会工作者强调人在环境的最好体现，也是小组社会工作与单纯的小组治疗的最重要区别所在。

【示例1】 一个单亲母亲成长小组，在小组的分享中，发现有好几位母亲存在失业后的经济困难，工作者须从小组外环境层面的介入：

（1）对有需要且符合条件的组员提供最低生活保障金申请的相关信息，协助他们完成申请。

（2）为有需要的组员寻找相应的培训机构，介绍他们在免费或尽可能低收费的情况下完成相应的职业培训。

（3）帮助他们与相应的中介机构联络，在可能的情况下，协助他们找到工作。

【示例2】 在一个帮助网络游戏成瘾的青少年小组中，小组过程中发现有些组员的游戏成瘾与家庭有关，有些组员则是因为在学校成绩差，导致自信心的低下，自卑感强，工作者小组以外环境层面的介入包括：

（1）家庭访问，与家人一起讨论组员的问题，请他们配合共同协助组员的成长和行为改变。对那些教育子女存在问题的父母，提供他们相应的资源，改善他们教育子女的理念和方法。

（2）与组员的学校、老师联络，希望他们在学校中多关注、鼓励组员，多给他们一些正面的回馈，以提高这些孩子的自我价值。

(3) 联络其他志愿者小组，帮助这些孩子补上落下的功课。

【示例3】 在一个"农民工未成年子女城市生活适应"的服务小组，小组服务方案的实施过程中，需要分析外在的环境，消除阻碍的因素。工作者小组以外环境层面的介入包括：

(1) 在服务的过程中，发现农民工未成年子女在入学、参与社区活动方面存在一定问题，联系相应的政府部门、社会机构、社区，取得他们的支持。

(2) 小组活动中发现农民工未成年子女与城市孩子的积极互动易于增加他们之间的相互了解，设计相应活动，与这些家庭联系，取得这些城市孩子家庭的支持。

(3) 与这些农民工本人联络，希望他们积极关注孩子，帮助孩子完成更好地适应。

在小组中期，组员依小组和组员的需要，从个人、组员互动、环境三个方面进行介入。但必须指出的是，在中期，小组已经发展起了自己的互动模式，形成了自己的动力。工作者在小组中的地位逐渐淡化，更多地只是起了一个引导者、使能者和协助者的作用。小组中期的介入自始至终是以小组本身为中介的，通过小组而实施的。

第五节　小组结束期

"天下无不散的宴席"。小组在中期完成工作任务，组员基本达到目标之后就进入了结束期，这是小组历程的最后阶段。有的人认为，既然组员的目标已经达成，那么结束期就是一个可有可无或相对不是很重要的时期。事实上恰恰相反，小组结束阶段的经验对小组的成效有决定性的影响。如果小组结束阶段是一段成功的经验，那么组员便较愿意将自己在小组中的所学带入现实生活中；如果组员目标的达成不满意或有新的需要产生，他们需要进入其他小组继续接受服务。不论怎样，离开小组之后，如果组员记得的都是小组的正向经验和情绪，而不是对小组的不屑和愤怒，这对巩固小组成效，以及组员以后的成长有重要影响。

一、小组结束的含义

小组的结束不是一个戛然而止的时间点问题，而是一个巩固小组所学、处理未完成事件、与小组外环境相联系的动态过程。它不是指最后一次小组，而是指组员在达到他们的目标后到小组解散的一段过程，可能是最后一次小组会期，也可能是最后两至三次，甚至是更多的小组会期。在这个过程中，小组可能会出现不同的情况和变化，所以它需要的时间没有统一的规定。

小组结束时间的长短取决于以下因素：(1)小组的性质和特点。任务取向的小组会因任务的完成而自然地结束，小组结束的时间不会太长；支持性、成长性的小组，小组结束后需要做一些相应的安排，结束的时间可能较长；治疗性小组，小组后期会有许多事情需要处理，巩固期也相对较长，所以小组结束期持续时间相对较长；(2)小组历程的长短。小组历程长，小组中期组员的成长、改变较为充分，维持巩固的机会较多，小组后期需要处理的事项较少，小组后期时间可能较短。反之，小组历程较短，未完成的事项较多，小组后期的时间就会较长。当然，从另一方面讲，组员参与一个短期小组，相对于那些参加长期小组的组员而言，从情感上来说，小组结束起来较为容易；(3)组员对于小组的投入程度。如果组员对小组的投入较快，小组发展的较为顺利，组员个体目标完成较为满意，小组后期的历程就会较短。但有一点需要注意，如果组员在小组中投入的情感较多，组员间发展起紧密的联系及有意义的关系时，小组后期处理组员分离情绪可能需更多的时间；(4)组员离组后的安排。这个过程包括小组解散后，一些有关的跟进、转介工作的安排。如果小组这些安排较多，那么需要的时间就会较长；(5)小组以外的环境情况。小组的结束期是小组组员走向自立的前奏。如果组员离开小组后可以顺利地向自己的现实环境过渡，即小组内外的环境差异不大，小组外的环境对组员的成长与改变能提供持续的支持，那么小组后期的时间就会较短，否则需要在后期花费较多的时间，架起小组内外环境差异的桥梁，使组员能顺利地将在小组中的所学推广到小组外的环境中去。

小组的结束可以是预先计划的终结，即小组按照自己的发展历程，在事先设定好的期限内，完成各项活动，达成小组目标而使小组走向终结。也可能事先没有固定的结束时间，小组在目标完成之后，由所有组员共同决定结束小组。当然，还有一种情况，是小组发生意外事件不得不提前终结，如：错误地选择了组员、组员对小组失去兴趣、组员间产生不可解决的冲突、组员间无法发展亲密的关系、工作者无法适当地引导小组、某些组员和工作者因一些特殊的事件需要离开小组等都可能导致小组的结束。

小组的结束通常并不是一个轻松和较易处理的过程，反而会是一个艰难并需要做很多处理的阶段。

二、组员的特征

任何一种形式的结束，无论是与某个人关系的结束，或是与某个小组关系的结束，都因为分离和失去而产生某种失落，在失落之后，再去面对新的未来。小组后期，小组呈现出一段独特的小组生命历程的特征。就组员来说，他们的感受是矛盾的。一方面他们会经历一些正面的感受，如经历了在小组中的成长，感受到小组的温暖、真诚和信任，完成了小组和个人的成长，有一种满足感和成就感，他们对小组充满感激，也在小组过程中树立了信心，热情地希望面对未来。同时，小组的结束使他们感到了终于完成了一件事情后的轻松，尤其是那些强制成立的非自愿性的小组组员，更是为了不用按时参加小组，为摆脱掉小组的压力和挑战而感到欣慰。但另一方面除了这些正面的感受，在小组的结束期，组员也很容易感受到一种负面的情绪和感受。就像在小组早期阶段，组员参加小组时感到的焦虑一样，现在面对小组的结束及组员的分离，组员同样感受到了焦虑，埋藏在潜意识下的失落感也会浮现出来。尤其是那些经历过痛苦分离的组员，小组的结束会勾起他们痛苦的回忆，使他们有种被抛弃的感觉，充满哀伤、失落和生气；而那些曾经被社会忽视，缺乏有效社会支持的组员，则对于小组有着特别的眷恋，并因眷恋而产生忧虑和失落；还有那些离开小组后需要面对困境的小组组员则充满困惑，显露出迟疑和信心不足。

这些感受和情绪直接影响到组员在小组中的行为。具体表现为：(1)否认小组就要结束的事实，他们认为小组才真正发挥功能就要结束，也有些人认为自己才刚开始认识到小组的价值，刚感觉到自己才开始成长，小组就要结束，很不公平，所以开始有意识地忘记小组公布的结束日期，并更加紧密地联系起来，或与工作者进行讨价还价，要求工作者延长小组聚会时限及要求与工作者继续会面。他们会说："我们才开始成为一个小组，怎么这么快就结束呢?"或者说："我们仍然需要这个小组，我的问题还没解决呢"；(2)出现一些倒退的行为。比如，否认小组历程的价值和工作者的努力，表现出行为上的倒退，一些原本在小组中已获得解决的问题又重新出现，或者出现违反小组规范迟到和早退现象。还有组员为控制焦虑，会决定在最后一次聚会之前，先事先结束自己的参与，不打招呼地从小组中消失；(3)组员可能带些礼物来送给工作者、邀请工作者共进晚餐、请工作者提供家庭住址、要工作者的电话、微信号、要求在小组结束之后继续与工作者有社交性的往来等。

中国人向来含蓄，所以在小组结束前，对于负性的感受，有时他们可能会选择一种比较隐晦但实际是逃避的方式来表达，如沉默、缺席、迟到、对小组活动缺乏兴趣，提前退出小组、在小组外发展新的朋友等，这也是一种小组结束期的情绪表达和行为表现。

三、工作者的角色

在小组的结束期，工作者重又回到了小组的中心地位，因为小组后期的一些工作较为复杂，需要运用更多的专业技能。在小组后期，工作者的角色主要分为评估者、使能者、代理人和示范者。工作者通过不同方法搜集有关小组目标达成程度、组员在小组内的表现和小组特征方面的资料，以帮助工作者与组员了解小组的成效，对小组做出合适的评估；使能者是指提供机会增进组员的自我了解，使组员更全面地总结在小组内取得的经验，并鼓励组员尝试在不同的情况下应用其学习经验；代理人是指工作者在小组终结后以另一种方式谋求组员的持续性发展，如帮助组员寻找合适的资源，做一些实质性的转介工作等；示范者是指在小组后期，小组社会工作者同样要经历分离，面对分离也会有失落、难过等负面的情绪。在一些组员提早退出的小组中，领导者还会有挫折感和被组员拒绝的感觉，会担心因一个人的离开而使其他人跟着离开，这些体验都是正常的，重要的是工作者对分离要做积极地解释并正确地处理自己的情绪，以便为小组组员做出良好的示范，协助组员处理他们的复杂情绪。

四、小组结构的特点

在小组的结束期，小组和组员的目标已经基本完成，此时小组的程序和活动逐步减少，小组结构较为松散，主要表现在：一方面，对部分组员来说，小组的吸引力随着自己目标的达成逐渐变小，他们对小组的投入不如中期那么深，有些组员会选择提前退出，有些会努力建立小组以外新的人际关系，而逐渐淡出小组；另一方面，小组对组员的控制亦会减弱。小组结束期是小组组员逐渐趋向独立的时期，组员的独特性明显地呈现出来，会出现一些个性化的表现，有迟到早退的现象，出勤率也开始下降。当然，不是所有的小组都会这样，有些历程感较强、结构较为严谨的小组不一定会出现这样的现象，而是一直维持严谨的结构直至小组解散。

五、结束期的工作任务

在最适当的时间选择结束小组，从理论和临床上来说，都是一个好的实务工作的要素，那么如何选择这个适当的时间呢？最重要的仍然是在工作中完成应该完成的任务，做好充分的准备，然后水到渠成地结束小组。

越到最后阶段，时间越宝贵，越需要好好地加以分配使用。小组在结束期的工作任务包括：

(一) 处理组员的分离情绪

小组后期组员的情绪是复杂和矛盾的，因为这些复杂矛盾的情绪而产生许多复杂而矛盾的行为，所以工作者必须针对小组组员的这些情绪和行为做出一些必要的介入。

（1）工作者首先要事先告知每一位组员小组结束的日期。提醒组员小组即将结束，一方面让他们有个心理准备，另一方面也可以利用小组即将结束的事实，刺激组员尽快处理自己的问题。比如工作者可以说："再有两次聚会，我们的小组就要结束了，希望各位组员审视一下自己在小组中的成长，看看你还有什么需要做的，赶快加紧完成。""小组很快就要结束了，这是倒数第三次，最后10分钟，我们一起分享一下你将如何利用剩下的时间？"或者说："下次小组是我们最后一次小组，所以这次小组对你们每个人都很重要。现在每个组员给你们5分钟时间，闭上眼睛想想，对你在小组中的经历，你的感觉如何？你还有什么想做还没做的事吗？本次小组你会如何做？"

（2）让小组组员在小组中以具体的字眼表达他们对离别的感受，分享他们矛盾的心情，鼓励他们将这种感受与生活中类似情况作比较，协助他们去探索两者之间的关联。在这个过程中，注意强化他们的积极感受，如个人目标达成的增能感受；可以控制自己生活的独立感受；成功完成小组的成就感；可以在小组中帮助他人的有用感；问题可以被解决的自信感等。

（3）工作者身为领导者，也分享一些自己对小组结束的感受。告诉组员分离是困难的，分离时出现这样的矛盾心情是正常的，小组的结束并非他们的过错或不负责任的行为，而纯粹是小组预定期限的问题，并亲身示范自己对这些情绪问题的处理。

（4）工作者敏感到组员以逃避或倒退行为的方式抗拒小组的结束，在此情况下，工作者需率先谈起结束的话题并重申分离是不可改变的事实。

（5）肯定每位组员在小组中的成长，并且引导组员相互的回馈，鼓励组员秉承他们在小组中的努力，将他们在小组中的所学运用到现实生活中。

（6）对于未完成的事设定另外的时间解决或提供资源帮助组员对未来做出计划和准备。

（二）维持和巩固在小组中的所学并将其推广到现实的生活环境中

小组的结束期在某种意义上也是总结回顾期，协助组员回顾他们在小组中取得的成果是小组末期一件很重要的事情。协助组员意识到他们在小组中学到了什么以及学习的经历是怎样的，这个过程需要组员自己亲身去回顾和体验，回顾的过程应是具体而明确的。如"我在小组中学到了很多""这个小组对我的帮助很大""我觉得我达到我的目标"，这样的回顾意义是不大的，需要组员清楚地表达出："你在小组中学到了什么"，"你是如何学到的"，"小组给了你哪些帮助"，"你是如何感受到这些帮助的"，"在这个小组中你达到哪些预期的目标"，"你觉得你是怎样达到这些预期的目标的"。如果可能，工作者可以带领组员一起回忆他们在小组中的历程。如："来，请大家挑一个最让你觉得舒服的姿势坐好，然后闭上眼睛，我们一起来回忆一下我们在小组中经历的一切，就像放电影一样。看，我们回到了小组的第一次聚会，那是一个很晴朗的冬天下午，你看到了什么？你是怎么走进我们的小组的？当时你有什么感受？其他人是怎么看你的？"几分钟后，工作者可以请组员分享自己参加第一次聚会的情形。然后，工作者再继续引导："好，请你们再次闭上眼睛，静坐几分钟，把后面几次小组过程在脑中静静地放一遍，然后告诉我们，这个小组中有什么是让你印象最深的，你从这个小组中学到的最有意义的东西是什么？你看到了什么，请你把它记下来，然后我们大家一起来分享。"这种回忆特别情景的方法，可以将组员带回到小组中曾经发生过的冲突、亲密与温暖、幽默与喜悦、痛苦与欣喜、紧张与焦虑。组员描述的经验越多，就越能清晰地回忆起小组过去发生的事情，也更增加他们整合与运用所学的机会。

工作者不但要协助组员总结这些学习的成果，而且要求组员相互间给予必要的回馈，巩固他们在小组中的所学。小组到了结束期，已发展到相当成熟的地步，组员互给回馈时，不应只说好的或察言观色，捡对方喜欢的，当然也不是攻击和嘲弄他人，而是要诚实地告诉对方你的感受和想法，所以回馈应是明确、具体的和具有建设性的，不宜太过笼统和抽象，如“我很喜欢你”，“我觉得你有很多改变”，这样的回馈就不具体，建设性也不强，如果改成：“你是一个很坦率地人，我很喜欢你这种坦诚的表达方式”，“过去别人一说话你就着急，总是不等人说完就打断别人的话，现在好多了，你可以耐心地听别人讲完再给回馈，我觉得在这点上你的变化很大”，“我觉得小组已经让你有了变化，但我也觉得你还是有些不自信，特别是当别人和你意见不一致时，你还是会像个刺猬一样，竖起浑身的刺，我说出来，不是要批评你，只是希望你可以认识到这一点”，这样的回馈具体而明确，具有建设性。对于这样的回馈，有时组员只要用心听就可以，而不必有回应。当然，沉默并不代表他们承认这些回馈是正确的，它可以帮助组员比立即反应更加慎重地思考他们所听到的回馈。

工作者除了回顾和总结，还需帮助组员深化他们在小组中的学习成果，并创造条件和设计一些情境要求组员来实践这些行为。在小组结束期，一方面要鼓励组员用角色扮演、模拟练习或预演的方式，练习和试验一些新的行为，如在“亲子沟通训练营”中，给一个具体的情境，要求组员分组扮演父母、子女的角色，将在小组中所学演示出来，大家分享讨论；另一方面要强调平时实际练习的价值，让组员在小组外的日常生活中应用自己在小组中的所学，利用各种不一样的情境，来帮助组员深化新的行为。如在刚才的“亲子沟通训练营”中，组员在小组中学到了沟通的技巧，在小组的结束期，我们要求组员回去召开一次家庭协商会议，与孩子沟通协商建立一个全家人认同的家庭规范。实施后再回到小组，分享整个过程和感受，组员间相互回馈和讨论，总结经验教训。

小组社会工作的经验告诉我们，除非利用一些方式协助组员复习、巩固在小组中的所学，并将之应用到日常的生活中去，否则他们将会失去大部分学习成果。对于大部分组员，这都是一个珍贵的机会，对于工作者，这也是对工作成效做最后梳理和弥补的机会。

（三）协助组员走向独立并面对不具支持的小组外的环境

小组的后期也是刻意培养组员独立意识的时期，这个工作可能在整个小组历程中都在实践，但小组的环境是一个人为创造的“理想环境”，小组气氛充满信任与温馨，组员间关系亲密，可以自由开放自己，与现实环境之间还是有很大差异的，他们多半会担心回到现实环境中，无法向小组外的人开放自己，并且信任他们，也怀疑离开小组之后，是否还能经历到相同的亲密感、关怀、尊重与支持。所以，在小组结束期，工作者会留一段时间协助组员建立独立的意识及独立解决问题的能力。如有需要也会设计一些必要的活动帮助组员达成此目的。工作者要告诉组员，信任和温暖不是无缘无故产生的，小组产生这种气氛，是组员自己努力的结果，可以和组员一起回忆在创造这种气氛中，他们自己所做的承诺和努力。鼓励他们接触小组外的真实环境并告诉他们要有心理准备去面对可能会有的挫败，并与组员一起设想环境中存在的障碍，针对这些情境设计适当的应对行为，在小组中通过角色扮演、模拟练习及行为预演等方法协助组员去思考和解决这些问题。

（四）计划未来、处理遗留工作并安排跟进工作

小组的结束期，需要对未来作一些规划。工作者可以要求组员想象在六个月，一年及五年之后，他们最希望变成什么样；或者请组员考虑一下，所有的组员在六个月或者一年以后再相聚，他们希望对其他组员说些什么，并且请他们谈一谈从现在开始要如何做才能达到这个目标，变成自己所期望的那种人。如："有什么是你愿意承诺的，以便你能朝你希望的方向前进？"通过这个活动让组员去设想他们未来的生活，许多人都会惊讶地发现，在这种设想中他们有能力做显著的改变，并且有信心去面对未来的生活。相反地，组员也可能很惊讶地发现在未来的日子里，他们无法预测任何改变，而那些阻碍他们改变的问题是在小组中已经处理过的。于是，他们领悟到必须费更多心力以求改变，而且要为自己的改变承担更多的责任。

小组结束时，需要将领导者与组员间或组员间就该完成而未完成的事盘点一下并尽快解决，即使没有足够的时间完成，也应加以确认，且试图在剩余时限中尽量做好可能的安排。因时间关系无法完成所有工作时，如工作性质属个人事务，则宜终止讨论，由组员自行安排时间去完成，也可以在工作者协助下，进行适当的跟进和转介。

跟进是指小组社会工作者本人在小组终结后继续提供给组员的追踪服务，如跟进的聚会，跟进的个别面谈，跟进与社区或相关机构联系提供相应的资源，甚至再次带领组员进入自己带领的另一个小组。

除了跟进外，如有必要还可以转介。转介是指寻求外在其他社会资源作支持性的服务。为能有效地实施转介，领导者必须对可用的资源相当熟悉，才能根据机构和组员的需要，转介到相关的机构中去。当与转介机构联系或申请时，最好组员能在场，且转介机构能安排一位接待人士，让组员觉得他是被期盼转介到该机构中去。转介出去之后，应追踪核查确定是否组员已到转介机构报到，且已开始接受必要的服务，从这个意义上讲，转介也是跟进服务的另一种形式。

值得注意的是，不论是跟进还是转介，都只有在领导者与组员共同协商认为确有需要时才有意义。即只有组员有寻求进一步服务的动机时，跟进和转介工作才有必要去做。

每一个小组都有它的生命周期，有开始就一定会有结束。在和谐、祝福与期望达成中顺利结束的小组才算真正地完成了它的生命历程，画上了一个圆满的句号。

第九章 小组方案与小组活动的设计

方案的设计和活动的选择必须考虑到小组组员的需求、小组目标及其期待的结果，如果能选择适当的活动并对其加以运用，将会对小组的过程与发展产生很大的帮助。

——崔若哲(Trotzer,1977)

小组方案和小组活动的设计是个独特的过程，在这其中，工作者开始全面地勾勒小组的框架，并从开始、转折期、中期、结束整个历程的需要去计划小组发展。在设计时，工作者不仅要聚焦于小组中的个人，还要聚焦于作为整体的小组和小组的环境。当然，在这之外，小组在探索期所做的需求评估与资料收集是所有方案和活动设计的基础。

第一节 小组方案设计

小组社会工作是一项专业活动，是有计划、有目的专业实施行为。工作者在小组开始前，需要通过方案设计理清思路，制订好行动计划。何况，在现代社会工作中，工作者需要依赖自己的方案设计去说服机构和出资方投入人力、物力，并证明自己可以胜任这项工作，所以，对一位小组社会工作者来说，小组方案的设计是一项重要的基本功，也是决定小组成败的关键性工作之一。

一、小组方案设计的概念

方案是为解决问题而设计的一系列有计划的行动，也是一系列影响参与者的介入或服务。小组方案设计是小组社会工作者运用小组社会工作的专业知识和技能，有系统地将一连串的活动和服务加以设计、组织和规划，以便带领组员在小组内互动，以达成小组社会工作的功能和目标。

二、小组方案的内容

一个完整的方案设计，至少应包括以下项目：

1. 方案的名称
2. 选题理由(需求评估)
3. 理论依据

4. 小组性质与类型
5. 小组目标
6. 参加对象
7. 参加人数
8. 活动次数、时间、频率
9. 活动地点
10. 活动资源：(人力资源、物力资源、财力资源)
11. 活动内容(内容、时间配置、材料准备、完成目标)
12. 方案评估
13. 备注

方案的名称要清晰明确，使人很快明白你要做的是什么，少用形容词和比喻，如果希望通过形容词和比喻吸引人，最好加上副标题。如“托起你生命的天空”，“让爱更精彩”，“让你有一个好人缘儿”，“阳光总在风雨后”，“单亲，但我们并不寂寞”，这些标题名称相对比较模糊，让人读起来有些摸不着头脑，不能立即明确且清晰地表达出小组到底要做什么，如果很想用这样的标题吸引人，那么可以通过加副标题的方式解决，比如“让你有个好人缘儿——大学生人际训练小组”。而“高中生自我认知小组”“智障儿童家庭支持小组”“单亲妈妈支持小组”“青少年社交焦虑症治疗小组”“外来民工子女社会适应服务小组”等听起来就较为具体明确。

选题的理由主要是阐述成立该小组的原因、意义以及相应的需求评估。如要建立一个单亲妈妈的支持小组，我们需要论述清楚单亲妈妈在目前的中国已经是一个具有普遍意义的群体，这个群体在实际的生活中碰到一些问题，需要获得来自该群体自身的相互支持，这种相互支持对于该群体的成长与改变有着重要的意义。

小组的类型和性质。小组的类型主要指小组是成长性、支持性、社会目标性的，还是治疗性或其他性质的。小组的性质是指小组是自愿性的还是非自愿性的，是封闭的还是开放的。在方案设计中虽然不必把所有小组类型都列出，但一定要清楚表明这个小组最值得注意并可能对整个小组活动产生重要影响的主要特征类型。

小组设计的理论依据。理论依据切忌大而宽，而是应与小组活动紧紧相关。如成立人际沟通技巧训练小组，它的理论依据可以是班都拉的社会学习理论、伯恩(Berne)的沟通分析论，也可以是阿伦森的交互理论等；要成立一个情绪管理成长小组，其理论基础可以是贝克(Beck)的认知治疗理论，也可以是艾利斯(Ellis)的理性情绪治疗理论等。

小组目标。是指小组的总目标，该目标要明确且切合实际，并须对以后的分阶段目标和组员目标的形成有指导意义。当机构决定设立一个小组以满足案主的需求时，机构开始将个别案主的需求转换成一个小组的目标。当小组的形成是建立在案主实际的需求之上时，必须确定每个人加入小组的目标与机构和小组的目标一致。

小组方案设计的其他方面，如小组的参加对象一栏，需要写清楚小组参加对象的条件是什么，他们采取什么方式进入小组。至于小组的活动时间，则要小组标清一共活动多少次，每隔多长时间一次，每次多长时间，活动地点等都要标注清楚。活动资源中的人力资源一栏要写明工作者是谁、是否有协同工作者、督导、观察员或其他人员的介入，各介入者的专业背景。物力资源部分则需列清已有的和所需的所有物质条件。财力资源包括小组费用的来源、数额、拟消费的清单。活动内容包括每次活动的目标、内容及先后次序、时间的配置、所需的材料准备、家庭作业等，小组活动应生活化和实用化，与小组组员的需求、能力相适应。方案评估则需详细地列出评估对象、评估办法等内容。

小组方案的设计是一项非常复杂的工作，就像一个好的设计图纸对工程的重要性一样，小组方案的设计对小组社会工作的开展有着毋庸置疑的意义，尤其是对一位初学者，方案设计的意义就更大。

当然，小组社会工作者所从事的是一项与人有关的工作，在小组过程中有很多的变数，有些是事先无法预测的，如果一味地遵循既定的方案，会抹杀了小组社会工作者的创造性和临场的灵活应变能力，对小组动力的自然发展造成破坏性的影响。所以方案只是参考和计划，并不是不可更改。小组的过程真正依循的是小组的真实情况，方案可以依小组发展的真实情况而改变。

三、小组方案设计的原则

小组方案的设计必须将工作者、小组组员与环境各要素结合起来综合考虑，并且要考虑到实际操作过程中可能碰到的问题，在方案设计时预先进行适当的处理。

1. 工作者要了解自己的特质、能力、优势经验和领导风格，设计方案时考虑所带的小组与自己背景与风格之间的适合性。如：带领治疗性小组就需要了解人类心理行为知识；如果你是一位初学者，还欠缺小组的经验，在做小组时可以寻找一位协同者；如果你是一位对某方面技能不擅长的工作者，小组中有这方面较多的设计就不太合适；如果你本身的性格较为沉静，一些太动的活动设计可能需要再斟酌；尤其是深层次治疗性的小组，方案设计更应考虑工作者的能力、经验及其可能碰到的危险。

2. 方案的设计还要与小组组员的特质相配合，小组组员的性别、年龄、教育程度、职业背景等都会对方案的设计有影响。如：年龄层次低的小组倾向于动态性活动的设计，年龄层次较高的小组倾向于静态性活动的设计；同性小组可设计一些肢体性的活动，异性小组可设计一些分享性的活动；教育程度低的小组可设计一些倾向技能性和训练性的活动，教育程度高的小组倾向于设计一些认知性和学习性的活动；性格外向者组成的小组倾向设计多元化的活动，内向者组成的小组倾向设计促进性的活动。[①] 需要注意的是，所有的活动设计都要考虑到组员对尊重与安全的需要。

3. 在设计小组方案时要注意先后次序，按照由浅入深，由部分到总体，由人际表层到深层分享，由行为层次到情感层次再到认知层次，慢慢使组员融入小组。特别需要注意的是，小组的行为前后是一个整体，设计时要有一致性，注意前后连贯，部分与部分之间要衔接清楚，过渡自然，符合逻辑，并且每个单元结束后要适当地总结巩固，让组员明白本次单元活动的意义和向下一个单元转化的目的。

4. 非语言的活动设计需配合语言的分享讨论。小组不是为活动而活动，切忌从一个活动转向另一个活动，让组员只觉得好玩却没有任何体验，这样就把活动变成了纯粹的玩乐和游戏。小组活动不只是娱乐，还应该让组员通过活动得到成长，即使在娱乐性小组中也是如此。所以，小组活动的关键是，在活动过程中或活动结束后要把活动的意义转化出来，让组员体验到，切忌内容不够用活动来填。活动只是达成小组目标的一种手段或工具，而不是结果。

① 陈钟林. 团体社会工作. 中国时代经济出版社，2002 年.

5. 如果你设计的是新活动，除了反复斟酌，最好在带领小组前自己至少实际操作一遍。如果你的小组中有协同工作者，事先要与他沟通、讨论，有意见分歧的，事前一定要协调好。

6. 方案的设计要让所有的组员都有参与的机会，切忌活动设计得太复杂和烦琐。有的工作者设计的活动光是指导语就要念上两分钟，念了两遍后，有些组员还是弄不懂到底要做什么，这样的活动最好删除。

7. 方案的设计要配合现有的资源。如机构的目标与宗旨，财力、物力、人力的支持，时间的范围，还有场地有多大，有多少经费，都是方案设计者需要事先考虑的因素，需要根据现实情况量体裁衣。

8. 为应对小组出现的变化因素，可事先设计一些备用方案，视小组发展的状况弹性调整原先的设计。

9. 小组方案的实际还要考虑到当地的社会文化因素。方案设计应与当地的社会价值、政治经济标准和当时的资源和技术相适应。在自己的方案中依葫芦画瓢参考或抄袭别人，尤其是不同文化背景、不同时代的活动，或者干脆将别人整个方案照搬过来是很不合适的。

四、小组方案设计的步骤

方案的设计并没有一定的程序，设计者可以按照自己掌握资料的多少，是机构指派还是自己申请，有多少可用资源等情况自己设定。虽然如此，但是方案设计还是有一个大概的步骤的：

1. 社会问题分析。从社会事实的资料所构成的问题情境开始分析，了解问题的性质、形成原因、发展现状、覆盖范围等。

2. 查找文献，寻找理论支持和已有的经验，在文献层面论证小组的可行性。

3. 调查研究受此情境影响的人群特征和他们的需求，进行切实的需求评估。

4. 确定对象。确定哪些人是此次小组服务的主要对象。

5. 评估潜在的出资方，以获取必要的资源支持。

6. 确定目标。将出资方的目标、机构的目标、工作者的目标和组员的目标整合起来。

7. 寻找小组进行时所需要的场地。若需要其他的协同者，则与其进行沟通与协商。

8. 方案设计好后向相关的专家、督导或经验丰富的同行咨询并与之讨论，及时修正。如果有可能，将设计的方案在一个实验性的小组中实际操作一遍，以便发现问题并及时修正。

9. 递交方案，在获得相关机构的认同后再进行修正。

第二节　小组方案设计的示例

本节我们将以两个小组设计方案为例，详细展示小组方案设计的全过程。

一、示例一

小组名称：中学生人际交往训练小组

选题理由：现代中学生大多是独生子女，从小受到父母的精心呵护，缺乏手足的陪伴，缺少玩伴，一部分人养成了孤僻、自我封闭的性格。进入中学后，父母、学校将成绩的好坏作为评估他们的唯一标准，学业的压力使得他们整天只顾埋头学习，过着从学校到家，两点一线般的生活。除了激烈的竞争、淘汰，人际间的交往非常少，这种现象导致很多孩子缺乏与人交往的最基本的技巧，在人际交往中出现很多问题，严重地影响了中学生的身心健康。

小组性质类型：成长性小组、人为组成的封闭性小组

参加对象：在人际交往中存在一定问题的高一、高二学生

工作者：赵烨烨

督导者：赵芳

组员筛选方式：通过学校海报宣传的方式接受自愿报名。报名后与其进行一对一地交谈，最终筛选出 8～10 名组员。

时间安排：2012 年 9 月起，共 7 次会期，每周六下午 2:00～3:30，每周一次。

地点安排：学校学生活动中心小组活动室

理论依据：

人际需求戏论：舒茨的人际需求理论认为，每一个个体在人际互动中都有 3 种基本的需求，即包容的需求、支配的需求和情感的需求。这三种基本的人际需求决定了个体在人际交往中所采取的行为，以及如何描述、解释和预测他人行为。三种基本需要的形成与个体早期成长经验密切相关。

社会学习理论：班都拉的社会学习理论强调个人的行为是由个人与环境的交互作用决定的，即行为、环境与个人内在因素三者相互影响，构成了一种三角互动关系。人的大部分社会行为是通过观察他人、模仿他人而习得的。在观察学习中起决定性影响因素的是环境，如果环境发生变化，人的行为也会发生变化，对榜样的观察学习是学习新行为的条件。

人际交互作用理论：柏恩的人际交互作用理论注重人与人之间的互动和沟通。强调在小组中，组员可以观察到他人的变化与示范性行为，从自己与他人之间的互动和沟通中逐渐了解自己的人格结构，并学会如何与他人沟通。小组组员间的互动，可以使组员增加对自我与他人的觉察，帮助组员把焦点放在生活中要改变的事情上，并能重新做出决定。

小组目标：

(1) 协助组员走出封闭的世界，认识到与人交往对于人生发展的重要性。

(2) 协助组员自我觉察，认识到自己在人际交往中的优点与缺点。

(3) 进行人际交往训练，协助组员提高自己人际交往的能力，能够独自处理人际交往中出现的基本问题。

小组活动：

第一单元

单元名称：相识是缘

单元目标：

1. 小组形成，小组组员相互熟悉。
2. 营造轻松、温暖的小组氛围。
3. 澄清组员的需求和小组目标。
4. 建立小组规范。

单元活动具体内容、时间和材料配置：

活动名称	活动内容	时间配置	准备材料
一、暖身	1. 工作者介绍自己，致开场白 2. 组员听录音一起唱周华健的歌《朋友》，不会唱可以一边听录音，一边学，连续两遍	10′	录音机、磁带
二、相识	1. 组员相互认识，在《朋友》一再重复的轻缓音乐中，每个组员说出自己的名字并说出在人际交往中自己认为的一个最主要的特征，可以是正面的也可以是负面的，如“率直的丁超”“没法相信人的佳华”“会脸红的国玲”等。介绍按座位依序进行，后面的组员要重复前一位组员的介绍，如第一位介绍“我是率直的丁超”，第二位介绍：“我是率直丁超旁边的会脸红的国玲”，依次类推 2. 小组形成：发给组员事先准备好的花瓣纸，让每位组员在上面写上自己刚才介绍的特征和姓名，然后按下图的方式贴在前面的白板上 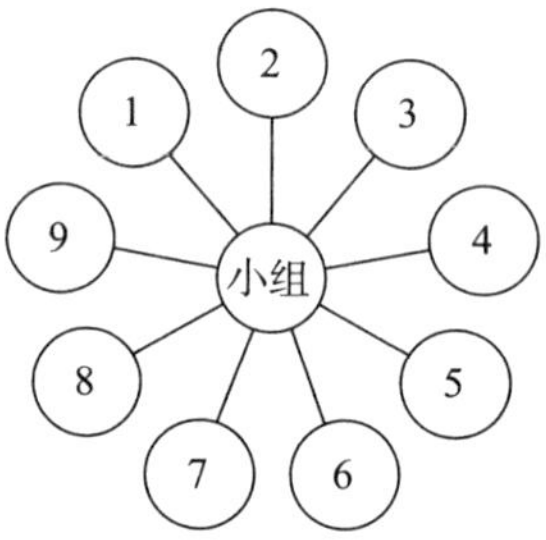	15′	录音机、磁带、花瓣纸、彩色笔
三、澄清组员需求和小组目标	1. 每个人发一张纸，回答上面的问题： ① 我加入小组的期望是…… ② 我希望我们的小组是…… 填写完答案后，在小组中分享，组长和组员相互回馈。 2. 分享完后，工作者强调和澄清小组的目标以及组员的期待	25′	纸、笔
四、订立小组活动的契约，建小组规范	1. 与小组组员一起讨论小组规范，请一位组员帮忙记录 2. 讨论通过后，组员在契约上签字。将契约张贴在活动中心的醒目处，直到整个小组结束	20′	大张纸、签字笔
五、总结、第一次活动结束	1. 分享在第一次活动中对自我及小组的感受 2. 工作者总结这次会期的成果 3. 播放《朋友》，在乐曲中组员离组	20′	

第二单元

单元名称：我们需要相互走近

单元目标：

1. 增进组员彼此熟悉程度。

2. 协助组员认识到人际交往对于人生发展的重要性并产生与人交往的愿望。

单元活动具体内容、时间和材料配置：

活动名称	活动内容	时间	准备材料
一、暖身	1. 播放歌曲《朋友》，组员一齐唱 2. 组员相互握手，叫出对方的名字	5′	录音机、磁带
二、你是我的拐杖	1. 在活动室外设置障碍和路线，将组员分成组，每组两人，一人用布条蒙上双眼，原地转三圈，做“盲人”，在另一人的搀扶下，沿着选定路线，走完指定路程。然后交换完成。扮演“拐杖”的同学在搀扶的过程中，不能讲话，只能用动作帮助“盲人” 2. 完成后，回到室内组员分享刚才作为“盲人”和“拐杖”后的感受 3. 工作者澄清此小组活动的目标，总结组员的分享：“人类是相互依靠的” ① 有了他人的帮助我们才能做得更好 ② 帮助他人是件快乐的事 ③ 相互的合作在我们面对困难时非常重要	35′	布条、布置障碍用的材料
三、朋友就在身边	1. 在轻缓的音乐中，请组员回忆自己在过去的人际交往中获得别人帮助，感觉很温暖和快乐的事件和经验，或在过去的经验中，你特别孤独，特别想和人交往时却找不到朋友的经历和体验，全体组员回馈，分享。 2. 工作者总结本次会期的意义，即人类需要相互依靠，在人际交往的过程中，只要你愿意，朋友就在身边，有朋友是一件很快乐和温暖的事。	35′	录音机、磁带
四、结束	1. 总结本次小组，分享组员对本次小组的感受，询问有没有其他意见 2. 布置家庭作业：给每人发一张纸，回去完成 5 个题目： 人际交往中 朋友眼中的我：________________ 父母眼中的我：________________ 同学眼中的我：________________ 自己眼中的我：________________ 理想中的我 3. 播放《朋友》，组员离组。	15′	录音机、磁带、纸

第三单元

单元名称：人际交往中的我

单元目标：

1. 促进组员进一步的开放。

2. 协助组员认识到自己人际交往的优点和缺点

单元活动具体内容、时间和材料配置：

<table>
<tr><th>名　称</th><th>内　容</th><th>时间</th><th>材　料</th></tr>
<tr><td>一、暖身</td><td>1. 播放《朋友》大家一齐唱
2. 组员可以站起来放松舞蹈
3. 组员在歌声中相互问候</td><td>5′</td><td>录音机、磁带</td></tr>
<tr><td>二、在人际交往中的我</td><td>1. 分享家庭作业
2. 分享做和做完家庭作业后的感受。帮助组员体验这 5 个问题间的差异</td><td>30′</td><td>纸笔</td></tr>
<tr><td>三、自我探索</td><td>1. 经过上面分享，再发一张纸，组员总结出自己在人际交往中的优缺点
2. 在小组中分享这些优缺点对自己人际关系的影响
3. 分享此时此地再看这些优缺点时各自的感受</td><td>40′</td><td>纸笔</td></tr>
<tr><td>四、总结结束</td><td>1. 工作者澄清本次会期的目标，总结组员的分享。询问组员有没有其他意见
2. 布置家庭作业：在下次小组之前，每位组员主动与人交往两次，并填写记录表
<table>
<tr><th>日期</th><th>主动与人交谈事由</th><th>情境</th><th>持续时间</th><th>缺点的改善情况</th><th>感受</th></tr>
<tr><td></td><td></td><td></td><td></td><td></td><td></td></tr>
<tr><td></td><td></td><td></td><td></td><td></td><td></td></tr>
</table>
3. 播放《朋友》，组员离组。</td><td>15′</td><td>记录表、录音机、磁带</td></tr>
</table>

第四单元

单元名称：人际交往中价值观的澄清

单元目标：

1. 促进小组组员进一步的开放和互动

2. 协助组员澄清人际交往中的价值观

单元活动具体内容、时间和材料配置：

名 称	内 容	时间	材 料
一、暖身活动	1. 播放《朋友》,组员一齐唱,可以邀请其他组员一起跳舞 2. 在歌声中组员相互问候	5′	录音机、磁带
二、分享家庭作业	1. 分享上次的家庭作业,大家回馈 2. 工作者总结,给组员的努力给予正面的回馈,引出下面的话题,即影响人际交往的最基本问题是价值观的问题	30′	
三、价值观澄清	工作者讲“盲人提灯笼走路”的故事(故事附在方案的末尾),组员分享讨论。(价值观可以多元,组员之间相互分享和澄清,如人际间交往的实质是什么,在人际交往中我们是获得还是给予,如何平衡这样的获得与给予等)	40′	白板、白板笔
四、总结结束	1. 工作者再次澄清本次会期的目标,总结组员在小组中的分享,询问有没有其他问题 2. 布置家庭作业:带着小组中所获得价值观主动地与人交往两次,以日记的形式写下过程和感受 3. 播放“朋友”,组员离组	15′	录音机、磁带

第五单元

单元名称:人际关系技能的了解

单元目标:协助组员了解人际关系的基本技能

单元活动具体内容、时间和材料配置:

名 称	内 容	时间	材 料
一、暖身运动	1. 播放《朋友》歌曲,组员一起唱 2. 事先在白板上写一段文字,请组员读完,合作画一幅画,每个人只能画一样东西 3. 画完后大家简单地分享,工作者活跃气氛,暗示大家相互合作的重要性	15′	录音机、磁带、白板、一张大白纸、彩笔
二、分享家庭作业	1. 分享家庭作业,组员回馈 2. 工作者总结,给组员正面的回馈,引出“好的人际关系不仅要有好的态度和动机,还要学会好的人际互动方式。”这样一个主题	20′	

续表

名　称	内　容	时间	材　料
三、人际关系技能知识的了解	1. 给组员一个中学生之间发生冲突的情境，请两位组员进行角色扮演，大家看过后，分享讨论 2. 播放一部关于中学生人际关系技能知识的录像带，组员看完后，结合刚才的角色扮演分享、讨论	40′	录像机、录像带
四、总结结束	1. 工作者澄清本次会期的目标，总结组员的分享，询问组员有没有其他问题 2. 布置家庭作业：运用今天你所了解的新的人际关系技巧与人主动交往两次，写下过程、感受和交往的结果 3. 播放《朋友》，组员离组	15′	录音机、磁带

第六单元

单元名称：角色扮演人际交往训练

单元目标：

1. 通过角色扮演巩固组员人际交往的价值观和技能。

2. 增加组员自信心，协助组员处理人际交往中的问题。

单元活动具体内容、时间和材料配置：

名　称	内　容	时间	材　料
一、暖身运动	1. 播放《朋友》，组员边唱边跳 2. 组员在工作者的带领下做一个简单的放松练习，如相互肩部的放松按摩操	10′	录音机、磁带（音乐、放松练习带）
二、家庭作业的分享	1. 分享上次的家庭作业，组员相互间进行回馈 2. 工作者总结回馈，引出下面的活动主题，即光有技能的知识不行，还要学会在具体的情境中运用	20′	
三、角色扮演	1. 设置人际交往的三个情境，组员分成三组来角色扮演人际交往的行为，一组扮演时，其他组组员在旁边观察 2. 角色扮演后，组员结合前两次会期所学人际交往的价值观和技能，分享讨论，然后相互回馈	45′	人际交往所需的道具：桌子、凳子等
四、总结结束	1. 工作者澄清本次会期的目标，总结组员的分享，询问有无新的问题 2. 布置家庭作业：为使你自己人际关系得到改善，你给自己提两条建议 3. 播放《朋友》，组员在乐曲声中离组	15′	录音机、磁带

第七单元

单元名称：未来人际关系中的我

单元特征：

1. 巩固组员在小组中的所学。

2. 协助组员树立信心面对未来。

单元活动具体内容、时间和材料配置：

名　称	内　容	时间	材　料
一、暖身活动	1. 播放《朋友》歌曲，大家一齐唱 2. 组员与其他每位组员手掌碰手掌，并向触碰的对方说一句在小组中对对方印象最深的一句话	10′	录音机、磁带
二、分享家庭作业	1. 组员分享家庭作业，彼此给予回馈 2. 工作者总结给正面的回馈，引出下面的主题：未来我们需要做很多的改变和努力	15′	
三、回顾与展望	1. 给每位组员发一张 16K 的白纸，上面有一个很大的心形图案，要求每位组员在心形图案中写下三句话： “在过去的人际关系中， 我无法做到__________ 我无法完成__________ 我无法实现__________” 写完后，要求组员在低沉和苍凉的音乐中读给自己和他人听 2. 再换一张 16K 的白纸，要求组员在心形图案中再写下三句话： “在现在和以后的人际关系中， 我能做到__________ 我能完成__________ 我能实现__________” 写完后，在激昂振奋的音乐声中，要求组员反复大声地读给自己和他人听 3. 组员完成后，一起讨论分享自己的心得与感受	30′	16K 白纸、圆珠笔、录音机、磁带
四、总结评估	1. 工作者带领组员一起读一首诗《一切在你》，鼓励大家承担自己成长和改变的责任 2. 工作者总结组员在小组内的成长，组员之间相互回馈 3. 工作者利用问卷评估小组的成效和组员的成长	20′	
五、分离结束	1. 组员再次依次以掌心对掌心，并向触碰的对方说一句鼓励的话、一句祝福的话，并互赠一件小礼物 2. 组员最后一次同唱《朋友》，大家在歌声中相互握手道别	15′	录音机、磁带

附录：

（一）《朋友》歌词

这些年　一个人
风也过　雨也走
有过泪　有过错
还记得坚持什么

真爱过　才会懂
会寂寞　会回首
终有梦　终有你　在心中

朋友一生一起走
那些日子不再有
一句话　一辈子
一生情　一杯酒
朋友不曾孤单过
一声朋友你会懂
还有伤　还有痛
还要走　还有我

（二）诗：一切在你

一切在你

你改变不了环境，
但你可以改变自己；

你改变不了事实，
但你可以改变态度；

你改变不了过去，
但你可以改变现在；

你不能控制他人，
但你可以掌握自己；

你不能预知明天，
但你可以把握今天；

你不可以样样顺利，
但你可以事事尽心；

你不能延伸生命的长度，
但你可以决定生命的宽度；

你不能左右天气，
但你可以改变心情；

你不能选择容颜，
但你可以展现笑容。

（三）盲人提灯笼的故事

那是一个漆黑的夜晚，没有月亮，也没有星星。我因为有急事要去一个住在郊区的同事家，为赶时间，便抄近路进入了一条偏僻的小巷。哇，真黑，简直是伸手不见五指。望着黑洞洞的小巷，我心里害怕得咚咚直响，真后悔不该走这条路。可是事已至此，只得硬着头皮往前走。走着走着，突然，我发现前面有一处亮光，似乎是一个人提着一个灯笼在走，我急步赶了上去，正想打声招呼，却发现他是一个盲人，一手拿着一根竹竿小心翼翼地探路，一手提着一只灯笼。我纳闷了，忍不住问他，："您自己看不见，为什么还要提个灯笼走路？"

盲人缓缓地说道："这个问题不止一个人问我了，其实道理很简单，我提灯笼并不是为自己照路，而是让别人容易看见我，不会误撞到我，这样就可以保护自己的安全。而且，这么多年来，由于我的灯笼为别人带来光亮，为别人引路，人们也常常热情地搀扶我，引领我走过一个又一个沟坎，使我免受许多危险。你看，我这不是既帮了别人，也帮了自己吗？所以，每到晚上出门，我总提着一盏灯笼。"

盲人说完，继续吧嗒吧嗒往前走。我跟在他身边，再也没有说一句话，只是每有路障，我都小心翼翼地扶他一把。该拐弯了，我想对盲人说句感谢的话，却不知该怎样表达才好，末了，我只说了一句："您走好！"这时，我发现天空似乎亮了好多……

以后，每当一个人走夜路时。我都会想起那盏灯笼……

二、示例二

（一）小组名称

涅槃重生同伴教育小组①

（二）小组背景

在机构开展的戒毒康复领域同伴教育实践中，社会工作者了解到，对一些已成功戒毒康复的服务对象来说，与就业、福利等相比，他们同样渴望能重构生命的意义，获得自我价值的实现，并更好地被社会认同与接纳。他们希望在自我康复的同时，也可以帮助更多的同伴共同康复，通过积极参与社会公益，改变社会大众对药物滥用群体的看法。与此同时，他们也需要建立健康的交友圈，需要榜样的鼓励，需要加深社会化的程度。社会工作者认为，通过小组社会工作可以满足服务对象的这部分需求，并帮助他们实现心中的愿景。

（三）分析预估

1. 需求分析

（1）实现价值的需求

一些经历了生理脱毒和心理康复服务的服务对象，都渴望能够重构生命意义，恢复社会功能并实现个体的价值。

（2）建立健康交友圈的需求

据相关数据显示，复吸人员中有 98％的人是受毒友影响。因此，探索从亚文化的认同向主流文化导入的新方法，如何既规避交叉感染风险，又能发挥同伴的正向作用，培养一支由成功戒毒人员组成的同伴辅导员队伍，帮助其他同伴建立戒毒信心和健康交友圈，是预防复吸的关键。

（3）戒毒需要"榜样"示范

"一朝吸毒，终身戒毒"的舆论导向，让许多吸毒成瘾人员看不到希望，这种绝望阻碍了他们的康复。因此，培养成功的典范，影响他们行为的改变是这一群体的需求。

（4）社会化的需求

个体在戒毒过程中，由于社会化的不足，缺乏个体与社会的互动，造成社会功能的缺失。而康复的标志之一，是服务对象能恢复社会功能，融入主流社会，小组的功能弥补了他们社会化的需求。

（5）改善社会观念的需求

整个社会对吸毒成瘾人员的接纳度较低，在对 1 000 人的调查中，83％的人表示不愿意接纳吸毒人员。社会工作者希望通过小组功能让服务对象获得成长，以其本身的改变，达到改变

---

① 本案例由小组主带叶雄女士提供，小组设计也由叶雄女士完成，赵芳做部分修改。小组实际运作两期，目前正在运作第三期。

社会观点和改善康复环境的目的。

2. 风险评估

(1) 可能出现复吸或交叉感染等问题

应对措施：①严格入选标准。从日常个案工作中筛选符合要求的服务对象作为同伴辅导员的候选人；②制定小组规范。明确参与组员所要履行的义务及行为规范。

(2) 进行技能培训后同伴辅导员实际操作能力仍不够

应对措施：动员社区戒毒人员的个案社工关注组员并给予必要的支持和帮助；搭建交流和助人的平台，对实际操作中遇到的问题进行后续辅导。

(3) 可能会忽略组员个人目标的制订

应对措施：为每位组员制作一份成长记录册；让组员制订小组个人目标。

(4) 小组动力和组员凝聚力不足

将个体的一些困惑带入小组，引导其他组员共同探讨，达到互相支持的目的，并把这些因素设想为一个动力整体来运作；在小组生命周期内，将活动分成两大块，即"常规活动"和"专题活动"交叠运作，让组员有更多参与，增进小组的凝聚力。

3. 优势分析

小组带领者叶雄女士来自群体内部，曾有过十年药物滥用史，后来成了一名禁毒社会工作者。从昨日的受助者到今日的助人者，她担当了正面行为的典范，相同的经历更便于与服务对象沟通。因看到社会工作者的改变，不少的服务对象也希望通过助人来实现自身的价值，同时更好地保持操守。

(三) 理论基础

1. 小组理念

"自助、互助、助社会"是本次小组活动开展的理念。秉承社会工作"助人自助"的理念，注重培养同伴辅导员自我成长、保持操守的能力，实现"自助"；以榜样的力量帮助更多有相同经历的同伴戒毒康复，形成"互助"；给予多方位的持续支持，让同伴辅导员融入社会、回报社会的愿望成为可能，最终达成"助社会"的目标。

从优势视角出发，把重点放在服务对象好的品质，积极的行为，不过分关注服务对象的问题和弱点。相信他们自身存在改变的能力和资源。

2. 理论依据

(1) 意义建构理论

该理论由维克多·弗兰克尔提出。生命意义建构有三种途径：第一，通过创造和工作，使人的价值在对社会的贡献中体现出来，使人的创造性价值得以实现；第二，通过体验真、善、美，感受爱与被爱；第三，通过对不可避免的苦难所采取的态度，实现对其意义世界的建构作用，实现最深意义与最高价值——态度的价值。

根据小组"建构生命意义"这一核心目标，我们设计了相关介入路径，具体为以下三步：第一步，自我探索。引导组员开展对生命意义的探讨，接受生命过程的苦难，发现自身的潜能和资源；第二步，情感体验。通过专题活动体验真、善、美，感知爱与被爱的情感；第三步，意义建构。通过榜样示范，预防"行为复发"；通过关爱同伴，参加社会公益活动，让组员获得心理奖赏；强化"自助、互助、助社会"的同伴教育理念，帮助组员实现最深和最高意义的态度价值。

对介入路径的明确展示如下图所示：

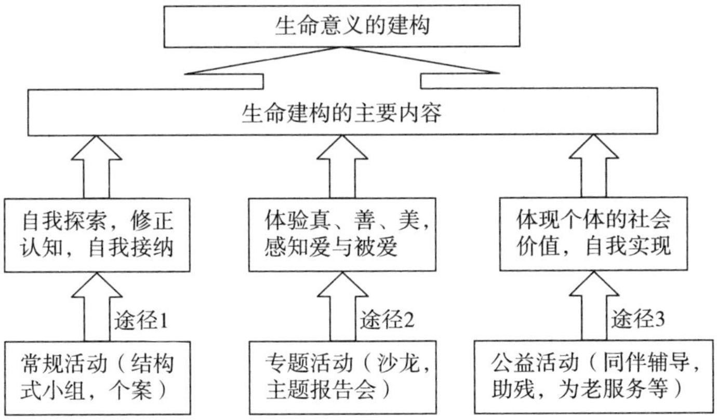

图 9-1　小组介入路径示意图

途径 1：通过“常规活动”（结构式小组活动，与小组平行的个案辅导等）进行自我探索，接受以往的经历，进行能力建设和价值培植，获得心灵的成长。

途径 2：通过“专题活动”（沙龙活动、主题报告会等）组织感恩、新生日、特殊节日、应对突发事件等各类活动让同伴体验真、善、美的情感，发现人性中的美，感受爱与被爱。

途径 3：通过“公益活动”（助残、为老服务、禁毒宣传、关爱、服务同伴、家庭探访、社区倡导、协助社工等）搭建公益服务的平台，展现同伴康复后的自信与爱心，实现自身的价值，从而重构生命意义。

（2）RTSH——康复治疗小组模式概念

又称“康复奖赏”“自我效能”“模范”等。RTSH 认为若要抗衡对药物的渴求欲，建议药物滥用者学习回避引发“行为复发”的危机，通过参加同伴小组及社区活动，以建立支持网络，预防“行为复发”，强化康复信心。通过关爱他人，带来满足感和心理奖赏，这类“奖赏”有助于强化药物滥用人员的康复行为，加速正常化过程和融入社会的能力。

（四）小组目标

目的	提升组员社会意识与责任，进行生命意义重构；传递同伴教育理念，培养同伴辅导员；用组员自身的改变，提升社会对吸毒群体接纳度
目标	1. 自我探索：使组员能客观地看待自身的经历，减少负性情绪出现频率，发现自己的潜能和资源（两个以上） 2. 能力建设：提升组员自我效能感和综合能力，掌握同伴辅导技能（一种以上） 3. 意义建构：注重组员价值观的培植，强化组员的助人动机，每个组员完成一件有意义的事，帮助一名以上的同伴 4. 体现价值：带领小组组员在小组过程，参加 3～4 次公益活动。用积极参与公益的正面形象改善康复环境

（五）小组性质

自愿、封闭性小组，兼具成长性和教育性。

（六）服务对象

戒毒康复三年以上，正在寻找实现自身价值与意义重构途径的服务对象。

（七）工作者

叶雄：社工师，曾有过十年的药物依赖史，在同伴教育戒毒模式的实践中付出了极大的努力并取得了显著成效。现是上海社会工作者协会常务理事、上海市禁毒志愿者协会副秘书长、上海市自强社会服务总社同伴辅导员、上海市禁毒志愿者协会“叶雄工作室”负责人。曾荣获“2012年上海市十大杰出社会工作人才——实务社工”荣誉称号。

（八）小组时间

2011年2月—2011年12月，每周一次，周五晚6:30～8:30

（九）地点

上海市汉中广场某路某大厦517室

（十）小组内容

节数	小组目标	小组内容
第一节 涅槃——重生的标志	1. 建立关系，消除组员陌生感 2. 讲解小组的目标、性质 3. 建立小组规范 4. 完成第一次辅导技能培训：同伴教育的概念、功效等	1. 组员相识：欢迎组员、相互介绍 2. 破冰游戏：“水果的自述” 3. 明确目标：介绍小组目标 4. 小组讨论：组员表达对小组期望 5. 小组讨论：“订立小组规则” 6. 同伴示范：“告别昨天” 7. 组员分享：“我的故事” 8. 小组阅读：“得与失的转化” 9. 放松练习：“冥想放松” 10. 技能培训：“同伴教育”概念、功效等 11. 布置作业：“完成关于小组的三个句子、制订个人在小组中的成长目标、请为小组挑选一首组歌(预先设定三首歌)并设计一句小组口号、填写“满意度调查表”和“基线调查表” 12. 小组分享：分享活动感受 13. 小组文化：朗读“我们的信念”
第二节 走出——情绪的困境	1. 让组员了解情绪对身体和行为的影响 2. 帮助组员学习如何接纳自己和所处环境 3. 引导组员善用情绪引线 4. 完成第2次辅导技能培训：接听热线的基本技能	1. 明确目标：讲解活动目标及流程 2. 小组游戏：“镜中的我” 3. 组员分享：分享上节作业，确定组歌和小组口号 4. 情景演示：“情绪与行为” 5. 同伴示范：“如何善用情绪引线” 6. 组员分享：“情绪对我的影响” 7. 小组阅读：“放下” 8. 组员分享：“对‘放下’的理解” 9. 放松练习：“冥想放松” 10. 技能培训：“如何接听热线” 11. 布置作业：“我的自画像”“如何掌握情绪引线”“满意度调查表”“接听热线的程序” 12. 小组分享：活动感受及目标完成情况 13. 小组文化：组歌与口号

续表

节数	小组目标	小组内容
第三节　开垦——自信的土壤	1. 帮助组员了解“自我效能”感的概念和功能 2. 进一步认识自我 3. 提升小组的积极趋向 4. 完成第3次辅导技能培训：有关助人的价值意义、同伴辅导中的沟通技巧	1. 明确目标：讲解本节活动目标 2. 小组游戏：“伴你同行” 3. 组员分享：分享上节作业 4. 主带时间：讲解“自我效能感” 5. 同伴示范：“在助人中提升自我效能感” 6. 小组分享：提升自我效能感的途径 7. 小组阅读：“你不能，但你可以” 8. 组员分享：最成功的一件事 9. 放松练习：“冥想放松” 10. 技能培训：“有关同伴辅导中的沟通技巧” 11. 布置作业：“自我升华表”“提升自我效能感的途径”“设计一张送给同伴的问候卡”、填写满意度调查表 12. 小组分享：分享活动感受及目标完成情况 13. 小组文化：“我们的信念”、组歌与口号
第四节　培植——助人的理念	1. 让组员进一步了解同伴教育的理念 2. 通过角色扮演体验辅导员的定位 3. 完成第4次辅导技能培训：“掌握倾听的技巧”	1. 明确目标：讲解本节活动目标 2. 小组游戏：“穿越沼泽地” 3. 组员分享：分享上节作业 4. 信念强化：从自助、互助开始 5. 同伴示范：“我做同伴辅导员” 6. 角色扮演：“假如我是辅导员” 7. 小组阅读：“尊重的力量” 8. 组员分享：阅读感受 9. 放松练习：“冥想放松” 10. 技能培训：“有关倾听的技巧” 11. 布置作业：填写自我效能评估表、“同伴辅导员的定位”、填写满意度调查表 12. 小组分享：分享活动感受和目标完成情况 13. 小组文化：“我们的信念”、组歌与口号
第五节　助人——价值的载体	1. 通过案例讨论让组员认识到助人是实现自身价值的途径。 2. 通过小组阅读提升组员对同伴辅导这一助人行为的理解。 3. 完成第5次辅导技能培训：“同伴访谈的几个要素”	1. 明确目标：讲解本节活动目标 2. 小组游戏：“信任后仰” 3. 组员分享：分享上节作业 4. 主带时间：在助人中实现价值 5. 同伴示范：“助人的故事” 6. 小组讨论：“同伴辅导的定位” 7. 小组阅读：“小小的善举” 8. 组员分享：阅读感受 9. 放松练习：“冥想放松” 10. 技能培训：“同伴访谈的几个要素” 11. 布置作业：跟随社工进行一次同伴访谈、写一份访谈过程的体会、填写满意度调查表 12. 小组分享：分享活动感受和目标完成情况 14. 小组文化：“我们的信念”、组歌与口号

续表

节数	小组目标	小组内容
第六节 遇见——生命的美好	1. 通过游戏、故事、示范、分享、阅读让组员感知生命的美好，体验真、善、美的感受 2. 引导组员对生命的思考 3. 完成第 6 次辅导技能培训："如何给同伴写信"	1. 明确目标：讲解本节活动目标 2. 小组游戏："一个小墨点" 3. 组员分享：分享上节作业 4. 信念强化："只看我拥有的" 5. 同伴示范："遇见生命的美好" 6. 小组讨论："当生命只剩下三天" 7. 小组阅读："破折号" 8. 组员分享：我怎样看"破折号" 9. 放松练习：冥想放松 10. 技能培训："怎样给同伴写信" 11. 布置作业："我的生命线"、给同伴写一封信、填写基线调查表、填写满意度调查表 12. 小组分享：分享活动感受及目标完成情况 13. 小组文化："为了明天，我们承诺"、小组口号
第七节 建构——生命的意义	1. 让组员了解建构生命意义的意义 2. 预告小组即将结束 3. 完成第 6 次辅导技能培训：什么是"同理"及应用	1. 明确目标：讲解本节活动目标 2. 小组游戏："生命的礼物" 3. 组员分享：分享上节作业 4. 信念强化："意义建构的意义" 5. 同伴示范："对待苦难的态度" 6. 小组讨论："意义建构的途径" 7. 小组阅读："拾星者的故事" 8. 组员分享：阅读体会 9. 放松练习：冥想放松 10. 辅导技能培训："同理"的概念及应用 11. 布置作业："意义建构的途径"个人小组目标完成情况、"写给小组或组员或工作者的话"、填写自我效能评估表、填写满意度调查表 12. 小组分享：分享活动感受及目标完成情况点评 13. 信念训练："让我们相信改变"
第八节 放飞——助人者的梦	1. 处理组员的离组情绪 2. 强化同伴支持的效应	1. 明确目标：讲解本节活动目标 2. 小组朗读："我们的信念" 3. 总结回顾：PPT 演示"我的小组，我的家" 4. 组员分享："我在小组中获得的成长" 5. 小组游戏："我的祝福" 6. 组员分享：我对小组的描述 7. 真情一刻：全体小组组员话别 8. 诗歌朗诵："请允许我说谢谢" 9. 告别仪式： ① "放飞希望" ② 合唱："明天会更好" ③ 小组口号

（十一）服务实施过程

1. 招募组员

招募康复三年以上、有助人意愿、支持系统较完善、有一定的语言和文字表达能力的戒毒康复人员。自愿报名，通过筛选后召开经验预备会，发“告知书”并阐明小组目的和目标；澄清小组组员和社会工作者的期望；帮助组员熟悉小组程序及机构的意向等。

2. 实施阶段

在小组初期，服务对象开始尝试熟悉小组的物质、社会环境和了解其他组员，但对彼此缺乏信任。社会工作者的实务操作是：精心选择并布置活动场景，采用柔和的音乐、积极亲切的语气和态度营造温馨、安全的小组氛围；运用破冰游戏进行自我表露，用肢体语言消除组员之间的陌生感；鼓励和促进服务对象探索小组物质和心理环境，表达对小组和他人的期望；通过共同制订“我们的约定”，激发组员的归属感。随着小组的发展，组员开始在小组中寻找角色和社会地位，社会工作者及时地帮助组员探索如何确立有利于小组开展的关系。社会工作者做到关注每一个组员，特别是在分享时间的安排上，照顾组员的感觉需要。运用打断、引导、聚焦等技巧，引导组员思考“为什么来到小组”“如何建立相互的关系”等问题。在此阶段，同伴教育理念的植入和情绪管理等内容将帮助小组组员达成自我探索的小组目标。当组员关系接近紧密时，他们开始相互沟通，渐渐承认小组的经历对个人成长的重要，对小组的投入感增强，并开始注重小组的目标。这时，社会工作者通过小组阅读、同伴示范、小组练习、同伴分享等环节，鼓励组员之间相互回应，并根据小组目标和组员需求，充分运用典范力量，努力营造组员间支持和信任的氛围，更多地担当使能者和资源提供者的角色。让组员了解有关助人的价值意义，学习沟通技巧等，以提升组员的自我效能。并且，社会工作者应尽力减少组员负性情绪出现频率，帮助组员发现自己的潜能和资源，以完成小组这一阶段的目标。

在小组的中期，小组凝聚力产生，使组员的合作成为可能。此时，社会工作者根据组员意愿调整活动程序，让他们能更多地承担小组任务。社会工作者在这一阶段进行辅导技能培训时，不仅应努力让组员掌握相应技能与方法，也要协助组员修正自己的行为和思维模式，引发组员对重构生命意义途径的思考。社会工作者还可从小组形成、维持、发展、小组冲突对组员的影响及组员行为变化等方面对组员加以关注和协调，并把这些因素设想为一个动力整体来运作。社会工作者可通过邀请优秀同伴做示范，以帮助组员在小组过程中建立使命感和价值观，解决交叉感染和互相支持的矛盾。

在小组结束期，面对小组分离时组员可能出现的焦虑和不舍的情绪，社会工作者一方面要对组员进行情绪安抚，同时也应袒露自己的心情作为回应。另一方面，社会工作者要注重强调评估的重要性，与组员共同讨论小组结束后的支持措施，比如请组员准备给小组写一封信等。社会工作者还可以为每一位组员设计制作一份“组员成长手册”，用以表达对组员的关爱之情。最后一次活动中，社会工作者通过 PPT 演示《点亮生命、放飞希望》来引导组员回顾小组过程，不仅对组员所做的努力给予充分的肯定，而且还审视了未完成事项，重申了小组意义。之后，通过“我在小组中获得的成长”“写给小组的一封信”“放飞希望”“我的祝福”的游戏方式和朗读诗歌“请允许我说谢谢！”，并相拥围圈歌唱等方式，社会工作者与组员一起分享小组结束时的个人感受。最后，社会工作者邀请第三方对小组进行评估。

（十二）小组重要元素之一的“辅导技能培训”

“辅导技能培训”是整个小组运作过程中的重要环节之一，也是小组最终要达成的部分目标。小组共进行了七次同伴技能培训，通过这些培训，小组不仅最终要达到预计的目标，同时也要为组员的同伴教育实践，提供了理论、理念、方法及具体操作的指导与支持。

序号	培训主题	培训内容及形式	时间	目标产出
1	“有关同伴教育概念、功效”	内容：讲述概念，植入理念，罗列功能； 形式：讲座，讨论	30 分钟	组员能掌握同伴教育的概念，明确其理念；能用自己的话来解读什么是同伴教育，其功能有哪些等
2	“如何接听戒毒热线”	内容：讲解热线功能，服务内容，接听程序，注意事项（危机干预、汇报、转介等） 形式：讲解、范文演示、现场情景模拟等	45 分钟	组员能了解戒毒热线的服务内容，基本掌握接听程序，记录要点；知道如何进行危机干预，如何做转介，什么样的情况需要向上级汇报等。开展热线接听的实务操作
3	“有关同伴辅导中的沟通技巧”	内容：讲述人际交往中四种类型人的特征及与其沟通的三大技术，链接同伴辅导中的沟通技巧； 形式：讲解、案例分析、互动、案例演练	45 分钟	组员能了解到人际交往中不同类型的人的一些特征，并掌握 1～2 项沟通战术；在服务同伴的过程中能较好地运用，并传递关爱与支持，使服务成效因为沟通技能的完善而得到提高
4	“有关倾听的技巧”	内容：讲解倾听的重要性及倾听的七个技巧；进行“心理体操”训练； 形式：讲座、实务训练、组员分享等	45 分钟	组员能认识到倾听的重要性及它所体现的尊重，有利于更好地开展同伴辅导；在个案辅导中能有意识地运用倾听技巧
5	“同伴访谈的几个要素”	内容：同伴辅导员的角色定位和特质；辅导过程中我们应持有的伦理价值观；访谈的基本要素等； 形式：头脑风暴、讨论；角色扮演：“今天我去做访谈”；分享感受、同伴督导等	45 分钟	组员能较好地掌握访谈要素，比如制订访谈目标，运用之前所学的辅导技能，有效开展访谈；把握好角色定位、较好地整理访谈记录，呈现访谈过程，留下同伴的成长轨迹
6	“怎样给同伴写信”	内容：说明“同伴信箱”的功能与目的。是“提前介入”的一种方法，是特殊的沟通渠道；帮助同伴在走出大墙后适应和融入社会。讲解写信格式、注意事项以及规范； 形式：互动、信件展示、提问与解答。讲解具体的操作过程等	45 分钟	组员能较好地掌握这一辅导技能、通过信件关注同伴的康复，提供符合需求的辅导，组员还清楚了这份工作的严谨性和重要性，提高了文字能力
7	“同理”的概念及应用	内容：讲解“同理”的概念及同伴辅导员掌握“同理”的重要性； 形式：讲座、述说“同理”的故事。讨论，情景演绎	45 分钟	组员能较好地掌握概念，并认识其深层的内涵，对同伴辅导工作的重要性；通过情景演练组员能在同伴辅导中，较好地运用“同理”的方法

（十三）小组过程中的“专题活动”

设置特色专题活动，不仅是达成小组目标的第二途径，也是小组的一大特色。活动主题应按照组员的实际需求而设置，每次活动都需要社会工作者与组员共同策划、筹备、自筹经费，并邀请家属、社工、老师等人员参加。小组生命过程中穿插举办了“今天我一岁了”“相约新生路”等庆生类活动，“谢谢你的爱”“特殊的教师节”“康乃馨的芬芳——献给母亲的歌”等感恩类活动，“有多少生命可以重来”“用奉献诠释生命中的真爱”等康复困境主题探讨。温馨精彩的专题活动把大家聚集在了一起，既提升了小组的凝聚力，又作用于小组动力的形成。组员在“专题活动”中，通过体验真、善、美的情感体验，走向建构意义的又一途径。

（十四）与小组并行的助人活动

在小组过程中，社会工作者还为服务对象搭建助人的平台，通过“同伴信箱”“星火计划”“同伴之音”“同伴之窗”“同伴演讲”等多种形式的“同伴教育”活动，让组员将所学的辅导技能用以帮助其他的同伴，以实现组员个体的价值，组员也可以在帮助他人的同时得到成长，从而引发对生命意义的思考及自我改变可行性的探索。

（十五）评估

1. 需求评估

通过访谈、问卷、量表、文献检索等方法进行需求评估，并针对组员需求设计小组方案。

2. 过程评估

(1) 组员和工作人员对每节活动进行评估；(2)由观察员记录进行过程评估；(3)社会工作者日志等。

3. 成效评估

(1) 通过小组的前后测相关数据进行量化评估；(2)组员满足度的评估；(3)小组目标完成度的评估；(4) 问卷式的社会影响力评估等。

附录：

1. 小组游戏：“小墨点的启示”

告诉组员在一张纸上用笔随意地点上一个小墨点，然后尽情发挥想象，将这个小墨点画成一幅完整的画，然后进行游戏分享。

在小组活动中，绘画治疗可以使组员在有限的空间（纸张）呈现完整的自我，组员的任何一个涂鸦、画幅的大小、用笔的轻重、空间配置、颜色等都有着特定的代表意义，都在传递着他（她）的个体信息，比如组员的性格特征、情绪状态、智力水平、人格特点等，工作人员可以运用这一方法在引导组员客观地观看自己作品内涵的基础上进行自我探索，同时了解组员的认知、情绪、想法等，以便提供针对性的辅导。在小组过程中，有时用图画传递出的信息要比语言更丰富。

2. 信念训练：“只看我拥有的”

故事：幸福的真谛——我只看我拥有的。有一个叫黄美廉的女子，从小就患上了脑性麻痹症。这种病的症状十分惊人，因为肢体失去平衡感，手足会时常乱动，口里也会经常念叨着模糊不清的词语，模样十分怪异。医生根据她的情况，判定她活不过 6 岁。

在常人看来，她已失去了语言表达能力与正常的生活能力，更别谈什么前途与幸福。但她却坚强地活了下来，而且靠顽强的意志和毅力，考上了美国著名的加州大学，并获得了艺术博士学位。她靠手中的画笔，还有很好的听力，抒发着自己的情感。

在一次讲演会上，一位学生贸然地提问："黄博士，你从小就长成这个样子，请问你怎么看你自己？你有过怨恨吗？"在场的人都暗暗责怪这个学生的不敬，但黄美廉却没有半点不高兴，她十分坦然地在黑板上写下了这么几行字：一、我好可爱；二、我的腿很长很美；三、爸爸妈妈那么爱我；四、我会画画，我会写稿；五、我有一只可爱的猫……

最后，她以一句话作结论：我只看我所有的，不看我没有的！

工作者分享，引导组员进行类似的寻找："只看我所拥有的……"

3. 小组练习："当我的生命只剩下三天"

目的：协助组员对生命的内涵和意义进行思考。

程序：将下面的表格分发组员并个别填写，约 10 分钟后，进行分享。

A. 当你的生命只剩下三天，你最希望做的事情和完成的心愿是什么？ …………………… …………………… …………………… ……………………
B. 你最想感激的人是谁？你最想对他(她)说的话是什么？ …………………… …………………… …………………… …………………… ……………………
C. 请你说说这个练习让你想到了…… …………………… …………………… …………………… …………………… …………………… ……………………

4. 小组阅读：破折号

破折号

一个人在朋友的葬礼上
起身致敬
他指着墓碑上铭刻的
生岁年月(19××——19××)
细说分明

第一个日子
乃是亡友的生辰
而提到后面的那个日子
献辞者不禁珠泪纷纷

然而，若是和中间的破折号相比
这两个日子都嫌太轻

这道横线啊，它代表着
这位女子的整个人生。
现在，只有那些深爱她的人才了解
它凝聚着多少力度，这短短的横

要知道我们一生拥有的财富：
汽车、宅邸、金钱……

都只是过眼云烟
真正重要的
是我们怎样的活过，爱过
曾经怎样来度过
属于我们的这一小横

让我们沉思冥想，扪心自问；
自己的一生，是否有什么需要画？
谁能知道自己还剩下多少日子
是否有机会纠正错误、改过自新？
在时间的长河中是多么短暂。

那么到了某一天
别人来把我们哀悼
论起我们一生的所作所为
朋友，希望我们
自己的这道破折号
画得足够精彩，令我们自豪

假如我们彼此更加友爱
能时时面带微笑
记得这一道人生的破折号
怀着前所未有的激情
热爱有缘相遇的每个生灵

但愿我们能放慢匆匆的脚步
去思索生活的本真
时时揣度别人的感受
带着一颗温暖的心

别动则发怒，而要是
更多的赞赏别人

5. 小组文化：“你不能，但你可以”

你不能，但你可以

你不能，但你可以
你不能决定生命的长度，
但你可以控制它的宽度。
你不能左右天气，
但你可以改变心情。
你不能改变容貌，
但你可以展现笑容。
你不能控制他人，
但你可以掌握自己。
你不能预知明天，
但你可以利用今天。
你不能样样顺利，
但你可以事事尽力。

6. 家庭作业

(1) 画出从出生开始到现在为止的生命线

标出在成长过程中，发生的重要事件的时间及年龄、并以图案或象征符号表达。正向的画在生命线上方，负向的画在生命线下方。

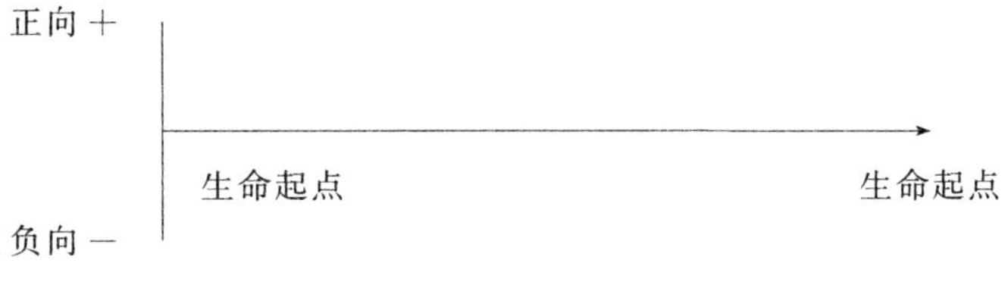

(2) 请您分享：
至今为止您认为最快乐的事：
至今为止您认为最痛苦的事：
至今为止您认为最难忘的事：

请说说这些事件对你生命的影响。

7. 评估

基线调查：生活能量表

这份问卷的目的是了解过去一星期内你的身体及心理情况。请您圈出最适合您情况的答案。

（1＝十分不同意　10＝十分同意）

身体										
睡眠	1	2	3	4	5	6	7	8	9	10
食欲	1	2	3	4	5	6	7	8	9	10
疼痛或麻痹	1	2	3	4	5	6	7	8	9	10
精力充沛	1	2	3	4	5	6	7	8	9	10
早上起床的感觉	1	2	3	4	5	6	7	8	9	10
总的说来我的健康是……	1	2	3	4	5	6	7	8	9	10
认知										
精神集中	1	2	3	4	5	6	7	8	9	10
记忆力	1	2	3	4	5	6	7	8	9	10
处理问题	1	2	3	4	5	6	7	8	9	10
社会										
工作	1	2	3	4	5	6	7	8	9	10
与他人相处	1	2	3	4	5	6	7	8	9	10
总的来说，我与家人的关系……	1	2	3	4	5	6	7	8	9	10
总的来说，我的生活是……	1	2	3	4	5	6	7	8	9	10
办事动力	1	2	3	4	5	6	7	8	9	10
情感										
对生活的满意程度	1	2	3	4	5	6	7	8	9	10
关怀他人	1	2	3	4	5	6	7	8	9	10
生活趣味	1	2	3	4	5	6	7	8	9	10
情绪	1	2	3	4	5	6	7	8	9	10
信心	1	2	3	4	5	6	7	8	9	10
对未来的希望	1	2	3	4	5	6	7	8	9	10
总的来说，我的情绪是……	1	2	3	4	5	6	7	8	9	10
自我形象										
我身体的吸引力	1	2	3	4	5	6	7	8	9	10
我觉得我的体态	1	2	3	4	5	6	7	8	9	10
是否注重自我的形象	1	2	3	4	5	6	7	8	9	10
备注										

基线调查:升华计算表

这些想法、感受或行为没有对与错,请按您对每一句话的感觉,圈出最适合您情况的答案。

(1=十分不同意　　10=十分同意)

精神(僵化与接受)										
我相信困境是生命中的一部分	1	2	3	4	5	6	7	8	9	10
我遇到困境,我很不甘心	1	2	3	4	5	6	7	8	9	10
现在我想起困境时,我的情绪也会波动	1	2	3	4	5	6	7	8	9	10
我对困境感到无奈	1	2	3	4	5	6	7	8	9	10
上天对我不公平	1	2	3	4	5	6	7	8	9	10
我能够随遇而安	1	2	3	4	5	6	7	8	9	10
我能以平常心去面对人生	1	2	3	4	5	6	7	8	9	10
我感受到内心深处的平静与和谐	1	2	3	4	5	6	7	8	9	10
生命意义(积极与消极)										
困境令我失去生命方向	1	2	3	4	5	6	7	8	9	10
我惧怕死亡	1	2	3	4	5	6	7	8	9	10
遇到困境,对我是一个挑战与学习的机会	1	2	3	4	5	6	7	8	9	10
我对自己遇到困境心存感激	1	2	3	4	5	6	7	8	9	10
遇到困境,令我失去尊严	1	2	3	4	5	6	7	8	9	10
人际关系(积极与消极)										
我感谢身边人对我的一切	1	2	3	4	5	6	7	8	9	10
我介意别人知道我遇到困境	1	2	3	4	5	6	7	8	9	10
我更懂得去关怀我身边的人	1	2	3	4	5	6	7	8	9	10
生活满意度(欢乐与悲伤)										
我享受每一天的生活	1	2	3	4	5	6	7	8	9	10
我要未来生活得愉快	1	2	3	4	5	6	7	8	9	10
我感到度日如年	1	2	3	4	5	6	7	8	9	10
我不满意现在的生活	1	2	3	4	5	6	7	8	9	10
忍耐力(坚强与脆弱)										
我有能力在困境过程中恢复过来	1	2	3	4	5	6	7	8	9	10
我不懂得爱自己	1	2	3	4	5	6	7	8	9	10
我在这个困境中变得更坚强	1	2	3	4	5	6	7	8	9	10
遇到困境,我失去了生命的力量	1	2	3	4	5	6	7	8	9	10
备注										

（2）组员满意度调查问卷

请在下面你认为合适的答案上打钩

1. 你对小组整体设计的总体评价是：

（1）非常好　　（2）好　　（3）一般　　（4）差

具体意见：

____

2. 你认为小组的活动对你有帮助吗？

（1）完全没有　　（2）几乎没有　　（3）有一点　　（4）肯定有

最有帮助的是：

____

3. 社工通过小组社会工作所提供的服务能在多大程度上满足你的需要？

（1）几乎满足所有的需求　　（2）满足大部分需求

（3）只有小部分得到满足　　（4）完全没有满足我的需求

请具体描述：

____

4. 你最喜欢的小组活动环节是哪些？

____

5. 你希望小组活动可以有哪些环节？

____

6. 如果你的同伴需要帮助的话，你会向他/她推荐我们的小组活动吗？

（1）肯定不会　　（2）大概不会　　（3）也许会的　　（4）肯定会的

你对本小组的建议：

____

第三节　小组活动的设计

小组社会工作的实施、小组任务的达成和小组目标的实现都需要通过精心设计的小组活动来配合。小组社会工作中所采用的小组活动，其本身并非目的，而是小组的媒介，最终是为了达到小组的阶段性目标。所以，在小组中，活动是达成小组目标的工具。

一、小组活动的功能

不是所有的小组的开展都需要活动，比如罗杰斯（G. Rogers，1970）就强调小组社会工作应以当事人为中心，工作者不宜作过多地介入，他不主张使用活动。但是，大多数学者仍然认为，在小组中刻意安排一些活动具有正向的功能，通过这些活动的安排可以自然引出小组发展所需的主题和思考，使小组产生效能。

台湾地区的学者林万亿指出：小组活动不但具有媒介效果，而且还能产生治疗功能。所谓的媒介效果是指通过小组活动的进行所产生的对话、表情、仪态、身体接触、沟通或彼此经验的分享，这些都成为人际互动中满足人们共同需求的媒介。治疗作用是指，这些活动虽然与休闲活动无异，但是对于个人却具有特殊的治疗意义，如组员通过特殊活动，引发敏感性与禁忌性的话题，促使组员在不知不觉中对这些问题进行分享和讨论，或者通过以活动为媒介的沟通提供一个实验场，容许组员在小组中体验不曾体验的情感，表现想表现又不敢表现或原本是偏差的行为，促成组员对自己感受和行为进行反思。①

二、影响小组活动的要素

影响小组活动的要素有：(1)准备条件；(2)参与者的表现；(3)活动结果。

准备条件是激发个体参与活动的所有条件，包括活动所需的物质准备、活动规则、指导语的运用、小组的结构、参与者的人员安排、活动场地的合适程度等。

参与者的表现是指个体被激发后在活动过程中的表现，包括体力上的活动、肢体的活动、语言上的表达、情绪上的反应等，尤其需要注意的是这些表现是相互性的，是组员间、组员与工作者间互动的行为表现。

活动结果是指参与活动之后组员的反应，如活动中的报偿与奖励所导致的组员的认知、情绪或行为的改变等，是小组活动所导致的行为结果。

选择活动时，要围绕这三个要素来考虑，要为活动的开展准备好充分的条件，激发起组员的参与意识，在参与的过程中促使组员间、组员与工作者间按照活动要求互动起来，在情感、认知、行为上有充分的体验和表现，并在活动结束后获得设计活动时所期望产生的结果。

三、小组不同阶段活动设计的重点

小组是一个动态的发展过程，其发展阶段不同，组员的角色、地位，工作者的角色、地位，小组的氛围和动力都不同，那么小组的活动显然也就不同。小组活动的选择需与小组发展阶段的动力特征和阶段目标相适应。

(一) 小组初期活动的重点

小组的初期，小组组员刚刚进入小组，还处在相互戒备中，缺乏必要的安全感，在小组中，尊重、信任的氛围还没有形成，小组还是一个虚体。这段时期，小组活动的重点是促成小组组员初步的互动，帮助小组形成的一个实体。小组初期活动的重点：(1)塑造小组开始时轻松温暖的氛围；(2)设计活动让组员相识；(3)澄清组员的需求与目标，以及小组的目标；(4)拟定小组契约，建立小组规范；(5)围绕小组目标进行浅层次的小组互动活动，激发小组组员间的互动。此时，要注意的是，深层次的分享活动不适合在小组中展开，因为小组的尊重和信任的氛围还没有形成，没办法给予有效的回应，组员会因此受到伤害，也会为自己过分地暴露隐私而很快地后悔。

(二) 小组转折期活动的重点

小组的转折期是小组过渡期，经过初期的焦虑与不安后，小组中出现了抗拒，问题组员出现，小组开始要解决冲突，这个时期最重要的任务是协调组员之间、组员和工作者之间的关系，

---

① 李郁文. 团体动力学：群体动力的理论、实务与研究. 桂冠图书股份有限公司，2002.

促进小组动力的形成。此时，小组活动的重点是：(1)此时此地的分享活动，激发小组动力；(2)设计活动处理问题组员；(3)审视小组，探讨人际关系的互动；(4)增进小组动力的活动。此时，需要注意的是，由于小组组员间的关系还不稳定，小组动力还没有真正形成，因此不要急于去设计小组组员互动层面的为了达成小组目标的活动。

(三) 小组中期活动的重点

小组中期时，组员间已经形成了相互稳定的关系模式，小组的动力已基本形成，小组开始为达成组员和小组的目标而运作。此时小组活动的重点是：(1)设计组员间较深入的互动活动，检验小组的动力；(2)针对小组目标，有次序地设计达成目标的组员互动层面的活动；(3)针对组员的需求，设计满足个人成长和促进个人行为改变的活动；(4)针对小组系统与环境的关系，设计从环境层面介入的活动；(5)针对小组中可能发生的特殊事件，有针对性地设计活动。

(四) 小组结束期的活动的重点

经过小组中期的工作后，已经基本达成组员个体和小组的目标，小组结束期的活动的重点是：(1)设计活动巩固组员在小组中的所学；(2)设计活动协助组员将在小组的所学推广到现实环境中；(3)设计处理组员分离情绪及激励的活动；(4)设计评估小组的活动。

小组各阶段活动重点的阐述只是小组设计的大体框架，实际过程中，因小组的性质、目标、组员的组成、工作者经验的不同，活动重点都可以进行适当的调整。比如，如果工作者进入的是一个青少年街头帮派的自然组成的小组，小组初期活动的选择就要针对此小组目前的结构和状况，组员间最初的相识活动就不必要了，工作者要设计一些使自己顺利“进入”小组的活动。如果小组中存在不良次小组，工作者在进入小组后就要设计活动拆散次小组。再比如，工作者带领的是一个非自愿性的婚姻施暴者的小组，因为小组组员是被强制进入小组的，在小组的前期就要设计一些转变组员态度，促使组员接受小组的活动，在小组中期，因为婚姻施暴者施暴原因各不相同，工作者需多设计一些从各个层面介入的深层次分享的活动，必要时可以进行个案的转介和处理。所以带领小组的过程是一个富有创意的过程，针对小组的独特性选择具有独特性的活动方案是这种创意的体现之一。

四、小组活动的类型

按照小组的结构类型可将小组活动分为：结构式的小组活动和非结构式的小组活动。

结构式活动是指在小组过程中，工作者以有计划，有系统，有时间限制的介入方式来带领小组的活动；非结构式活动则不强调事先设定活动内容，而是在小组发展的过程中，依据小组的发展状况和情境由组员自发设立的活动。结构式的活动设计必须结合小组的目标，配合小组发展阶段的需要，与小组大小、时间、过程导向紧紧相扣，有目的地将小组活动纳入工作过程。在小组的初期阶段，结构性的活动不但能建立支持性的小组规范，促使小组信任感的建立，还能使组员产生清晰的关于小组结构连贯性的经验体会。学者一般认为，在小组的初期及结束阶段，结构式的活动较能发挥它的功效，而小组的中期，则以非结构式的活动为佳，这样有利于发挥组员的自主性和彼此共同经验的分享。①

除了结构式与非结构式活动，按照小组活动本身的类型，可将活动分为：

(一) 书画活动：工作者要求组员采用书写的方式来表达他们的观念和想法。如语句完成

① 李郁文. 团体动力学：群体动力的理论、实务与研究. 桂冠图书股份有限公司，2002.

活动：

我是……	父母眼中的我……	我的优点是……
我需要……	老师眼中的我……	我的缺点是……
我想要……	朋友眼中的我……	再一次审视我的缺点和优点，我的感受是……
我需要知道……	自己眼中的我……	
	理想中的我……	

语句完成活动通过组员所填写的词句来投射出组员对某些主题或论点的信念与想法，往往可以帮助组员将注意力及讨论重点聚焦，也能引发组员的兴趣与活力。

其他活动还包括我的自画像、我的生命历程描述、日记等。

如：一个压力释放小组中有一个活动，需要组员写出其目前生活中面临的三个压力，根据压力的大小依次填入下面的圆圈中。

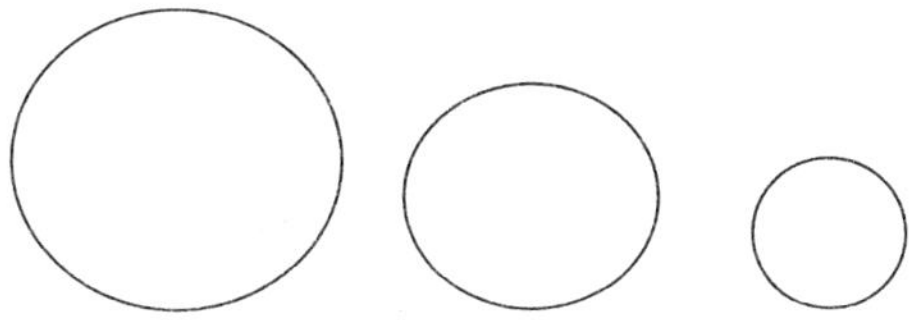

书画活动后，组员或在小组内，或分成二、三、四个人的小组分享讨论。这样做一方面有助于工作者了解组员的感受，一方面通过引起组员的分享和讨论，可以促使组员间相互了解，激发小组的动力。

（二）肢体语言活动：以肢体语言的方式表达某些主题或思考。如“信任跌倒”“盲人走路”“突围闯关”“踏石头转圈圈”等活动，通过肢体活动方式，让组员去体会信任别人、与他人合作或被别人拒绝的感受。也可以通过组员肢体上的接触来强化彼此的联结，比如直接用手接触对方的手和脸，相互按摩肩部做放松等。

（三）幻想活动：借着组员的想象力，把自己的一些思考、感觉予以形象化，再引导组员作进一步经验幻想的讨论。例如，如果幻想我是一种动物，我会希望是哪一种动物，为什么？如果能够幻想自己得到一件你最想得到的东西，你想得到什么？为什么？在幻想活动中，工作者需要敏感地追问组员幻想背后的感受、动机等，从而帮助组员更清楚地了解自己的感觉、愿望、怀疑与害怕的情绪。

（四）讲故事活动：由工作者提供某一主题的阅读资料或工作者将自己和他人的故事向组员讲述，这个故事充满隐喻，可以引导组员读后作深入的讨论。工作者在讨论过程中引导组员对自己的价值、信念，认识等进行梳理、澄清和反思。

（五）回馈活动：回馈活动主要协助工作者及组员分享彼此的感受和想法。例如：让组员彼此分享他们对对方的“第一印象”活动；给予对方正向回馈的“优点轰炸”活动；表达对彼此相互关切的“小小愿望”活动等，都是相当有意义的回馈活动，对小组凝聚力的提升有很大的助益。

（六）经验性活动：由工作者引导，让组员去体验一些属于个人的特殊活动，如分享过去最痛苦的一件事，分享亲子互动中印象最深刻的一件事等，借着这种深层次的分享，协助组员重新整理自己的经验，挖掘更深层次的感受。

（七）小组决策：引导组员参与合作，共同解决小组面对的问题。这些活动的设计主要以小组合作、小组讨论等方面的训练为主。

五、小组活动的设计与执行

小组活动的设计不是可有可无的，也不仅仅只是为了调动气氛，引发组员的兴趣，而是要以活动为媒介，达到小组的目标，所以工作者在设计活动时应该十分谨慎，而不是单单为了活动而活动。活动的设计是一位社会工作者因自己的专业背景、顺应小组的目标而产生的专业行为。

小组活动的设计与执行的过程，需要注意以下几点：

（一）小组的情境

小组的活动是在现有小组情境下实施的，所以小组的活动必须与小组的情境相适应。在小组情境中对小组产生影响的因素有：(1)小组的目标。小组的活动是一种有目的的活动，小组在每一个阶段都会有它自己的分目标，活动应与分目标相整合，又不背离总目标。(2)参与者的特征及能力。小组共有多少人参加，他们的年龄、性别、人格特质等特征都是设计活动时要考虑的，此外参与者的体能、知识和能力以及文化背景也要纳入工作者的考虑范围。在一个较保守的文化背景里，设计一些过于亲密的肢体性接触行为显然是不合适的；对于一些教育程度本就不高的小组，设计一些益智性的活动也不合适。(3)小组的动力和特征。小组在不同阶段有不同阶段的动力和特征，活动的设计要配合小组阶段所呈现的动力和特征，任何超越或低于小组动力和特征的活动都无法产生实际的效能。

（二）时间分配

除了马拉松小组外，每个小组的会期通常不超过 3 个小时，而一般情况下，小组活动只是小组会期的一部分，所以活动设置时一定要考虑到时间的分配，原则上应使每位组员都有等量的参与机会。不过，在特殊情况下，如当小组治疗有焦点人物时，小组处于权利再分配时，组员自动放弃时间的分享而经小组同意时，角色扮演有主配角之分时，都可依具体情况而使组员有不同的时间分配。因为小组活动的立意不在活动本身，所以活动结束后一定要留充足的时间进行分享和总结，切忌活动结束后便草草收场。

（三）空间的安排

这里的空间指房间、桌椅安排、灯光等要求，设计活动时要考虑现有空间是否适合活动的要求，如需换场地，是否能衔接好等。有的时候，当小组迫切地需要有“我们的地方”的感受时，换场地是一个不明智的选择，小组就需要根据现有空间的情况设计活动。如果确实需要有场地的变动，那么对经费、交通、时间等问题都要事先考虑周全。

（四）资源供应

小组所需要的资源包括经费、器材、人力等，有些活动是零经费的，如讨论、角色扮演、辩论等；有些活动的成本很低，如书画活动只需一些纸、笔；而有些活动，如户外活动、心理剧、专家演讲等则需要较多的资源，所以设计活动时应考虑小组现有的人力、物力资源并在此基础上设计活动方案。要注意的是不要因所需资源太多太繁杂，准备起来难度太大，而影响到工作者的情绪和活动的实际效果。

（五）活动的限度

每一项活动都有执行的规则和相应的冒险性，如身体触碰程度、话题的深度、户外活动的危险性等都要事前考虑到。无论如何，安全因素是小组活动设计时考虑的第一要素。

第四节　小组活动设计的示例

小组社会工作的发展很大一部分来源于工作者的经验积累，小组活动的设计除了工作者自己的创新，有时也需要借鉴他人成功的案例。在小组社会工作的发展历史上，人们已经总结出许多适用且能产生较好效果的小组活动。在本节，我们编写了几个活动，介绍给大家。① 希望能产生一些借鉴的意义。

一、小组初期的活动——认识你

（一）目的

1. 促使每一组员有机会表现出自己。

2. 组员彼此相识，建立小组互动关系。

3. 形成小组的自我。

（二）一般说明

1. 人数：8～12 人

2. 时间：15～20 分钟

3. 材料：黑板或记录板

4. 场地：安静舒适

（三）实施程序

1. 给小组中的每两人配对（可由组员自己选择），利用五分钟的时间，两人用彼此喜欢的方式自由地了解对方。

2. 五分钟后组员说出彼此交谈的主题，由工作者将之记录于黑板上。

3. 接着工作者对组员说明：每人一生中都有几个我们视为知己的朋友，彼此间是真诚信任的，现在假想你的同伴会成为你的知己，你想要了解他什么呢？要维持知己关系的话，什么是你想要弄清楚，觉得是最重要的事？现在你们两人再利用五分钟来讨论这个问题。

4. 五分钟之后，两人回到小组中并和小组分享刚才讨论的主题，仍由工作者记录在前次记录的旁边。

5. 大家一起来讨论两次的记录，分享彼此的感受（两次记录应是不同的，可能第二次记录的是更深入私人的问题）。

二、促进小组凝聚力的活动——图画的完成

（一）目的

1. 培养组员合作的态度。

2. 加强小组组员的凝聚力。

---

① 活动编写参考了王慧君等编著的《团体社会工作者训练实务》，该书于 2001 年由张老师文化事业股份有限公司出版。

(二) 一般说明

1. 人数;8～12 人

2. 时间:40～50 分钟

3. 材料:画笔、图画纸

4. 场地:安静的室内

(三) 实施程序

1. 工作者介绍本活动性质并说明规则(约 5 分钟)。内容如下:

(1) 这是一个图画接力分组比赛活动。

(2) 在一个规定的主题下(例如:大年夜的家宴、未来的一次旅行)各组组员在限制时间内,运用各自的想象力(愈新奇愈好)轮流接力将图画成,由于本活动强调组员的合作,所以同组的可相互提供意见,但不可代画。

2. 视组员人数分组,每组约 5 人左右(约 5 分钟)。

3. 工作者宣布图画题材,并留数分钟让各组准备(约 5 分钟)。

4. 各组开始进行图画接力,每位限时作画五分钟(勿过长),时间到了则换下一位上场,至轮完为止。(约 20 分钟)

5. 各圆其说:各组组员对该组所完成的图画作解说(约 5 分钟)。

6. 评分:视各组表现合作程度,图画之新颖度,组员自圆其说的表现等为评分依据,各组推荐一人为评分代表(不评本组),评分结束后宣布成绩(以取得大多数组员认可为宜)(5 分钟)。

(四) 注意事项

组员轮流作画只能增添图画内容,而不可修改前者所画。

(五) 准备工具

黑板、有色粉笔或画纸、色笔。

三、增进小组信任感的活动——三个秘密

(一) 目标

1. 试探个人信赖小组的程度。

2. 促使个人觉知小组的历程。

(二) 一般说明

1. 人数:8～12 人

2. 时间:30～40 分钟

3. 材料:纸、笔

4. 场地:安静的空间

(三) 实施程序

1. 活动说明:这是一个探索个人的小组活动,该活动是为了了解秘密存在的意义与小组进行历程的关系。

2. 给每一位组员一张小纸片,要每一位写上三个秘密,这三个秘密,是一般情况下不愿意告诉别人的秘密。

3. 工作者以试探性的口气,企图使组员将他的秘密公开出来,但不得强迫,除非他自己愿

意说出来。

4. 讨论。

四、促进组员自我探索的活动——十字探索

(一) 目的

帮助各人对自己的生活做具体的、客观的、系统的分析与检查。

(二) 一般说明

1. 人数:8～12人

2. 时间:40分钟

3. 材料:纸笔

4. 场地:安静舒适的室内

(三) 实施程序

工作者在黑板上画出一个带刻度的十字,如图9-2。让我们来探索一下你目前的生活状况。这个十字代表你生活中最重要的四个主题,分别是身体、成就(学习或工作)、与家人的关系、灵性(信仰、信念),如果你的生活指数总分是100分,每个主题占25分。请你按照你目前的生活状况,在这个十字上标出你在每个主题上的得分,然后将这些分数点连起来。

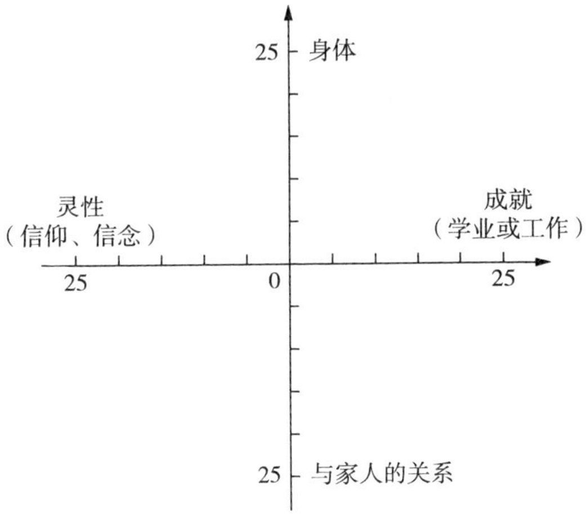

图9-2　十字探索

待每个组员画好后,工作者提出下面问题:

1. 你的图形是个什么样的图形?

2. 理想的图形是什么样的?

3. 你的图形中,四个主题哪个主题得分最少,哪个主题得分最多?它预示着你在生活中忽视了什么?

4. 你能不能采取行动,改变你目前的生活状况,使他更接近理想的状况?

(四) 注意事项

这种方法不但可应用于时间的分配,亦可应用在金钱、精力等的使用上。

五、提升小组人际沟通的活动——突破障碍

（一）目的

1. 了解沟通的意义。

2. 经验沟通障碍突破的过程。

（二）一般说明

1. 小组人数：8～12 人

2. 时间：40～50 分钟

3. 场地：安静舒适

（三）实施程序

工作者发给每人一张卡片，请小组的每位组员在小组中找 1 位你认为最不熟悉或你认为在小组与其互动最少的组员，两两配对，与重合的再找其他人，坐下来聊 15 分钟，问一些你最想问的问题，或探讨一下在小组中你们为什么很少互动的原因。沟通完后，把手上的卡片给到对方，请对方写下来对刚才沟通的最大感受。

20 分钟后回到大组来分享：

1. 当对方来找你时你的感受是什么？

2. 你们是怎么开始说第一句话的？

3. 在整个沟通中你们之间有障碍吗？你们是如何排除这个障碍的？

4. 在沟通完以后，你现在的感受是什么？

六、涉及个人深层分享的活动——盾形绘图

（一）目的

1. 促使小组中的每个组员了解自己和别人。

2. 确定人生的目标，促进自我成长。

（二）一般说明

1. 小组人数：8～12 人。

2. 时间：50～60 分钟。

3. 教材与场地：纸笔、桌子；安静舒适的场地

（三）实施程序

1. 工作者发给每人一支笔和一张纸并开始对盾形绘图进行说明。盾形绘图如图 9－3 所示。

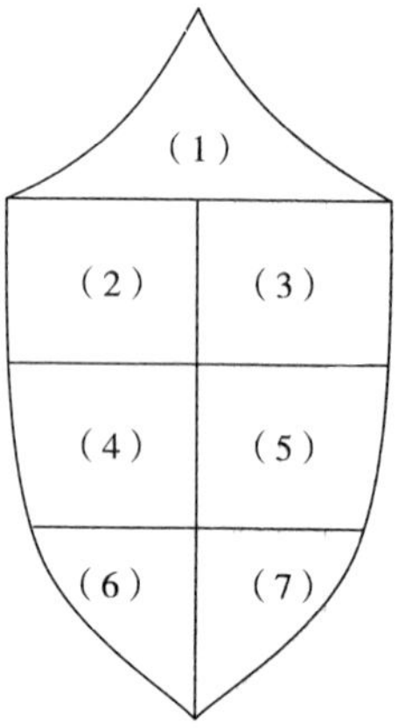

图 9－3　盾形绘图

（1）用三个形容词形容你目前的人生状态或你对生活的感受。

（2）到目前为止，你人生中最大的一个成就。

（3）别人能做的一件使你快乐的事。

（4）到目前为止：你人生中最大的一个失败。

（5）个人的三个目标。

（6）目前的一个正在面对的个人问题。

（7）现在你最希望别人对你说的三句话。

2. 写完所有盾形绘图后（大约三十分钟），每个成员开始说明自己所绘图形的内容，其他

组员与之共享。

七、评价小组发展过程的活动——停下来,谈谈现在的感觉

(一)目的

1. 澄清个人此时此地的情感。

2. 探究妨碍小组发展的障碍。

(二)一般说明

对象:青少年以上

时机:转换或工作阶段

时间:30 分钟

一般说明:小组在进行的过程中,遇到僵局、冷场或冲突的情形(例如组员在讨论问题时,坚持己见,不肯接纳他人的意见,导致小组气氛僵持时)。工作者可以暂停正在进行的活动,做一个 10 分钟的特定主题的冥想,转而由组员谈谈现在的感觉,澄清彼此的情感,以免留下芥蒂。

(三)实施程序

1. 说明:工作者说明何以要暂停进行中的活动,转而讨论个人当时的感受。

2. 组员逐一发表个人此时此地的感觉,或自动发言,或采取轮流及指定的方式。

3. 综合讨论。

(四)注意事项

此类活动(技巧)是于小组活动发生障碍时使用,故时间的安排全视当时情况而定。

八、小组结束期的活动——祝福与道别

(一)目的

1. 了解经过小组后彼此的改变。

2. 圆满地结束小组。

3. 接着数个小活动,讨论小组的结果。

(二)一般说明

1. 人数:8～12 人

2. 时间:20 分钟

3. 材料:纸、笔、礼物

4. 场地:室内

(三)实施程序

1. 改变印象:由一组员开始,大家轮流讨论现在对小组的印象与刚参加小组时有何不同,或者他参加小组后,改变的是些什么,并说明自己现在的感受。

2. 互道祝福:给每一组员一张八开白纸,要组员在白纸顶端写上“对某某某(自己姓名)的祝福”,然后向右边给每一位组员,其他组员在白纸上写上一句或数句祝福的话或用作画的方式来祝福,然后由他右手边组员念出其他组员对其左边组员祝福的话(若用画的方式,需由绘画组员加以解释)。

3. 结束活动:大家站起,手臂搭在左右组员肩上围成圈,哼着温柔的歌曲,如《朋友》《偶然》《相亲相爱》《友谊天长地久》等,随后轮流紧握双手,进行道别。

小组方案和小组活动的设计是一个理论与实践相结合的工作，也是奠定地基，准备素材的过程。活动需嵌进方案并与方案契合，方案则每一阶段逻辑相扣，整合成一个整体，每一阶段完成一个任务，每个任务后面都有理论指引。最后，按照方案，一个阶段一个阶段地实施，直达总目标。

第十章　小组评估

如果缺少了评估，对一位小组社会工作者来说，所欲达成的有意让组员的潜能全然发挥的这种服务意图，显然会导致出低劣与失败。

——吉布森、米特切尔（Gibson & Mitchell 1986）

小组的设立是否符合组员的需要？小组过程中，工作者的技术运用得如何？小组活动结束了，小组的效果到底如何？是否达到了预期的目标？小组的任务完成了吗？组员真的获得了新成长吗？组员的那些需要改变的行为真的改变了吗？组员对小组满意吗？……种种问题都需要做出回答，回答的依据不是任何人的主观臆断，而必须依赖科学的评估。

第一节　评估的意义与一般流程

评估是根据特定的标准和系统性的判断原则探讨小组做了什么，以及目标达成的有效程度。根据基本的伦理原则，社会工作者对自己所做的以及这样做的方式是要负责任的，他们被期待按照一种理性化的标准去提供尽可能好的服务。因此，评估是这个专业化过程中必不可少的环节。

真正的评估是一项科学的工作，但在实际的评估过程中会碰到许多困难。虽然行为科学界中快速发展的评估技术，使得我们能有效地测量行为的改变，然而依据社会工作专业目前的专业知识和技术，却缺乏评估社会工作介入效果的有效方法。在小组社会工作中，并非所有的介入都属于可测量的行为，有时小组是以情绪状态、态度、认知、自我评价或环境改变为目的的，那么测量起来本就缺乏有效的指标，即使有指标，测量过程中的信度和效度也存在问题。虽然上述问题让我们颇有挫折感，但这不足以否定评估工作的重要性。我们要强调的是，小组社会工作应将评估视为专业工作中重要的一环，鼓励所有的小组社会工作者努力克服因评估技术的缺乏和被评估者不合作等因素所造成的障碍，将评估踏踏实实地做下去，因为评估对小组社会工作的发展有着不可忽视的意义。当然，评估也是一个在不断发展的领域，人们正在寻求更多更好的方法去不断地完善它。

一、评估的意义

社会工作在我国的恢复也只有二、三十年的时间，目前，普通百姓和整个社会对社会工作的接纳程度还不高，社会工作专业化和职业化也碰到了一些问题。一个专业真正的生命力来自于它对社会需求的满足。小组社会工作是否能提供社会所需要的服务呢？若要回答这个问题，光有专业的承诺显然不行，人们、机构和政府要求小组社会工作者拿出具体的、可检验的成效，以证明小组社会工作的工作过程与成效间的关联，以及它是否确实能满足人们的需要。同时，因为小组社会工作在国内还处于起步阶段，较少本土化经验的积累，所以，今天在一线的实务工作者不能只是单纯的操作者，他们同时还肩负着研究者的使命，一方面，他们需要为本专业的发展提供更多研究资料，并通过自己的实践提供更多的本土化研究成果；另一方面，他们也需要使自己在不断地总结中发展出更好的专业素养。

所以，我们认为评估的主要目的在于：(1)评估可以对机构、资助者、服务购买者和社会显示小组社会工作的有效性，并获得他们的支持；(2)评估可以帮助小组社会工作者检验组员的成长状况和小组任务的达成，了解小组是否达到了预期的目标以及达到目标的程度；(3)评估时通过收集到的资料，工作者可以总结经验并从经验中学习改善的方法；(4)通过评估，工作者可以收集到相关资料，帮助他们验证为小组所做的假设，开展一些相应的研究。

在小组社会工作中，评估不仅仅发生在小组的结束期，也发生在小组开始前，以及小组执行过程的任何阶段。一般有三种形式的评估：结果评估、需求评估和过程评估。结果评估可以是对小组或组员达成目标情况的评估，也可以是对小组社会影响力的评估，针对的是小组工作的有效性。需求评估是对小组所涉及群体需求的评估，一般在小组开组前完成，但组员的需求随着小组的进程也在不断变化，所以需求评估也可能贯穿于小组的始终。过程性评估主要是在小组实施的过程中，根据小组的需要进行，主要评估小组历程中的专业元素及这些专业元素对个体和小组产生的影响等。工作者在小组实施过程中边带领小组边进行评估是非常重要的，因为如果工作者有任何不适当的行为，通过评估，都可能得到一个反思和修正的机会。同时，评估所引发的回馈，不同的意见和需要也会得到相应的处理。

二、评估的一般流程

评估的过程因小组类型、评估目的、评估方式的不同而不同，但一般来说，它有一个基本的流程。

(一) 评估方案书的制订

有效的评估依赖于一份完整、具体的评估方案。方案的制订需要回答如下的问题：

(1) 评估的目的何在？
(2) 评估的对象是谁？
(3) 谁来评估？
(4) 评估者的假设是什么？
(5) 评估的方法是什么？
(6) 具体的评估指标是什么？
(7) 是否是委托评估？委托者是谁？
(8) 评估的经费从哪里来？有多少？

其中，评估者就是评估过程的执行者。一般有三类，一是小组社会工作者自评；二是组员的自评；三是观察员的测评。评估的对象不仅包括小组的组员，小组社会工作者，还包括与小组间接相关的机构和人(如参与者的父母、老师、同学等)。评估的事实包括：(1)领导内容方面：目标是否达成；对组员的了解如何；是否有效协助组员改变；(2)领导过程方面：与组员之间的关系如何？促进组员参与程度如何？处理小组事件的效果如何？维持小组气氛的功能如何？(3)小组组员自身方面：参加小组的目标是否达成？是否获得改善？(4)小组组员参加过程方面：参与的程度如何？探索的程度如何？有无防御行为出现？(5)小组组员行为方面：对小组组员的倾听、自我表露、同理等协助性行为与防卫、独占等破坏性行为的观察、记录与分析；(6)工作者工作行为方面：包括工作者在带领小组时的反应及其引导的技巧，对组员是否尊重与接纳，是否对小组和组员给予积极的关注等；(7)小组效能方面：小组是否协助组员成长？小组任务是否完成？内容是否恰当？小组效果如何？(8)小组方案方面：小组方案的可行性、有效性以及执行过程中出现的问题等。至于评估假设、评估方法等内容我们将在下面各节进行详细讲解。

(二) 评估系统的建立

评估的过程是一个复杂的过程，有诸多要素组成，包括评估者、评估对象、评估中的其他参与者、评估中涉及的其他相关机构和个人、评估结果需要呈现的部门等，小组社会工作者需要并将这些要素统整起来组成一个系统，理清各要素间的相互关系，协调好经费预算、人员安排、资料收集、资料分析等各方面的事项。

(三) 按照评估流程实施评估

按照评估流程选择评估的先后顺序实施评估的过程，包括收集资料、审核整理资料、统计分析资料等，在评估过程中需特别强调“客观性”和“敏感性”。尽量减少评估者个人的主观因素对评估实施的影响，尽可能地保持评估对象的自然状态，并在评估过程中加强评估者对事实的敏感度，尽可能全面且有深度地捕捉到小组所呈现出的事实，并控制评估过程中其他变量的影响。

(四) 评估后的审核

评估结束后则需要进行信度和效度的审核，并依据审核的结果，再对评估过程和结果进行修正和改进。

(五) 写出评估报告。

三、评估的基本模式

小组社会工作评估的基本模式有多种，下面我们介绍其中的两种模式：

(一) CIPP 模式

CIPP 模式(Context－Input—Process—Product Model)是史塔夫(Stuff—ebeam)于 1971 年与其同事共同创立的一种评估模式。如图 10－1 所示，CIPP 模式包括四个阶段：背景因素的评估、输入变项的评估、过程变项的评估及实施结果的评估。其中，前一阶段是后一个阶段的基础，两阶段之间具有因果影响关系，在最后一阶段实施结果评估后再循环回到第一阶段，作为修改原工作计划的参与依据。[①]

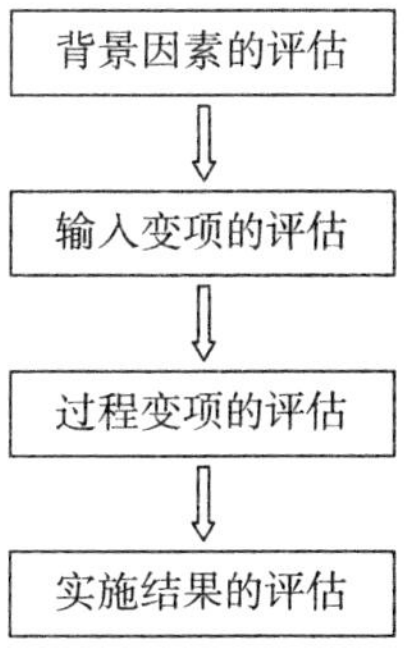

图 10－1　小组评估中的 CIPP 模式

① 李郁文. 团体动力学：群体动力的理论、实务与研究. 桂冠图书股份有限公司，2002.

1. 背景因素的评估

该阶段的主要内容是探讨小组社会工作开始前相关的一些重要决定因素，包括：

（1）小组社会工作的整体目标和个别目标的设定

（2）小组社会工作计划的工作方向

2. 输入变项的评估

这一阶段主要是检验小组社会工作的输入变项。包括：

（1）小组社会工作方案的设计

（2）小组社会工作计划的制定

（3）有可能影响到小组社会工作的各项因素：如小组结构、人员组成、权责分工、工作者的专业素养、聚会地点的选择、小组使用的设备、筹措的经费等。

3. 过程变项的评估

这一阶段主要是检视小组过程中会影响到小组社会工作实施的各种因素。包括：

（1）小组方案的执行

（2）小组方案实施过程中的优缺点

（3）小组过程中所遇的阻碍因素

4. 实施结果的评估

这一阶段主要是检视小组计划实施后的结果，包括：

（1）评估目标达成的状况

（2）评估小组社会工作计划的效力，效率以及有用性。

CIPP 模式产生于 19 世纪 70 年代，它只是一个基本的评估框架，并没有给出具体的评估变量，在 CIPP 模式的基础上发展出来的系统逻辑模式，将一些问题解释得更为清楚。

（二）系统逻辑模式

系统逻辑模式是一种用系统、可见的方式评估小组资源、过程和结果以及它们之间相互关系的模式。这种模式像地图一样从输入到输出将小组工作逻辑地呈现出来，并且在这个过程中可以清晰地觉察到小组发生的改变。

系统逻辑模式评估会呈现出两个信息：一是小组被认同的计划书；二是小组过程和结果报告。这两者之间具有逻辑性联系。评估的参与者可以是计划制定者、督导、工作者、组员，也可以是其他利益相关者或第三方独立评估人。系统逻辑评估模式的优势之一是评估本身就是一个梳理服务，在系统中寻找服务的逻辑关系，并逐渐与目标达成一致的过程。在这个过程中，不仅每个人都在评估，而且任何时候都是评估的过程。系统逻辑模式简单宜行，有大量的信息被逻辑地整合于其中。

系统逻辑模式的基本框架如图 10 - 2 所示。

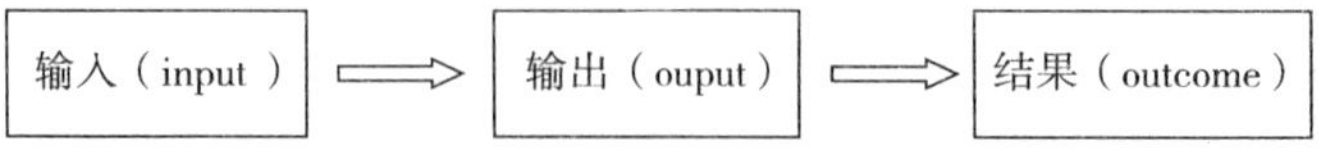

图 10 - 2　小组评估中的系统逻辑模式

其中，输入变量主要是指运作小组时投入的资源，如资金、合作方、机构、工作人员、志愿者、时间、专家、培训、物资设备、课程等。输出变量是指小组实际运作过程中的所作所为，如行为、服务、事件、产品等，强调数量和时间上的差异。结果分两种：一种是短期的结果，指可以测量的组员在态度、行为、知识、技术、社会地位上的变化，通常是在个体层面上的表达；另一种是长期的结果，又叫社会影响力结果，是指更广泛的改变，通常是指社会组织、社区或系统层面的改变。在评估时，输出和结果这两个变量的区别在于：输出是指在小组中做某事和小组提供的实际服务，行动主体是“我们”；结果是指小组在执行的过程中，在小组中的作为和小组提供的服务产生的结果和影响，行动主体是“他们”。

如表 10－1 所示，我们以一个外来儿童支持性小组系统逻辑评估框架为例做简单说明。

表 10－1　一个外来流动儿童支持性小组系统逻辑评估框架

目标人群	目标	输入	输出	结果（短期）	结果（长期）
谁是服务的目标人群？他们的主要特征是什么？	潜在想要获得的输出和结果是什么？	投入了什么样的资源、资金和人力使得小组可以运行？	在小组中做了什么？提供了怎样的服务？服务提供给谁？多长时间？具体做了什么？	组员因为小组在认知、态度、行为、知识和技术上发生了怎样的改变？	小组对更广大的人群、社会组织和社区产生了怎样的影响？
—上海嘉定区某街道 25 名外来流动儿童； —流动儿童小学 3～5 年级，年龄约在 9～12 岁，非本地出生，非上海户籍，父母为外地农村户口，来到上海居住 5 年以下，这些儿童都在某流动儿童学校就读； —前期评估（需求评估，具体略），在自我意识、学业、人际交往上存在一定困难的儿童	—帮助流动儿童形成更好的学习习惯和人际交往能力，提升他们的自我意识； —帮助流动儿童更好地认识所在社区并协助其与社区产生更好的联结，促成流动儿童更好地融入社区	—上海嘉定区某街道招投标项目提供项目资金； —上海某社会工作事务所提供小组服务，2 名社会工作者和 2 名辅助工作人员参与，并提供小组所需物质资料和设备； —上海嘉定某流动儿童学校是合作方（校领导支持、提供场地、儿童名单、家长联系方式、班主任参与合作）； —与上海市嘉定某街道社工科联系，获得两个社区居委会的支持（进入社区活动许可、场地支持、联系社区本地家长积极参与活动）； —志愿者：（复旦大学社会工作系学生 2 名）； —专家督导：（复旦大学社会工作系教师 1 名）	—提供三个大组，每组 8 节小组工作的服务； —六次小组会期每次 45 分钟，两次社区融入每次 4 个小时； —六节小组会期是自我意识、学习习惯和人际交往知识的分享、传授和训练，其他小组会期贯穿这些学习内容（具体略）； —有一节流动儿童进入社区，通过才艺展示和志愿服务与社区联结；一节社区本地家庭进入学校与流动儿童家庭交流合作完成一项任务（具体略）； —与班主任在每次小组后及时地进行沟通交流，得到班主任的支持与合作（具体略）； —志愿者帮助 8 名学习较困难学生（具体略）； —小组中发现 3 个特别个案，涉及家庭困难、家庭暴力和单亲家庭，进行个案介入（具体略）	—流动儿童学习习惯、人际交往能力和自我意识的改变（量表测量，具体略）； —增加了流动儿童与本地儿童和家庭互动的经验（儿童家长的自陈报告，儿童的访谈，具体略）； —流动儿童对当地社区的认识发生改变（问卷测量，具体略）	—流动儿童与社区更好地融合； —流动儿童获得更好的社会适应

系统逻辑模式内含着这样的逻辑过程：在这个系统中，如果有这些资源我们可以做这些事、提供这样的服务；如果做了这些事、提供了这样的服务就会产生这样的短期结果；如果出现了这样的短期结果就会产生这样的长期结果和影响；如果这些结果和影响产生就达成了整个小组的目标；如果目标达成就满足了目标人群和社会的需要。这个逻辑过程还可以表述成：在系统中，我们想要做什么(最初的计划和方案是什么?)，我们实际做了什么(我们如何接触目标人群？如何将当初方案实施出来？在小组中有哪些输出?)，在我们已做的事情中，有哪些是好的(出现了什么样的结果？产生了什么样的影响?)，有什么是不好的？如何改进？

第二节　评估资料的收集

任何评估都是在事实资料基础上的分析和判断，所以，资料的收集是科学评估的基础，没有科学有效的资料收集过程，就不会有真正科学有效的评估。

一、收集什么资料

收集资料的第一步是决定要收集什么资料。托斯兰德和瑞威斯(Toseland & Rivas)认为可以分别从四个方面来获得所有与评估有关的资料：(1)与小组计划有关的资料，包括小组方案、计划设计所需信息和组员需求等方面的资料；(2)小组过程方面的资料，包括工作者的工作，组员的发展，小组的动力和目标达成方面的资料；(3)小组发展方面的资料，为帮助工作者准备新的工作方案，发展新的工作方法、改善现有计划提供的评估，为此需要收集工作者一再重复的相同或相似的小组方案、计划及与工作方法的执行情况相关的资料；(4)小组效果和效率的资料。

不论工作者要收集什么资料，必须很清楚地界定资料收集的范围，对测量过程中碰到的主要概念进行清晰地界定，对一些模糊、不具体、无法直接测量的抽象概念进行操作化，将其转化成可经验测量的具体的指标。

二、如何收集资料

如何收集资料，首先取决于谁去收集资料，其次要考虑用什么工具去收集资料。收集资料的人可以是工作者和组员，也可以是其他相关的人，如观察员、与组员有关的案主系统的人。收集工作的工具，可以是问卷、量表，也可以是文字记录、报告书，还可以使用录音和录影。下面我们将分类介绍不同的收集资料的方法。

(一) 工作者的工作记录

工作者收集资料最简单的一种方法就是记录每次聚会的活动过程。记录的方式可以是过程式记录、摘要式记录、问题导向记录、录音和录影记录。

过程式记录是叙事性的，如表 10-2 所示，它一步步将小组的发展情形记录下来，如详细地记录小组中发生的语言和非语言行为、小组的互动关系、工作者的介入和小组的回应，以及工作者的事后分析等。过程式记录可以帮助工作者分析小组运行的整个过程，对于评估小组中的个人、小组以及工作者的工作都是非常有用的资料。① 但是，由于过程式记录非常费时费

① Helen Northen, Roselle Kurland, Social Work with Group(3th), Columbia University Press, New Nork, 2001.

力，有经验的工作者较少使用。过程式记录一般用在训练和督导初学工作者或研究时，因为这种记录能提供丰富的细节、让接受训练的工作者或研究者有机会了解小组聚会中发生的具体事例。

表 10－2　过程式记录表

小组名称：		
工作者姓名：		
小组时间与会期：		
小组地点：		
出席组员：		
缺席组员：		
组员的参与	工作者的介入	工作者的分析

摘要式记录聚焦于小组中的重要事件，工作者可以自己填写，也可以由组员自己记录或观察者记录，也可以在每次活动后，设计一些开放式的问题让组员填答，用以监控和了解小组的进步情形。摘要式记录花费的时间较少，方式上更有选择性，所以一般采用得比较多。表 10 - 3 便是摘要式记录格式的一种。

表 10 - 3　小组工作摘要式记录表①

小组名称：	开始时间：
工作者姓名：	结束时间：
小组节次：	会期地点：
出席组员：	缺席组员：
小组目标：________________	
本此会期目标：________________	
本次小组中个体的目标：________________	
达成目标的行动：________________	
小组在达成该次目标时遭遇的主要障碍：________________	
工作者对本次会期的分析和评估：________________	
未来会期的计划与安排：________________	

问题导向式记录是一种焦点非常清楚的记录方式，它主要是针对某个问题的记录方式（小组特殊组员的处理、小组冲突的解决、某小组治疗性要素的运作等），将探讨的问题和要达到的

① Ronald W Toseland, Robert F. Rivas. An Introdunction to Group Work Practice, Allyn and Bacon, 2001.

目标界定清楚，而资料的记录和收集都与这个特定的问题有关，并且，这个问题的介入方式也要详细地记录下来，它的特点是通过评估让工作者清楚地明白自己的介入与目标达成之间的关系。表 10－4 是问题导向式记录表的示例。

表 10－4　小组工作问题导向式记录表

小组名称：	出席组员：
工作者姓名：	
小组节次：	
小组时间：	
小组地点：	缺席组员：
本节小组目标：________________	
问题的描述：________________	
工作者的介入：________________	
介入的效果：________________	
工作者的跟进：________________	

不论是过程式记录、摘要式记录还是问题导向式记录，每次聚会结束后就立即记录是非常重要的，因为这样才会在没有干扰的情况下，准确地记录下小组中发生的事件。在做摘要式记录和问题导向式记录时，记录的问题一定要事先界定清楚，明确具体，并且让记录者明白收集的资料与评估之间的关系，使资料的收集更有针对性。

此外，还有一种资料收集方法，是借助录音和录影来收集资料。这是工作者收集资料的一种很有力的方式，它的特点是获得了准确、翔实而未经修改的原始资料，特别是在一些重要细节上，如工作者和组员的一些重要的语言和非语言表达方面的记录，它的作用更加明显。录影和录音记录是最为完整、准确的资料收集方式，如果要评估小组的动力发展和工作者的介入技术，这种方法无疑是最好的一种方法。但在收集资料时要特别注意相应的伦理问题，事先要获得小组成员的知情同意，并妥善保存相应资料，保护组员的隐私。

（二）标准化量表

标准化测量工具主要是指一些已有的，经经验检验过的，并被证明行之有效的量表。特别是一些自我评量量表，一般会在小组开始之前给组员测量一次，在小组结束后再给组员测量一次。对一些特别的问题，有一些共通使用的特别量表，如 Gambrill · Rickey 的肯定检验表(Gambrill-Richy Assertion Inventory)、Endler · Hunt 和 Rosenstem 所制定的交流刺激反应检验量表、美国小组心理治疗协会发展的 CORE(CORE Battery)综合测验量表、Rose，Gayner 和 Edleson 制定的人际能力测量量表、Thomas、Hops 等人制定的婚姻沟通测量量表等。除了国外已有的量表，现在国内也研究出很多的量表，这些量表大都来源于精神医学、心理学或行为科学，经过反复检验，效度已获得确认，被小组社会工作者借鉴用来作为评估的测量工具。

除了这些一般的自我评量量表，还有一些专门用来评估小组社会工作的专业性量表。如：

小组气氛测量量表(GAS)主要用来测量治疗性小组的心理与社会环境，包括 11 个变项：(1)攻击；(2)服从；(3)自主；(4)秩序；(5)联盟；(6)投入；(7)洞察；(8)实用；(9)自发性；(10)支持；(11)多样化，是一个是与非的二等级量表。[①]

希姆菲尔(Hemphill)使用的小组层次索引量表可测量小组的 13 个特性，即：(1)自主；(2)控制；(3)弹性；(4)快乐的声调；(5)同质性；(6)亲密；(7)参与；(8)渗透性；(9)对立；(10)权力；(11)稳定性；(12)阶层性；(13)紧密性。这个量表包括 150 个题目，有从非常不同意到非常同意五个测量尺度。[②]

欧文 · 亚隆(Invin D. Yalon)的测量小组治疗因素的量表也颇受欢迎，它包括的变项包括：(1)利他性；(2)情绪净化；(3)凝聚力；(4)存在主义的；(5)重订规则；(6)辅导；(7)希望；(8)认同；(9)投入人际互动；(10)产出人际互动；(11)自我了解；(12)普遍性。[③]

这些量表是在小组社会工作的研究和实践中总结出来的，是经过反复检验，并被证明具有一定的信度和效度，对于评估小组的效能和过程非常有用。国内小组社会工作的研究者与实务工作者可以在“拿来”的基础上，结合本土的经验去检验、证实和发展它们，以被我们研究和实践所用。

（三）工作者自己设计的问卷和量表

工作者可以自己也可以邀请专家设计一系列问题，让组员或其他案主系统的人填写并搜集相关资料。问卷的设计可用开放式或封闭式问题，由于是工作者自己设计，问题的针对性较强，题目的多少、内容的详略、问题的形成都可控制，因此，工作者自己设计的问卷和量表有时候是一种很灵活、很有弹性的资料收集方法。下面的几份问卷和量表便是示例。

在一次亲子沟通训练小组前，工作者发放问卷请组员填写：

---

① Silbergeld S, Koenig G Manderscheid R, Meeker B & Hornung C. Assessment of Environment-therapy Systems: The Group Atmosphere Scale. Journal of Consulting and Clinical Psychology, 1975, 43, (4).

② Hemphill J. Group Dimensions: A Manual for their measurement. Columbus :Monographs of Bureau of Business research, Ohio State University, 1956.

③ Ronald W Toseland, Robert F Rivas, An Introduction to Group Work Practice, Allyn and Bacon, 2001.

1. 你觉得你和孩子平时的沟通情况：

(1) 非常不好　(2) 不好　(3) 一般　(4) 好　(5) 非常好

2. 你平均一个星期和孩子沟通几次？

(1) 0 次　(2) 1～3 次　(3) 3～5 次　(4) 每天都有沟通

3. 你和孩子的沟通中，一般是：

(1) 你主动　(2) 孩子主动　(3) 不是很明显谁主动，遇事就沟通

(4) 没有沟通

4. 你觉得你和孩子沟通中存在的主要问题是：

(1) 彼此想法不同　(2) 没有机会沟通　(3) 没有沟通的意愿

(4) 沟通的方式不对　(5) 其他（请注明）________________

5. 你对与孩子的沟通：

(1) 充满信心　(2) 有信心　(3) 没有信心　(4) 充满焦虑　(5) 其他

6. 在和孩子的沟通中，达到你所期望的次数：

(1) 几乎没有　(2) 比较少　(3) 多　(4) 很多

7. 你对小组的期望是：________________________________

____

在小组结束时，再发放问卷请组员填写：

1. 你觉得自己现在和孩子的沟通情况与以前相比：

(1) 有很大的进步　(2) 有进步　(3) 没变化　(4) 有退步　(5) 有很大退步

2. 你现在平均每个星期和孩子沟通几次？

(1) 0 次　(2) 1～3 次　(3) 3～5 次　(4) 每天都有沟通

3. 现在在你和孩子的沟通中，达到你所期望的次数：

(1) 比以前增加很多　(2) 比以前有所增加　(3) 没变化　(4) 比以前减少

4. 现在你对与孩子的沟通：

(1) 非常有信心　(2) 有信心　(3) 没有信心　(4) 充满焦虑　(5) 其他

5. 你觉得小组训练对你与孩子的沟通：

(1) 很有帮助　(2) 有帮助　(3) 没帮助　(4) 没有任何帮助

6. 你觉得小组的训练达到你的期望了吗？

(1) 超过期望　(2) 达到期望　(3) 没有达到期望　(4) 与期望相差很远

7. 你对这次小组满意吗？

(1) 非常满意　(2) 满意　(3) 不满意　(4) 非常不满意

8. 你认为小组对你最大帮助是：____________________________

____

9. 任何你想补充的意见：______________________________

此外，工作者自己设计的，用来检测小组气氛、组员自我满意度和领导效能的量表如下所示：

小组气氛测量量表

说明：回想你们小组组员对待你的情况，在每一个数字上划圈，1 代表“他们总是这样”；2 代表“他们时常这样”；3 代表“他们偶尔这样”；4 代表“他们极少这样”；5 代表“他们绝不会这样”。

1. 没有认真听我说的话	1	2	3	4	5
2. 以真诚的态度接受我的回馈	1	2	3	4	5
3. 没等我说完就打断我说的话	1	2	3	4	5
4. 可以让我很诚实地表达我的意见和想法	1	2	3	4	5
5. 当我干扰他们的时候，他们很自然地让我知道	1	2	3	4	5
6. 误解我所说的和所做的	1	2	3	4	5
7. 对我没有兴趣	1	2	3	4	5
8. 提供一种气氛使我表现真实的自我	1	2	3	4	5
9. 强迫我接受他们的意见	1	2	3	4	5
10. 对我的意见提出批评	1	2	3	4	5
11. 无论我的地位和能力如何他们都能充分地尊重我	1	2	3	4	5
12. 如果我表现与他们不同，他们会嘲笑我	1	2	3	4	5

小组满意度自我评量表

说明：此表用于小组结束后，是小组组员针对小组感受所做的自我评估。

非常不符合　　　　　　　　　　　　非常符合

1　2　3　4　5　6　7

1. 我很喜欢这个小组：

1　2　3　4　5　6　7

2. 我在这个小组中获得了成长：

1　2　3　4　5　6　7

3. 我能在小组中向别人表达我的看法：

1　2　3　4　5　6　7

4. 参加这个小组使我对自己越来越有信心：

1　2　3　4　5　6　7

5. 我觉得这次小组的经验很有意义：

1　2　3　4　5　6　7

6. 我觉得我们的小组是一个坦诚且大家相互关怀的小组：

1　2　3　4　5　6　7

7. 参加这个小组后我越来越了解自己了：

1　2　3　4　5　6　7

8. 我喜欢这个工作者的工作方式：

1　2　3　4　5　6　7

9. 我认为下一次可以改进的是：________________________________

工作者效能回馈表

以下量表可以帮助我们对小组社会工作者行为的有效性进行评估。每一句陈述后，有5个等级代表五种不同的满意程度，你可以从中选择一个代表你意愿程度的数字（请在选项上画圈）。

	非常不同意	不同意	不清楚	同意	非常同意
1. 工作者了解小组组员和他们问题。	1	2	3	4	5
2. 工作者会鼓励组员说出心中特别的问题和感受。	1	2	3	4	5
3. 工作者能够注意到那些沉默的人，并且能引导他们发言。	1	2	3	4	5
4. 工作者不清楚小组目标，常常找不到小组的方向。	1	2	3	4	5
5. 在小组过程中，工作者一直表现出他对组员的真诚与尊重。	1	2	3	4	5
6. 工作者一直是一个积极的倾听者。	1	2	3	4	5
7. 工作者常常抓不住小组的焦点。	1	2	3	4	5
8. 工作者表现出适当的澄清、自我表露等。	1	2	3	4	5
9. 工作者经常表现出紧张和焦虑。	1	2	3	4	5
10. 当小组中有人操纵场面时，工作者无法阻止。	1	2	3	4	5
11. 对于组员间言行不一致的情况，工作者能立即指出。	1	2	3	4	5
12. 工作者能真诚地和组员共同分享他的经验。	1	2	3	4	5
13. 工作者对组员表现出了他真诚的关怀。	1	2	3	4	5
14. 工作者是一个洞察力很强的人，能揭示组员行为背后的真实情感。	1	2	3	4	5

15. 综上所述，我认为这个工作者：

（1）对小组没有帮助。　　（2）对小组有一点儿帮助。

（3）对小组有比较多的帮助。　　（4）对小组有非常多的帮助。

16. 如果有位很好的朋友向我询问这个小组时，我会：

（1）不推荐它　（2）有保留地推荐　（3）推荐　（4）极力推荐

17. 对工作者的其他意见：________________________________

（四）行为测量

行为测量是一种较为简单的测量形式，工作者希望达到的许多小组改变，都可由组员行为的改变开始。行为测量是要求案主系统的组员（案主本人或与之相关的家长、老师、朋友或由工作者、其他的观察员组成）观察被评估者某些行为出现的次数并作记录。记录时间可在某段指定的时间内进行，工作者可以事先设计一个记录行为的表格，列出观察的行为和时间。如下表所示。

时间 / 行为次数	星期一	星期二	星期三	星期四	星期五
发脾气的次数					

时间 / 行为次数	第二次会期	第三次会期	第四次会期	第五次会期
抢着说话的次数				

这种资料搜集的方法简单具体，如果由组员自己做，会引发组员积极表现或抑制某些行为，从而增加了小组的有效性。

(五) 日志、日记

组员以日志和日记的形式，每日留意在小组以外发生的某些指定的行为，出现并将之记录下来的形式。与计量法不同的是，计量法着重于统计行为出现的次数，而日志、日记不但强调记录行为出现的次数，还着重记录了行为出现的情境、过程与结果，较具描述性。为了方便组员记录，也为了便于对所搜集的资料进行分析，工作者可以事先制订一个较为标准化的日志、日记记录表格，如下所示：

次数	日期	主动与人交谈的事由	情境	持续时间	感受	结果
1						
2						
3						
4						
5						

日志、日记相对于行为计量法，提供的资料较为丰富，对工作者的评估或进一步介入都很有帮助，但它对组员的文字表达能力有一定要求。

(六) 报告书

通过报告书搜集相关的资料。这里的报告书指的是小组组员手写或口头报告的自我评量报告，或者是案主系统的其他人，如父母、老师，被要求针对某一些问题所作的一系列回答。所问的问题包括：(1)关于小组的：在这个小组中，你学到了什么？你觉得经过这个小组你获得了哪些改变？对于这个小组，你感觉到最满意和最不满意的地方在哪里？对于小组社会工作者的表现，你有什么需要说明的吗？(2)关于组员个人的：你在小组中的感受如何？你觉得在小组中你有哪些变化？你认为这样变化是如何发生的？小组中发生了什么使你感受最深刻？小组对你的最大帮助是什么？你认为哪些是你想从小组中获得而小组没有帮到你的？要求组员根据这些问题，写下自我评量的报告书，以便评估时进行相应的内容分析，发现有价值的结论。根据罗杰斯(1970a)所说，一个自然主义的研究，重点在于对个人及小组组员重要的小组经验作深入调查。这些自我陈述式的报告，让我们从组员或相关个人的角度了解整个过程和结果，以及评价小组中个人的改变与成长。根据罗杰斯的说法，这种现象学的研究形态，可能是提供了解这些精细未知领域最有利的方法。①

(七) 观察式测量

观察式测量既不是工作者也不是组员自己收集资料，而是运用独立而客观的观察者来现场收集小组发生事件的资料。观察式测量的关键是尽量减少观察者对小组组员行为的影响，让小组的发展处于一种自然的状态。一般情况下，最好采用单面镜后的观察。观察式测量最大的优点在于观察者来自小组外，受小组过程的影响较小，测量结果较为客观。

以贝尔斯的互动过程分析技术为例，该分析技术将小组社会工作者或组员的行为依行为模式、行为分类、行为表现加以区分，如图 10－3 所示，其中，行为表现分为 12 类。然后再用表 10－4 所示的贝尔斯互动过程分析记录表格详细地记录，则小组社会工作者与组员的互动行

① Kenneth E Reid 著，刘晓春等译. 社会团体工作. 扬智文化股份有限公司，1997.

为就被较为清晰地呈现出来。①

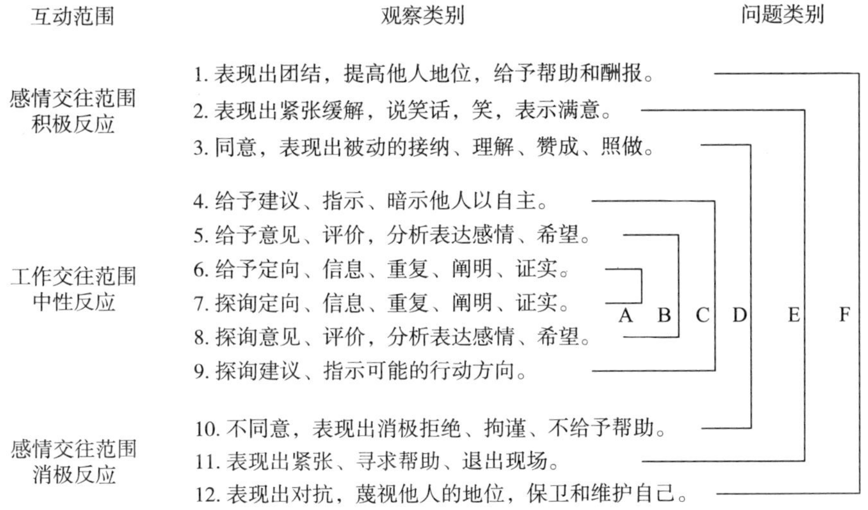

图 10－3　贝尔斯的互动过程分析表

说明：A 表示沟通问题，B 表示评价问题，C 表示控制问题，D 表示决策问题，E 表示紧张消除问题，F 表示重整问题。

表 10－4　贝尔斯的互动过程分析记录表

组员姓名 / 次数统计 / 观察行为	1	2			3	4	5	6	7	8	9	10	11
	A	B			C	D	E					合计	百分比（%）
显示团结、赞美、提高他人地位	//	/				/						4	8
显示解除紧张、欣然、表示满足	/											1	2
赞同、接纳、谅解、顺从					//	///	/					6	12
提供建议、给予暗示		/			/	/	///					6	12
叙述意见、分析评估	/	///			///	//	///					12	24
提供消息、澄清	/	/			/	/	/					5	10
要求消息、确认							/					1	2
探询意见		/					//					3	6
要求指示、询问行动方法	//											2	4
反对、拒绝	/					/	//					4	8
表示紧张、退缩、要求援助		/			/	/						3	6
显示对立、不友善、压抑他人						//	/					3	6
合计	8	8			10	11	13					50	100
百分比%	16	16			20	22	26					100	

① 李郁文. 团体动力学：群体动力的理论、实务与研究. 桂冠图书股份有限公司，2001.

第三节　小组评估的方法

资料收集好了，下面的工作就是对资料进行审核整理、统计分析，并开始评估。小组的评估方法，本节主要介绍实验法、单一系统法、目标达成评估法和诠释性评估法。

一、实验法

在所有的评估方法中，如果实施得好，实验法相对而言是一种较为严谨而科学的方法，一些研究性的评估多会采用这种方法。

实验法是指在评估过程中，评估者通过引入（或操纵）一个变量（即自变量），以观察和分析它对另一个变量（即因变量）所产生的效果而进行评估的方法。实验法的要素包括：(1)自变量与因变量：自变量又称实验刺激，而因变量则往往是评估所要测量的变量。实验研究的中心目标是探讨变量之间的因果关系，即考察自变量（实验刺激）对因变量的影响。实验中的自变量通常是二分量，即它通常只有两个取值：有和无，即给予实验刺激或不给予实验刺激；(2)前测和后测：在实施实验刺激之前的测量为前测，实验刺激实施之后的测量叫后测。评估者通过比较前测和后测的结果，来衡量因变量在实验刺激前后发生的变化，反映实验刺激（自变量）对因变量所产生的影响；(3)实验组与控制组：实验组是实验过程中接受实验刺激的那一组对象，控制组是各方面都与实验组相同，但在实验过程中并不给予实验刺激的那一组对象。在评估过程中，评估者不仅观察接受刺激的实验组，也观察没有接受实验刺激的控制组，并通过比较这两组对象的观察结果，来分析和说明实验刺激的作用和影响。

一个实验组的设计

小组	工作前的前测	小组工作实施	工作后的后测	差异
实验组	A1	√	A2	A＝A2—A1

只有一组实验组的设计，A 就是本次小组工作的成效。如果 A1 等于 A2，则代表小组社会工作没有成效。若 A2、A1 间有差异，则视两者的差异的多少、正负看工作效果的好坏。

一个实验组和一个控制组的设计

小组	工作前的前测	小组工作实施	工作后的后测	差异
实验组	A1	√	A2	A＝A2—A1
控制组	B1		B2	B＝B2—B1

一组实验组，一组控制组的设计，实验组实施小组工作（实验刺激），控制组不实施小组工作（实验刺激），B—A 就等于小组社会工作的成效。如果 B 等于 A，则代表小组社会工作的成效不显著。B 与 A 有差异则要根据两者差异的多少、正负，看工作效果的好坏。

在实验法的评估中，要特别注意建立因果关系的假设是这一评估的起点，自变量和因变量越清楚明确，越便于实验的设计与实施。在评估的过程中，要尽可能控制实验刺激以外其他变量对因变量的影响。为使评估的结果更加接近客观事实，可用随机或配对方法选择实验组和控制组，尽量使两组人员组成具有相似性。有时，当实验者知道哪些对象是实验组组员，哪些对象是控制组组员时，他们对评估结果和结论的期待也可能影响到实验过程和对结果的解释。因此，为排除这方面的影响，我们通常会考虑采用“双盲实验”的方法。即在实验中，实验刺激对于实验者和被实验者都是未知的，在这种情况下，究竟是实验组还是控制组被给予了实验刺激，参与实验的双方都不知道，实验刺激是由实验人员和实验对象以外的第三者任意分派和指定的。

与其他方法相比，实验法本质上要求精密和严谨，它的技术复杂，执行起来也更困难，所以采用这种方法时要考虑执行机构的合作性与弹性，机构必须愿意提供所需资源和技术协助，才能做好这样的评估。

二、单一系统法

单一系统法是指在单一体系中跨越时序的重复收集资料并依据此资料进行评估的方法。单一体系，可以是个人、家庭、组织，社会机构或其他的集团，每一个体系可以被视为一个分析单位。单一系统法主要针对一个组员或整个小组，将小组先行设定的行为基准线的资料和介入后所收集到的资料相比较，然后将两者的资料进行对比，以检验个人或小组目标完成的状况。

具体方法表述为：

(1) 问题的界定：单一设计的研究对象必须是实施者与组员共同同意去改变的部分，如行为、认知、情绪、环境障碍等。实施者要将这些问题明确而清楚地界定出来。

(2) 问题的测定：使用多种测量方法，如观察法、行为计量法、日志法等方法对评估事实进行测量。

(3) 重复测量：单一系统法的特点就是对问题的反复测量，即每隔一段时间，试验者、案主体系和观察者必须对评估事实进行资料的反复收集工作，时间由设计者定，一般是一些固定的时段。

(4) 设定基线：基线是小组社会工作干预前，收集的是问题的原貌。

(5) 干预和资料的收集：在不同的阶段，如基线期、干预的不同时期和结束期，则开始系统化地收集资料。通过资料的收集，不仅可以观察到所评估事实被改变的情形，也可以确定干预是否对改变产生影响。

(6) 明确界定干预方法：实施者必须对自己所使用的干预方法有明确的界定，清楚地知道自己在做什么。

(7) 资料的分析：把收集来的资料整理、审核并进行分析，做成图表、曲线的形式，以便从中发现干预的效果。

单一系统设计有如下几种不同的形式：

1. AB 设计

这是最简单的一种单一系统法，如图 10－4。

由图 10－4 可知，小组组员在基线期(前四周)每周攻击行为的次数为 6～8 次，在干预期(第四周之后)，由于小组社会工作的实施，组员攻击行为的次数下降到 4～5 次，该图显示小组成果的效果明显。

但 AB 设计依然存在一些缺点，它没有对外在变量进行控制，组员攻击行为的下降可能是小组社会工作的效果，也可能是其他因素的影响，这些不确定的因素并没有被控制，所以人们常常对这样的结果有许多质疑的地方。

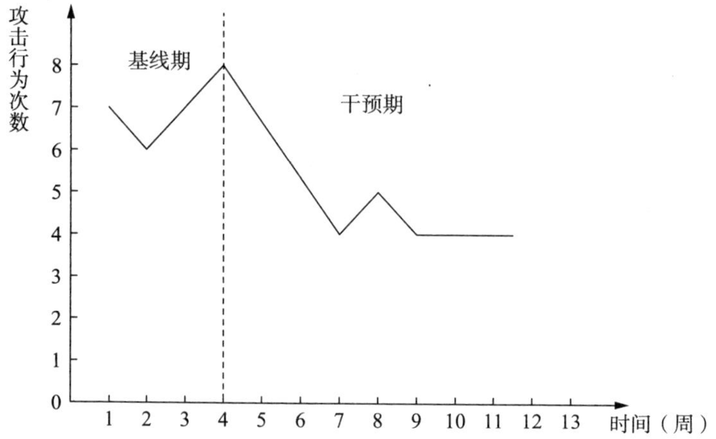

图 10－4　AB 设计

2. ABA 设计

ABA 设计增加了一个观察的阶段，能从小组结束后的结果变化来检验小组社会工作的持续性效果，如图 10－5 所示。

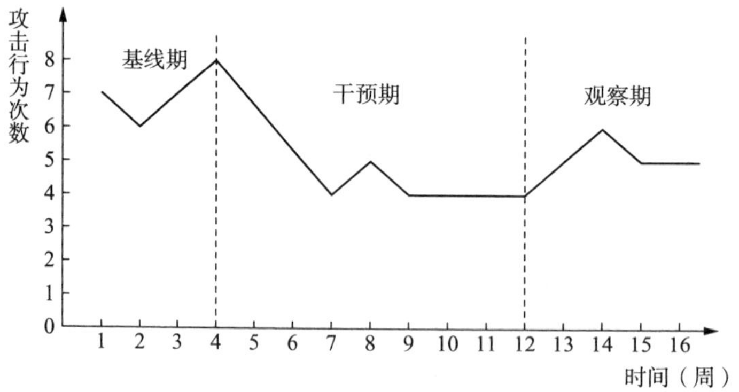

图 10－5　ABA 设计

由图 10－5 可见，在基线期，组员攻击行为的次数为 6～8 次，干预后下降到 4～5 次，但是小组社会工作干预结束后，发现攻击行为又开始上升，这说明小组社会工作是有成效的，但小组组员攻击行为并没有得到真正的改变。

3. ABAB 设计

在 ABA 的设计上再加一个干预期，就成了 ABAB 设计，由于它有两个干预期，更能通过前后对比，证明小组社会工作的实施是否有效，如图 10－6 所示。

图 10－6 表明，在第一次干预期后，组员的攻击行为明显减少，但小组结束后，组员的攻击性行为的次数又上升，此时再进行第二次干预，组员的攻击性行为又减少，且保持在一定的程度，由此证明组员攻击性行为的减少与小组的干预呈显著性相关。

上述文字对最基本的三种单一系统法进行了简单介绍，此外还有如 BAB 设计、多基线设计和变化指标设计等其他的设计方法，在这里就不一一赘述。如果工作者要测试一项新的介入方法对小组可能会带来什么样的功效时，单一系统法是一种相当有效的方法。

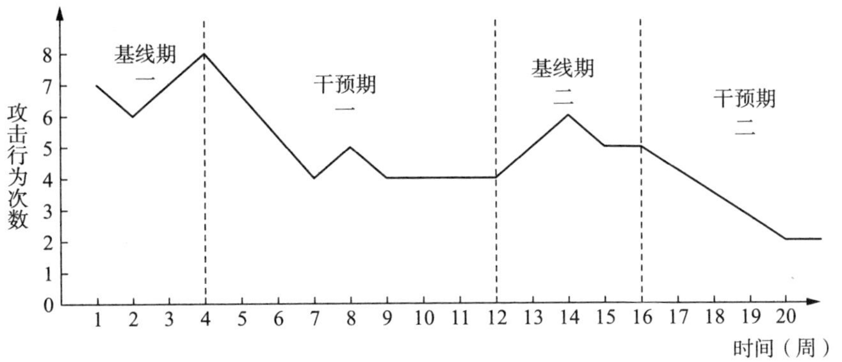

图 10－6　ABAB 设计

三、目标达成评估法

目标达成评估法，其最初的创立是被用来评估一些参与精神健康计划的病人的康复进度，后来兰德和科瑞斯克(Lund and Kiresuk，1979)将其运用到社会工作实务的评估中，同样针对某个个别组员或某个小组。它的过程主要包括：在小组初期，由工作者和小组组员共同制定一个明确、具体又可量化检验的个人或小组目标，将目标列出并按任务目标达成的程度界定为五个等级，依次为情况恶劣、低于期待、期待水平、高于期待、非常理想，每个等级有一个评分，依次为－2，－1，0，1，2，然后工作者和组员在每个目标下填上一些行为指标，观察行为改变的程度并予以记录，最后计算工作效果分数，并对工作实施前后的分数进行比较，如表 10－5 所示。

表 10－5　目标达成评估法

情况变化	分值	学业成绩	打游戏超过5小时次数	与父母激烈争吵次数	旷课次数	离家出走次数
		权数 15	权数 5	权数 10	权数 20	权数 25
情况恶化	－2	49 分以下	10 次以上	★7 次以上	▲5 次以上	4 次以上
低于期待水平	－1	★▲50～59 分	▲6～9 次	▲4～6 次	3～4 次	▲3 次
期待水平	0	60～69 分	4～5 次	2～3 次	★2 次	2 次
高于期待水平	1	70～79 分	★1～3 次	1 次	1 次	1 次
非常有效	2	80 分以上	0 次	0 次	0 次	★0 次

注：▲是小组社会工作前的状况，★是小组社会工作后的状况。

这是针对青少年网络游戏成瘾小组目标的测量，质量目标分为学业成绩、打游戏超过 5 小时的次数、父母激烈争吵的次数、旷课次数和离家出走的次数，某位组员的质量目标加权后如表 10－5 所示。最后，计算出小组的工作成效。公式如下：

$$T = 50 + \frac{10\sum W_j X_j}{\sqrt{(1-P)\sum W_j^2 + P(\sum W_j)^2}}$$

W_j 代表加权数，X_j 代表产出值，P 代表间相关值。

$$T_1 = 50 + \frac{10[15(-1)+5(-1)+10(-1)+20(-2)+25(-1)]}{\sqrt{(1-0.5)(15^2+5^2+10^2+20^2+25^2)+0.5(15+5+10+20+25)^2}}$$
$$=33.94$$

$$T_2 = 50 + \frac{10[15(-1)+5(1)+10(-2)+20(0)+25(2)]}{\sqrt{(1-0.5)(15^2+5^2+10^2+20^2+25^2)+0.5(15+5+10+20+25)^2}}$$
$$=53.38$$

计算出小组社会工作前的 T 值（T_1），再计算小组社会工作后的 T 值（T_2）。

比较两个 T 值的分数，可以肯定小组社会工作的效果显著。目标达成评估法最大的优点在于它可以区分出在多目标之下，以及在每一目标的达成程度参差不齐的情况下，目标是否达到预期的效果。如上例中，组员离家出走，上网打游戏超过 5 小时以及旷课的次数减少了，但学业成绩没有进步，与父母争吵次数却反而增加了，那么这样的小组工作干预是否有成效呢？综合评估下来，组员行为改变较明显，只是学业成绩以及和父母的关系是下一步改变的重点。这样多行为的评估，单凭行为计量是无法确定的，相比之下，目标达成的测量是一种较为有用的方法。

四、诠释性评估法

以上三种评估方法都是一些定量的方法。量化的测量和分析是人们应用标准化的手段获得客观评估结果的一种方法，所以许多小组社会工作者较喜欢运用这种方法，因为这种方法比较客观，不仅标准化，也易于操作化。但定量方法评估的直接问题就是它的概括性问题，利用定量方法的评估者通常缺乏足够敏锐的工具来辨识组员的改变，尤其是有关组员态度、信念、认知、感觉的细微变化。同时，利用录音录影、报告书、日志和日记方法收集上来的资料，也通常无法进行定量分析和评估，所以，评估通常仍必须依赖一些定性评估方法，这里我们将介绍诠释性评估方法。

诠释性评估关心内容更多于程序，它主要评估以下的问题：(1)在特别的情境中具体的发生了什么社会行为？(2)发生这些社会行为的意义是什么？(3)人们在这样的情境中如何相互的成为他人意义行动的环境？(4)发生的这个情境是如何和发生在其他情境中的系统形成一个整体？诠释性评估关心的不是客观性行为，而是关心人们的选择及意义。它对于因果的假设是很谨慎的，它认为构成小组的社会行为是个人在此时此刻的行为联结了过去行为的结果及对下一时刻行为的期待，它构成了人们所经验的生活世界。它的主要评估过程是研究者通过对录音、录影、报告书、日志、日记、观察记录、访谈记录等的仔细分析，指出资料中的所有重要信息之间的联结，然后反复比较类似之处，找出事件之间的联结以及事件与特定行为之间的关系，再通过分析归纳来建构理论，验证事实。当然，从这些资料中要发现结论性的证明通常是不可能的，但是却可以找到有力诠释的线索。诠释性评估时对资料要反复阅读，经由一次又一次的阅读，提供给评估者完整事件过程的概念。在评估过程中，评估的基本单位是组员、组员与工作者之间发生的特别事件的例子、一般行动中有特别意义的例子以及事件中不同行动者有特别意义的话语、行动和信念。

运用诠释性评估时应注意：

(1) 当仅仅使用某一类资料时，评估者可能错失关键的信息。最好的方法是使用多种类型的资料，将观察、访谈资料和文档资料相结合。

(2) 观察时可以是参与式观察，也可以是非参与式观察。不论采用哪一种方式，都不带偏见，以最小程度的打扰和误解进入小组场域，紧扣目标，保持足够的敏感度以捕捉那些细微现象。在观察时，应注意将细节和意义相分离。

(3) 访谈时可以是个别访谈，也可以是焦点小组式的访谈。访谈的问题一般包括：态度(你对小组成员之间的沟通有什么看法?)、感受(当工作者不断鼓励你时，你的感受是什么?)、知识(这个小组的目标是什么？你来到这个小组的期待是什么?)、行为(当你发现小组偏离目标时，你会做什么?)。

(4) 资料的收集没有明确的终点，直到信息饱和。当资料分析显示出重复和冗余，新的资料只是确认已有的发现，而不是扩展已有的发现时信息就饱和了。

(5) 资料分析时可以是主体编码(emic codes，揭示工作者和小组成员自己的分类术语)，也可以用客体编码(etic codes，研究者通过概念化，在扎根于受访者的主观意义的基础上，得到的局外人的诠释)。不论用哪一种编码，都要完成两个任务：一是产生概念主题，提取意义；二是对小组的过程、组员认知和行为、工作者与组员的互动等进行丰富的描述。

(6) 为保证评估的质量，资料收集和分析过程中可以请同行监督可能的偏见，如有需要可将初步发现呈现给工作者和组员，寻求他们的确认和澄清。

诠释分析提供了对人类互动及过程的整体知觉，对于评估小组动力的形成和发展、影响组员成长改变的因素和工作者的领导技术有着重要的意义。

社会工作者被期待评估他们自己的服务，并对他们选择的服务模式和介入方法负有责任。近年来以证据为本的社会工作实践更是强调了评估的意义，为什么要这样做，为什么用这个方法介入，这样的介入是否有效，是什么导致了这个有效结果的产生，对上述问题的回答都会将小组社会工作奠定在一个更加科学的技术上。评估使我们更加相信，小组社会工作不仅是艺术，也是科学。

参考文献

[1] Alom I. The Theory and Practice of Group Psychotherapy(4th). New York: Basic Book, 1995.

[2] Anderson J. Social Work With Grop: A Process model. New York: Longman, 1997.

[3] Applbaum Ronal L, Edward M. Bodaken, Kenneth K Sereno, Karl W E Anatol. the Process of Group Communication, Chicago: Science Research Associates, Inc,1974.

[4] Bales Robert F. Interaction Process Analysis: A Method for the Study of Small Groups. Reading, Mass: Addison-Wesley, 1950.

[5] Barbara Posthuma, Small Groups in Therapy Settings: Process and Leadership. Needlham Heights(MA): Allyn and Bacon,1988.

[6] Bertcher Harvey J. Group Participation Techniques for Leaders and Member, Calif, sage Thousand Oaks,1994.

[7] Bales R. Interaction Process Analysis: A Method for the Studyof Small Groups, Reading, MA: Addison-Wesley,1950.

[8] Charles Zastrow. Social Work With Group, Nelson-Hall Inc., 1997.

[9] Corey M, Corey G. Groups : Process and Practice, Pacific Grove, CA Brooks/Cole, 1992.

[10] David W Johnson, Frank P Johnson. Joining Together: Group theory and group skills. Pearson Education, Inc., 2003.

[11] Gerald Corey. Theory and Practice of Group Counseling, Wadsworth, Inc, Belmont, California, 1985.

[12] Gisela Konopka. Social Group Work:—a helping process, Prentice—Hall, Inc. 1983.

[13] Hachman J, Group that Work (and those that don't), San Ffancisco: Jossey-Bass, 1990.

[14] Helen Northen. Social Work with Groups. New York: Columbia University Press, 1988.

[15] Hmans G. The Human Group, New York: Haecourt Brace Jovanovich, 1950.

[16] Kenneth D Bailey. Methods of Social research, New York: A Divison of Macmillan, 1987.

[17] Louise C Johnson. Social Work Practice: A Generalist Approach, Allyn and Bacon, Inc., 1986.

[18] Margaret E Hartforad. Groups in Social Work, Columbia University Press, 1971.

[19] Louise H Kidder, Charles M Judd. Research methods in social Relation, Holt, Rinehart and Winston, Inc.,1986.

[20] Papell C, Rothman B. Social Group Work Models—Possession and Heritage. Journal of Education for Social Work,1962(2).

[21] Papell C., Rothman B. Relating the Mainstream Model of Social Work with Guops to Group Psychotherapy and Structured Group Approach, Socail Work with Group, 1980, 3(2).

[22] Paul Glasser, Rosemary Sarri, Robert Vinter. Individual Change Through Small Groups. A Divison of Macmillan Publishing Co., Inc. 1974.

[23] Helen Northen, Roselle Kurland. Social Work with Group(3th). Columbia University Press, New Nork,2001.

[24] Ronald W. Toseland, Robert F Rivas. An Introdunction to Group Work Practice. Allyn and Bacon,2001.

[25] Urania Glassman. Group work: A Humanistic and Skills Building Approach(2th). SAGE Los Angeles, 2009.

[26] Yalom I. Impatient Group Psychothherapy. New York: Basic Book, 1983.

[27] Benyamin Chetkow Yanoov 著,社会工作实务. 江佩玲,潘英美译. 台北:五南图书出版股份有限公司,2001.

[28] Barry Cournoyer. 社会工作实务手册. 万育维译. 台湾洪叶文化事业有限公司,1997.

[29] Gerald Corey. 团体技巧. 曾华源,等译. 扬智文化事业股份有限公司,1997.

[30] Charles D Garvin. 社会团体工作. 曾华源译. 台湾洪叶文化事业有限公司,2000.

[31] Kenneth E Reid. 社会团体工作. 刘晓春,张意真译. 台湾扬智文化股份有限公司,1997.

[32] Dean H Hepworth, Ronald H Roonep, Jo Ann Larsen. 社会工作直接服务. 许临高译. 台湾洪叶文化事业有限公司,1999.

[33] Ed E Jacobs, Robert L Masson, Riley L Harvill. 团体咨询的策略与方法. 洪炜,等译. 北京:中国轻工业出版社,2000.

[34] Ed E Jacobs, Robert L Masson, Riley L Harvill. 团体咨询:策略与技巧(第五版). 赵芳,杨静慧,许芸译. 高等教育出版社,2009.

[35] Sheldon D Rose, Jeffery L Edleson. 儿童与青少年团体工作. 孙安玲,王文瑛,等译. 台湾心理出版社,1995.

[36] Sheldon D, Rose. 青少年团体治疗. 翟宗悌译. 上海:华东理工大学出版社,2003.

[37] Thomas Ohlsson, Annika Bjork, Roland Johnsson. 人际沟通分析——TA 治疗的理论与实务. 黄佩瑛译. 台湾张老师文化事业股份有限公司,1996.

[38] 杨德森. 中国人的心理解读. 合肥:安徽科学技术出版社,2004.

[39] 徐西森. 团体动力与团体辅导. 北京:心理出版社,1997.

[40] 维琴尼亚·萨提尔. 家庭如何塑造人. 吴就君译. 台湾张老师文化股份有限公司,2001.

[41] 徐震,林万亿. 当代社会工作. 台北:台湾五南图书出版公司,1984.

[42] 林万亿. 团体工作. 理论与技巧. 台北:台湾五南图书出版公司,1998.

[43] 林万亿. 团体工作. 台北：台湾三民书局，1995.
[44] 林孟平. 小组辅导与心理治疗. 北京：商务印书馆，1996.
[45] 克那普卡. 社会团体工作. 廖清碧，黄伦芬译. 台北：桂冠图书出版公司，1974.
[46] 叶浩生. 西方心理学的历史与体系. 北京：人民教育出版社，2002.
[47] 黄希庭. 心理学导论. 北京：人民教育出版社，1991.
[48] 王慧君等. 团体领导者训练实务. 台北：台湾张老师文化事业股份有限公司，2001.
[49] 范克新，肖萍. 团体社会工作. 北京：社会文献出版社，2001.
[50] 陈钟林. 团体社会工作. 北京：中国时代经济出版社，2002.
[51] 李郁文. 团体动力学：团体动力的理论、实务与研究. 台北：桂冠图书股份有限公司.
[52] 宋镇照. 团体动力学. 台北：台湾五南图书出版公司，1989.
[53] 潘正德. 团体动力学. 台北：台湾心理出版社，1997.
[54] 李宁. 群体心理学. 广州：暨南大学出版社，2000.
[55] 黄少华. 团体社会工作. 上海：华东理工大学出版社，2003.
[56] 何长珠. 心理团体的理论与实际. 台北：台湾五南图书出版公司，1997.
[57] 李建兴. 社会团体工作. 台北：台湾五南图书出版公司，1998.
[58] 吴梦珍. 小组工作. 香港：香港社会工作人员协会，1992.
[59] 曾丽娟译. 让我们更亲近——灵活运用团体技巧. 台北：台湾张老师出版社，1993.
[60] 黄惠惠. 团体辅导工作概论. 台北：台湾张老师出版社，1993.
[61] 黄惠惠. 助人历程与技巧. 台北：台湾张老师出版社，1985.
[62] 曾华源. 滕青芬，合译. 小团体领导指南. 台北：台湾张老师出版社，1993.
[63] 吴武典. 团体辅导手册. 台北：台湾心理出版社，1991.
[64] 罗致光，等. 青少年中心服务：活动理论与案例. 香港：香港基督教服务处，1994.
[65] 吴增基，等. 现代社会学. 上海：上海人民出版社，2001.

后　记

进入社会工作领域20年来，小组社会工作似乎一直是我在实务领域的最爱。我喜欢小组动力的那种独特魅力，像一条清澈的小河，涓涓流淌；也倾心于小组历程一波三折后看到的“彩虹”，那是一种努力登顶后获得的无限喜悦。

2005年，我出版过一本《团体社会工作：理论与实务》，很多同仁看过后，都向我反馈：还不错。本书即是在此基础上进行的重新修订。那本书的写作用了10年，这本书的修订又用了10年。一些当年我以为自己弄懂了，其实理解还不透的地方，我重新诠释了；又根据社会工作的最新发展，加入了一些新的理论，如评估中的系统逻辑模式，是我去年上半年在圣路易斯华盛顿大学访学期间才学来的；还有一些实例，这10年，我又带过很多的小组，督导过很多小组，带给我许多新经验，我都在本书中一一呈现了。

又一个10年，我的生活也发生了很大的变化：小女初长成，已然亭亭玉立；我也已从南师大调职复旦，开启了一段人生的新旅程。但不论怎样改变，不变的是对社会工作的热情。如果说前10年，因为自己的学科背景，我一直醉心于社会工作的理论与临床技术，那么这10年，因为讲授社会工作伦理，沉醉的却是社会工作的价值与理念，两者结合，更加深了我对社会工作的认同与理解。我将这份理解融入了本书。我相信，社会工作是理念、理论与技术三者的结合，并将其不露痕迹地运用于实践的过程。这个过程深刻地贯穿着你对生命的理解、对个体尊严的尊重、对公平和正义的维护，是一个非常美好地追求生命意义和更好生活质量的过程。

具体到小组社会工作，我认为这实在不是一种简单的技术或方法，而是一个复杂的人际互动过程。小组社会工作不是活动，不是一个活动接着一个活动，活动结束小组也结束；小组社会工作也不是上上课、做做讲座，它是一个历程，可以有活动，也可以上课、开讲座，但那些只是形式，实质是小组成员在其中的相互联结、自我表露、分享、学习、反思、支持与合作。在这个过程中，因为专业的介入，产生新的认知与情感体验，带领个体改变、成长以及社会任务的完成。社会工作者就像带领大家一起去登山，一级一级拾级而上，最后成功登顶。一路也许欢歌，也许荆棘处处，可能山穷水尽，也可能峰回路转。不管怎样，我的经验告诉我，那是一个充满魅力的历程。写下这本书，是真的想和大家一起分享这其中的无穷魅力。

此书得以完成，需要感谢很多人，父母、公婆、先生以及我可爱的女儿，他们一直是我努力向前，希望成就更多的动力。特别地，我想把这本书献给我的母亲，她的离去是我这10年最痛的失去。

此外，在写作的过程中，我以前的同事吴亦明老师、杜景珍老师、黄晓珊老师，和现在的同顾东辉老师、沙卫老师都给过我很多帮助，我的学生赵烨烨、蒋玉佩、黄雯鑫，还有一直致力同伴小组社会工作的朋友叶雄女士都为本书的完成助益良多，非常感谢。

最后，感谢出版社的刘军先生以及编辑们的辛勤工作，谢谢。

从仙林到江湾，从南师到复旦，欣然回首，我将对生命至上、自由与平等的追求与社会工作的专业发展紧紧相连。有一份自己钟爱的事业，幸甚。书中不当、不妥之处，敬请各位师长、同行、读者指正。祝福大家。

赵芳　于复旦新江湾

2015 年 1 月 10 日